JN237104

People
Skills

Robert Bolton, Ph.D.
How to assert yourself,
listen to others,
and resolve conflicts

ピープル・スキル

人と“うまくやる”3つの技術

ロバート・ボルトン 著
米谷敬一 訳

宝島社

ピープル・スキル

人と“うまくやる”
3つの技術

装丁　石間　淳
イラストレーション　長崎訓子
本文デザイン・DTP　平岡省三
編集協力　小嶋優子

PEOPLE SKILLS:
How to Assert Yourself, Listen to Others, and Resolve Conflicts
by Robert Bolton

Copyright© 1979 Simon & Schuster, Inc.

Japanese translation rights arranged with Simon & Schuster, Inc.,
through Japan UNI Agency, Inc., Tokyo.

ドットに

無二の親友、
気の合う伴侶、楽しい遊び仲間。
さまざまな面を引き出し、
夢を育ててくれる人。

すばらしい妻……
子どもにも親にも友人にも
愛を込めてやさしく気を配ってくれる人。
良き同僚、教師、パートナー。
仕事を上手に助けてくれる人。

ぼくはきみといっしょにいたい。
ありのままの自分を発見し、素直にさらけ出せるから。

ぼくはきみといっしょにいたい。
生命力に満ち、愛に満ちた大切な人だから。

完ぺきさを求めて変化し成長しながら、
きみは頑なに貫いている。
ぼくへの変わらぬ友情を。

きみは「特別な存在」だ。

第四章

“反映《リフレクティブ》”型リスニングの四つのスキル

第五章

なぜ“反映”型リスニングは有効なのか

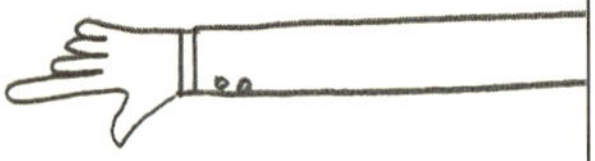

第十一章 自己主張の選択肢を増やす

第十五章 効果的なコミュニケーションに不可欠な三つの性質 481

共感　502

三つの姿勢を行動で示す　508

［あとがき］　512

［訳者あとがき］　520

※出典のうち本文、原注ともに出版社名の入っていないものは邦訳未刊行です（2010年3月現在）。
※本書には「注」が頻出しますが、大半は出典情報です。
※原注は横組のため、巻末側から本文と逆方向に進みます。
※本文中に訳者名の記載のない引用文の訳は本書訳者によります。

前書き

「いい読者がいるからこそ、いい本ができる」とラルフ・ワルド・エマーソンは述べている。この言葉はとりわけ本書のような本に当てはまる。この本を読んであれこれ考えるだけでは、ほとんど得るところはないだろう。私が想定しているのは、以下に紹介するコミュニケーションの方法を実際に「試し」、人間関係の改善を図ろうとする強い意欲をもった読者だ。読むだけではまず役に立たないが、日常生活の中でこうしたスキルを工夫しながら根気よく使い続ければ、人間関係に著しい変化が起きるはずである。

効果的なコミュニケーションを身につけることは私にとって楽なものではなかった。子どものころから人とのコミュニケーションが得意だったら、これほど粘り強く研究を続けることもなかっただろう。問題があると自覚していたからこそ、研究して学んだ知識を実地に試しもしたし、教えたり書いたりもした。

自分が苦手だっただけに、私はこうしたスキルを人に教える資格があると思っている。対人コミュニケーションの効果的な方法を学ぶ者がとかく入り込みやすい袋小路に、私もたびたび直面し苦労してきた。その教訓を生かせば、落とし穴を避けられる可能性が高い。本書の執筆中も、私はコンサルティング会社の経営に日々追われていた。もちろん、ゆとりをもって執筆できればそれに越したことはないが、ビジネスと教育活動に明け暮れる毎日をすごすほうが、かえって都合がいい面もある。本書を書いていた六年の間、あわただしい日常生活を送りながら、さまざまなスキルを実地に試すことができたからである。

本書は読者に大きな利益をもたらすと私は確信している。この本はこれまで我々が主催するコミュニケーション・スキル・セミナーに参加してくれた数千人の人たちによって読まれてきたが、「このアプローチは自分には有効だった」「生活が大いに豊かになった」といった声が、実際に何百人もの読者から寄せられている。「この本のおかげで、人づきあいに関する考え方が変わったばかりか、ふるまい方も変わり、人との関係も深まった」と言う人も少なくない。この増補版はさらに役に立つはずである。

本書は、自らを顧みて対人関係の改善法を模索するために書き始めたものだが、トマス・ゴードン、カール・ロジャーズ、アレン・アイビイ、ジェラード・イーガン、ロバート・カーカフといった人々の思想、研究、教え、著作などに負うところが多い。

そのほかにも「原注」の参考文献が示すように、対人コミュニケーションを理解するうえで私が恩恵をこうむった著者は大勢いる。こういう文献を読んでいると、その内容もさることながら、その表現の仕方にも目を奪われるときがある。その言葉づかいがまるで壁に塗る強烈なペンキのように思われて、私も使いたくなるのだ。読者に紹介したくなるような文章は、その表現の仕方に何か私にとって特別な意味があるような気がする。というわけで、本文の至る所に、私の経験、好み、価値観などと波長の合う数々の引用がちりばめられている。

本書のコンセプトについては、リッジ・コンサルタンツ社の同僚、とりわけドット・ボルトンおよびエド・リスベと詳細にわたって議論を重ねてきた。二人の考え方と表現上のアドバイスは大いに参考になった。

コミュニケーション・スキル・セミナーの参加者のみなさんにも特に感謝したい。マネジャー、セールスパーソン、秘書、教師、医療関係者、接客係、建設作業員、監督者、心理学者、弁護士、聖職者など、ありとあらゆる職種の人たちが参加してくれたおかげで理解を深めることができた。スキルを習得しようと必死に努力する彼らの姿を見て、私はかんたんな教え方をいろいろ発見した。参加者が四苦八苦している最中に、理論と方法に不備があると気づき、さらに良い仕組みを考え出すことができたのだ。プライバシー保護のために実名と詳細は伏せているものの、**本書で取り上げた実例の多くは、参加者たちの実体験である。**

このプログラムの開発にあたって数多くの組織や団体の支援を受けた。ニューヨーク州のオルバニー市にあるセイントローズ大学との共同事業によって、何千人もの教師が本書で紹介したスキルを大学院で学び、日々の仕事に応用することができた。そのほか、売り上げ規模全米上位５００

社をはじめ、中小企業、政府機関、宗教団体、病院、大学、カウンセリング・センターなどの協力を得て、多種多様の経歴をもつ人々にスキルを教える機会にも恵まれた。またそのフィードバックのおかげで、本書の立場がいっそう明確なものになっている。そればかりではない。こうしたスキルが**家族や個人的な人間関係はもとより、諸々の職場の人間関係にも重要な役割をはたす**という事実も裏づけられた。

ローラ・ウィークスは調査面で多大な貢献をしてくれたほか、いくつかのセクションでは文章表現の面でも手を貸してくれた。また、一部の章ではパット・フリーボーンも表現のチェックに協力してくれた。ドット・ボルトンには全体を通じて、大小にかかわらずさまざまな点で手直しをしてもらい、主要な章ではエド・リスベにも加わってもらった。

これ以外にも、本書の執筆にあたって多くの人たちから恩義を受けている。それでも私が本書を「私の」本と考えているのはおかしいと思われるかもしれない。こういう私の気持ちを比喩を用いて正確に代弁してくれている文章がある。それは、英国植物学の黎明期に代表的な案内書を書いたある人物の次のような文章だ。

> 数多くの著者の知見を集めたと自認しているとわかれば、本書が他人の仕事の寄せ集めにすぎず、独自のものは何もないと思う読者もいるだろう。そういう読者にはこう答えよう。ハチが多彩な植物の花々から集めるハチミツをそのハチのハチミツと呼べるとすれば、私が大勢の著者から学んだ知識を集めたこの本を私の本と呼んでも差し支えない、と。[注1]

コミュニケーションの考え方と方法に関して他の著者から強い影響を受けているとはいえ、本書の内容についてはもちろん私に責任がある。

本書の内容に詳しい人のなかには、第十五章の「効果的なコミュニケーションに不可欠な三つの性質」をまず読むべきだという意見もある。また、途中で読むべきだと言う人もいれば、最後に読んだほうがいいと言う人もいる。本書を読んでいるうちに、方法にこだわりすぎて実生活とのかかわりに触れていないのではないかと思えば、先回りをして先に第十五章を読んでいただきたい。

私の場合と同様、この本で紹介するスキルがみなさんのお役に立つことを願っている。

第一部　序論

人は社会化の結果、何らかの対人スキルを身につけるが、こうしたスキルの運用能力はさらに向上する可能性がある。誰にも大きな潜在能力があり、人間関係において相手にいっそう敬意や思いやりを示し、友好的で誠実な態度で接し、率直かつ具体的に意思を伝えることができるのだ。しっかりした理論的知識、しかるべきモデル、それに個人的に経験できる数多くの機会があれば、理想的な人間のあり方に一気に近づくこともできるのである。[注1]

——ジョージ・ガズダ（教育者）

第一章

人と人との
溝を埋めるスキル

人と人との溝を埋める方法が何かあればいいのだが。
人は他人とかかわって生きるしかないのだから。[注1]
——リチャード・ライト（作家）

コミュニケーションは人類の最高の業績

二人の人間が言語を通じてお互いの意志の疎通をはかる場合、他の生物には見られない現象が起こる。無意味なうなり声を話言葉や書き言葉に変えるこの言語能力こそ、人類のもっとも重要な特徴であり、ホモ・サピエンスを他の生物と区別する諸々の特徴を生み出した原動力である。ドイツの哲学者カール・ヤスパースが、「人間のこの世における最高の業績は、人と人とのコミュニケーションである[注2]」と述べているのも不思議はない。

不十分なコミュニケーションが自分を苦しめる

そうは言っても、一般に人と人とのコミュニケーションはなかなかうまくいかない。想像を絶するほど**コミュニケーション機器が発達していながら、対人コミュニケーションを苦手にしている者が多い**のも、現代文明の皮肉な一面だ。なにしろ、月にいる人間と交信し、宇宙探査ロケットを火星に着陸させるほど驚異的なテクノロジーが存在するこの時代に、我々は愛する者とのかかわり方に頭を悩ませているのである。

私はこのところ、コミュニケーションのほとんどは不十分なものだ、とますます思うようになった。我々の社会では、本心を明かすことはめったにない――弱々しく傷つきやすい内面や消極的な気持ちをさらけ出したり、真剣にデリケートな打ち明け話をしたりすることなどまず考えられない。また、他人の言い分を本気で理解しようと真剣に耳を傾けることもめったにない。話しかけている友人に目を据えていても、別の問題に心を奪われているときもあれば、聞いているふりをしながら時間を稼ぎ、話すきっかけをつかんだら何を話そうかと考えている場合もある。ネイサン・ミラーは辛辣にこう述べている。「アメリカでは会話するときも人と競争し、はじめに一息ついたほうが聞き役に回される」と。

コミュニケーションがうまくいかなければ、個人的な面でも社会的な面でも人間関係がぎくしゃくしたものになる。その結果、孤独や家庭の問題に悩まされる場合もあれば、職業に対して自信を失ったり不満を感じたりする場合もあるし、心理的なストレスや肉体的な病気に苦しんだあげく、命を落とすことさえある。今や人間関係の問題は、個人的な挫折や苦悩の原因であるばかりか、混迷する現代社会の大きな社会問題の一つにもなっている。

孤独に悩む現代人

現代人は一般に建設的かつ有意義な**温かい人間関係にあこがれながらも、それを実際に経験できていない**ように思われる。精神科医のハリー・スタック・サリヴァンは、次のように述べている。

我々の社会で何より深刻なのは、人々が孤独や孤立に苦しみ、自尊心をもちにくいという問題だ。フロイトははじめ数十年にわたって性的抑圧を問題にし、カレン・ホーナイは一九三〇年代の初期に見せかけの敵意に注目して論文を書いたが、今は孤独が問題だ。[注3]

孤独（aloneness）には二種類ある。ソリチュード（solitude）は創造的で楽しい充実した孤独。それに対して、ロンリネス（loneliness）は苦痛を伴う孤独、活気に欠けるむなしい孤独であり、自分が孤立し他人と疎遠な関係だと強く意識している状態を指す。社会学者のデイヴィッド・リースマンが指摘したように、極端に自己からも他人からも疎外されると、群衆の中にいても人は孤独を感じる場合がある。[注4]

「孤独（ロンリネス、loneliness）」という言葉には、どこか心の痛みを連想させるところがある。試しに悲しい声で「孤独……孤独……孤独……」と何度か口に出してみれば、この言葉そのものに物悲しい響きがあるとわかる。多くの場合、孤独はたいへんつらい状態を意味するのである。

現代の社会で孤独に苦しむ人間が増えている原因については、これまでいろいろ考えられてきた。たとえば、物質主義（人ではなく物に慰めを見出すこと）、人の流動性、家族との断絶、官僚主義などが挙げられるが、これはごく一部にすぎない。私が一つの大きな原因だと確信し、一番矯正しやすいとも考えているのは、**対人コミュニケーションの方法が不適切**だという点である。

対人スキルの不足が家庭の幸福を壊す

コミュニケーションが重要となる関係といえば、まず**「結婚」**が挙げられる。結婚は人間関係が特に複雑になるだけに、コミュニケーションをうまく取れなければ成功しない。結婚生活を充実したものにしたいと望みながらも、対人関係に必要なスキルをもたないため、打ち解けずにすれ違いの生活を送るはめになる夫婦が少なくない。詩人T・S・エリオットの次の言葉は、典型的とも言える家族のあり方をよく表している。

おたがいに理解しあえぬことを知っている二人の人間が、……自分たちが理解できず、また自分たちを理解できぬ子どもを育てていく……（福田恆存訳[注5]）。

身近にいても親密さに欠ければ、関係が破綻するのは当然だ。**コミュニケーションが阻まれると、愛のエネルギーは怒りや敵意に変化する。**その結果生じるものといえば、度重なる口論、辛辣な皮肉、絶え間ない非難、それに冷ややかな沈黙とおざなりの性交渉。コミュニケーション不全に陥った自らの家族について、「家庭じゃなく、まるでスラム街にでも住んでいるような気持ちです」と話してくれた女性もいる。

また、夫婦のコミュニケーションの媒介ともなる**「子育て」**についても忘れてはならないだろう。たいていの親が実感しているように、今日の社会では子育てはけっして容易な仕事ではない。家族療法の第一人者であるヴァージニア・サティアは次のように述べている。

親は世界で一番むずかしい学校――「子育て」の学校――で仕事をしている。親に求められているのは、教育委員、校長、クラス担任、校務員など、子どもの人生と生活全般にかかわる専門家の役割をはたすことだ。

子育ての訓練を受けられる学校がほとんどなく、カリキュラムについて一般的な合意事項もないため、親は自らカリキュラムを作るしかない。この学校には休日や長期休暇はない。組合や昇給システムやベースアップもない。子ども一人につき少なくとも十八年の間は、一年三百六十五日、一日二十四時間夜も昼もなく働き続ける必要がある。

おまけに、学校管理には二人で当たることになる――ご存じのように、トップが二人いれば厄介な事態になりかねない。こうした状況で親は子育てに従事するのである。これほど苦労の多いつらくて面倒な仕事はほかにはない、と私は考えている。[注6]

子育てには健全なコミュニケーションが絶対に欠かせない。優れたコミュニケーション・スキルをもつ夫婦にとっては、子育ては一生の中でも特にやりがいのある楽しい経験になる。逆に、きちんとしたスキルをマスターしていなければ、親子の間に溝ができ、どちらも疎外感や孤独感にさいなまれるはめになる。

　アン・ランダースの人生相談のコラムで、かつてショッキングな数字が発表されたことがある。彼女の調査に応えた人のうち、七十パーセントが子どもをつくったことを後悔していたのだ。この調査のサンプルは必ずしも国民を代表するものではないし、ポジティブな感情よりネガティブな感情をもつ読者のほうが、進んで調査に応じる傾向が強い、とランダース自身も認めているとはいえ、この調査結果を全般的に裏づけるような証言がかなりあった。カンザス州トピーカにあるメニンガー・ファウンデーションの児童部門の責任者、ハーチャラン・ショデヴ博士はこう述べている。

「ランダースの記事は、一般的な風潮が変わり、家庭や社会において家族のあり方や子どもに対する見方が変わってきたということを反映しているように思われる」[注7]。


　コミュニケーションはあらゆる人間関係の原動力である。気配りをしながらオープンで明確なコミュニケーションを心がければ、その関係は発展する。逆に、コミュニケーションが閉鎖的でも敵意に満ちていても不十分であっても、うまくいかない。コミュニケーションの流れが大きく遮《さえぎ》られれば、関係がたちまち悪化し、最終的には断ち切られる。コミュニケーション・スキルがなければ、そのぶん愛も（夫婦、恋人、友人、親子などの間で）失われる。

　満足のいく人間関係を築くには、人と人との溝を埋めるのに役立つ方法を発見する必要があるのだ。

仕事における失敗の原因の八割は……

コミュニケーション・スキルが問われるのは夫婦や家族の間にかぎられたことではない。**「仕事」に失敗する原因の八割は、他人との意思の疎通がうまくいかないことにある。**管理者、マネジャー、看護師、秘書、メンタルヘルスの専門家、校務員、肉体労働者、弁護士、医師、店員、牧師など、どんな仕事であれ、その生産性はコミュニケーション・スキルを身につけることによって大いに向上する。それどころか、コミュニケーションが重視されない仕事を思い出すほうがむずかしい。

ある機械技師はしみじみとこう語った。「技術的な訓練さえ受けていればどうにかなると思っていました。ところが、ほとんど人間関係の問題で時間をとられるんですよ」と。またある教師は、「物理の教員免許を取得して教師になりましたが、教室で教えるようになってから、人を教えているのだと気がつきました。今は秩序を回復するのにエネルギーの大半を使わざるをえません。なぜこの対策を大学院の教職課程で教えないのでしょうか」と述べている。コミュニケーション・スキルが、仕事で成功する鍵になることは明らかだ。

神聖ローマ皇帝・フレデリック2世の実験

ほとんどの場合、対人関係は改善するか悪化するかのどちらかになる。他人と接する一瞬一瞬が、発見と成長の機会にもなれば、自分を見失い人間性が崩壊する機会にもなる。**人格形成と心身の健康はコミュニケーション能力と関係があるのだ。他人とのふれあいがなければ、円熟した人間にはなれない。**実際、哲学者のマーティン・ハイデッガーは、言語を「存在の住処《すみか》」と呼んでいる。**人は人を必要としている。**本のタイトルにもあるように、「人はひとりでは生きられない（You can't be human alone.)」。人はそれぞれ他人とのやりとりを重ねていきながら円熟した人間になるのである。『存在の神秘』でガブリエル・マルセルはこう述べている。「他人の存在を強く意識するようになると、自我が活性化し、以前よりも明確に自分の個性を意識するようになる[注8]」。

逆にコミュニケーションが欠如するかたびたび不足すれば、心身ともに自分らしさがなくなってくる。**精神障害はそもそもコミュニケーション不全の問題だ、と一般的には考えられている。**カール・ロジャーズによれば、「心理療法がもっぱら扱うのは、コミュニケーション不全の問題である[注9]」。

不十分なコミュニケーションは身体の健康にも影響をおよぼすおそれがあるが、人間関係を築こうとする対話であれ崩壊させるような対話であれ、それが体調に「どの程度」影響するかは意外に知られていない。

十三世紀に神聖ローマ帝国を統治した皇帝フレデリック2世についてこんな話が伝えられている。

人類がエデンの園で誕生したとき何語で話していたのかということに興味をもった皇帝は、ある実験を命じ、それがヘブライ語なのか、それともギリシャ語やラテン語なのかを確かめようとした。その実験は、人類が誕生したときの状況をできるかぎり再現するため、赤ん坊を集めて、言葉を話し出すまで人間の声を聞かせずに育てるというものだった。乳母たちは赤ん坊に話しかけることをかたく禁じられた。実験はすべて条件に従って首尾良く行われたが、その結果はどうだったか？生きのびた赤ん坊は一人もいなかったのである。このように、コミュニケーション不足によって弊害が生じ、死を招くケースもめずらしくはない。

十五分の短編映画『セカンド・チャンス』には、こうした弊害の現代における臨床例が描かれている。人とのふれあいが欠如したため、一歳十カ月になるスーザンは著しく成長が遅れ、身長も体重も一歳未満の標準しかなかった。彼女の体調が劇的に回復したのは、二カ月間の入院中に、一日六時間以上も愛情のこもった世話を受け、人との温かいふれあいを経験したからだ。[注10]

親や教師から学ぶ〝へたなやり方〟

コミュニケーションの方法やスタイルについて一つ確かなのは、それが主として学習された反応だという点だ。たぶん親の影響がもっとも強いと思われるが、親もやはり自分の親から学んだはずだ。また、教師、ボーイ（ガール）スカウトの指導者、友人といった大勢の人間からも学び、テレビやラジオをはじめとするマスメディアの影響も受ける。

しかし、一般的な家庭環境で模範的なコミュニケーションが行われる例は多くない。幸いにも良い手本を見ながら育ち、「生まれつき」コミュニケーションに長《た》けているように見える者もわずかながらいるが、それはたいてい幸運に恵まれ、幼いころから上手なコミュニケーションの方法を学んできた結果である。**多くの場合、我々はへたなやり方を教わった善意の人間から、へたなやり方をそのまま教わるのが実情だ。**コミュニケーションに関するかぎり、我々は被害者の被害者になりやすい。

その〝へたな〟教育は幼いころから始まる。親もしくは親代わりの人間は、子どもがどういう非言語行動をとるかによって態度を変え、微笑めば褒美を与えるし、「かんしゃく」を起こせば眉間《みけん》にしわを寄せる。子どもの〝気持ち〟はお構いなしというわけだ。また、幼いころから彼ら大人の考える〝きちんとした〟話し方を覚え込ませる。親戚のおばさんの家を訪問するのをいくらいやがっても、「今日はありがとうございました、ってお礼を言いなさい」などと言われたり、「話に割って入るときは、お話の途中ですみません、って言うのよ」と教えられたりした読者もいるだろう。

そして、親類縁者、ベビーシッター、日曜学校の先生など、親以外にもさまざまな人間がまもなくそのしつけに参加し、さまざまな忠告をするようになる。

さらに、こうした大人たちは、言葉によって子どもたちを導くだけでなく、ある種のふるまい方のモデルにもなっていた。皮肉を言う、けなす、怒りにまかせて怒鳴り散らす、思ったことや感じたことを表に出さない、といった態度を見せたのかもしれない。子どものころ、我々はこういう姿も見て学んだのである。

我々の文化で育つ子どもが一般的に身につけやすい不適切な人間関係の方法を、聖職者兼心理学者のジェラード・イーガンは次のようにまとめている。

- **外面的な関係を保つ方法**
- **うわべを取りつくろう方法**
- **人間関係でかけひきをする方法**
- **（自己や）他人から目をそらす方法**
- **人間関係のリスクをないがしろにする方法**
- **他人を操る方法（あるいは操られるのを我慢する方法）**
- **必要なら、他人を傷つけ懲らしめる方法**[注11]

以上述べたような説明が不正確だと異議を唱える読者もいるだろう。全体の状況を単純化しすぎていることは認める。幼少時の周囲に対する反応は人によって異なる。たとえば、かんしゃくもちの親の下で育った双子の兄弟でも、怒りに対する処理の仕方がちがってくる場合がある。一方は怒りを抑制するのに、他方はけんか腰で怒りをむき出しにすることも考えられるのだ。

とはいえ、**我々の多く（たぶんほとんどの者）は、程度の差こそあれ何らかの不適切で破壊的な方法をすでに教え込まれている。**親の誤ったコミュニケーションの仕方が子どもに伝われば、当然悪循環が生じる。

だがこの流れは断ち切ることができる。身につけた方法がだめだと思えば捨てればいいだけの話だ。本書を読めば、特に注意すべき分野を見極められるようになり、具体的なスキルを習得して個人的な充足感を得られるのはもちろん、より豊かな温かい人間関係を築くこともできるし、仕事もうまくいくはずである。

対人能力《ピープル・スキル》は鍛えられる！

コミュニケーションの方法について宿命論的な見方をする人がよくいる。話したり聞いたりするやり方も、目の色と同様に「天性のもの」と考えるのだ。そう考えれば、コミュニケーションのやり方を変えようとしても無理か、変えたふりをするしかないということになる。「人とかかわり合う能力は先天的なもので、それがあるかないかは生まれながらにして決まっています。私はその才能に恵まれていないので、どうしようもありません」と言う医師もいた。

何千人もの人々にコミュニケーション・スキルを指導してきた経験から、我々はこれとは正反対の結論に達した。我々自身の生活にもセミナーの参加者の生活にも、**訓練によって大きな変化が生**

じることが確認できたのである。子どものころに身につけたやり方がより効果的な方法に取って代わられたのだ。健全な精神と決断力さえあれば、ふつうは年齢に関係なくこうした方法を習得できる。多くの著名な行動科学者の研究でも、大人のほうが上手に意志を伝達する方法を身につける力がある、という事実が実証されている。[注12]

もちろん、人とのかかわり方を変えるのはかんたんではない。長年の習慣が体に染みついているため、やり方を変えるとどこか不自然な感じがするのである。何であれ「新しい」方法に対して人は違和感を覚え、採用を断念したくなるものだ。しかし、従来の方法では不十分だとわかってくるに従って、変わりたいという気持ちが強くなる人が多い。またそういう人が、効果的なコミュニケーション・スキルを試したあと、「やった！　本当にうまくいったぞ」と興奮気味に喜びをあらわすこともしばしばある。

人は必ず変わっていくもの

変化は避けられない。エリク・エリクソンやロバート・ハヴィガーストなどが指摘したように、人生には幼児期から老年に至るまでさまざまな段階があり、[注13]幼児期と同じように晩年をすごすわけにはいかない。

万物もまた流転する。悠久の山々という表現があるが、山の高さは時とともに変わる。不滅の星と言われる恒星もたえず変化している。星にも始めと終わりがある。膨張するときもあれば縮小するときもあるし、輝きを増すときもあれば失うときもある。

二十世紀になって諸々の文化で驚くほど急激な変化が広範囲にわたって起きたが、アルビン・トフラーはこの状況について、今我々は「未来の衝撃」の時代に生きていると表現した。つまり、あまりに目まぐるしい変化が一気に押し寄せたため、我々は対応に苦労しているというのである。[注14]

我々自身も我々がかかわる人間も、また自然界も人間の文化もたえず変化をくりかえし、同じ状態を保持することは不可能だ。旧来の方法にいつまでもしがみつくのは無理がある。神学者のH・リチャード・ニーバーが言うように、「同じことをしても、昨日と今日では何かがちがっている。今日までに我々も周囲の環境も変化しているからだ」[注15]。無常の法則によれば、「万物は同じ状態にとどまることはない。善かれ悪しかれ変化し続ける」。人との関係も強化されなければ弱体化する。親密にならなければ疎遠になり、豊かにならなければ貧弱になる。

あなたは人とのかかわり方を「変えることができる」だけでなく、「変えざるをえなくなる」。どうせなら、ただ運に身を任せるより自分の思いどおりに変わるほうがいい。本書で紹介するスキルを身につければ、望ましい変わり方がわかり、実際に変化をうながすことができる。

「変われない」人達の言い訳

長年にわたって自らの人間関係の改善に努め、コミュニケーション・スキルを大勢の人々に教えてきた経験を通じて、私はある重要な事実に気づいた。それは新たに学ぶことに対してほとんどの人が抵抗を感じるということだ——とりわけ自分の行動を変えるように要求された場合に。愛する者や職場の同僚との日頃のかかわり方を根本的に変えるのは確かにリスクが大きく、かなりの勇気が必要になる場合がある。

新しいコミュニケーション・スキルをこれから学ぼうとするときには、とかく次のように考えがちだ。

こんなものが本当に役に立つのか？　また数年ごとに現れては消える心理学ブームに乗せられているだけではないのか？　実際に効果があるとしても、自分のものにできるだろうか？　新しいことを学ぶのは得意なほうではないし、これまでの習慣を変える必要があるならなおさらだ。このスキルを身につけて人間関係が変わったとしたらどうだろう。はたしてそれで関係が改善されると言い切れるのか？　今の人づきあいはたいしたものではないとしても、かえって悪くならないともかぎらない。このスキルを身につけたせいで、小難をのがれて大難に陥るかもしれない。それに、別人のようになる可能性も常にある。

自分を向上させたいのはやまやまだが、（実験が失敗して）被害を受けたら元も子もない。

これはどうもあやしいところがある。

なかば無意識に抑圧しているために本人は気づかないが、抵抗を感じる者はけっこういる。たしかに我々は自分の身を守る必要がある。我々「ホモ・サピエンス」は、危険な世界では弱い生き物だ。ただし、自分を守るにしても、いいやり方と悪いやり方がある。**過剰な警戒は成長を妨げる。大切なのは、きちんと自分を守りながら、同時に成長もすること**だ。余計な自己防衛をせずに自分をうまく守る方法を発見することも、コミュニケーション・スキルを習得する際の重要な要素だ。本書のガイドラインに従えば、きっとそれを達成できるだろう。

対人関係の三つのスキル

本書では、満足のいく対人関係を築くうえで不可欠なスキルを次の三つのグループに分けている。

傾聴《リスニング》スキル（第二部）

相手の言い分を本当に理解するための方法。〝理解してくれている〟と相手が思うようなやり方も含まれる。うまく使えば、相手が自力で問題を解決する場合も多い。

自己主張《アサーション》スキル（第三部）

相手に配慮しながらも、自らの要求を満たし、権利を守るための方法。相手に対して支配、操作、虐待などはしない。

対立解消《コンフリクト・マネジメント》スキル（第四部）

対立につきものの感情のもつれに対処するための方法。争いが終われば前より親密な関係になる場合が多い。

こうしたスキルは、良好な人間関係を築くために欠かせない基本的なコミュニケーション・ツールである。

幅広いスキルが含まれているのもこの訓練プログラムの強みだ。

コミュニケーション・スキルの訓練プログラムには、傾聴《リスニング》スキルに集中し、建設的な自己主張《アサーション》の方法を教えないものが多い。最近は自己主張トレーニングが人気を集めている一方で、傾聴の方法はないがしろにされている。傾聴と自己主張を組み合わせたプログラムでも、対立を解消する方法や人間関係に必然的に生じる問題を解決する方法にまでじゅうぶん目配りをしたものはめったにない。状況に応じたスキルの使い分けを教えるものはさらにまれだ。場違いのスキルを上手に使えてもしかたがない。

本書の訓練プログラムでは、対人コミュニケーションでもっとも基本的だと我々が考えるスキルをまとめて紹介する。[注16]

もちろんこれ以外にも重要なものはあるが、えてしてこの種の本はスキルも理論も盛り沢山に詰め込みすぎて、読者が消化不良を起こしかねない。スキルを習得するには焦点を明確にする（エネルギーを集中する）必要がある。ある著名な建築家の「少なければ少ないほど効果は増す」という指摘はここでも当てはまる。我々がこの分野で成功したのは、基本にこだわり続けてきたからでもある。原理・原則や詳細な説明は多すぎないほうが、読者はかえって多くを学ぶものだ。

まとめ

対人コミュニケーションは人類のもっとも偉大な業績であるにもかかわらず、一般に苦手にしている人が多い。コミュニケーションがじゅうぶんでなければ、友人、恋人、配偶者、子どもなどと疎遠になって孤独にさいなまれるばかりか、仕事もうまくいかない。

さまざまな調査研究によって、自己防衛の傾向が強かろうと、どんな年齢であろうと、特定のコミュニケーション・スキルを習得すれば、人間関係が改善し仕事もうまくいくということがわかっている。

以下の章からこうした方法を順次紹介する。

第二章

コミュニケーションを阻む障害

コミュニケーションの障害は考え方のすれ違いをもたらす。誰にもその可能性があるだけに、コミュニケーションは一般に考えられているよりもはるかにむずかしい。言葉を話せればコミュニケーションができると思うのはまちがいだ。教育の強い影響で、コミュニケーションが実際よりもかんたんだと勘違いするため、人は困難に直面すると気落ちしてあきらめる。何が問題なのか理解できず、どうしていいのかわからないのだ。

不思議なのは、むずかしいことであるにもかかわらず、コミュニケーションがこれほどひんぱんに行われているという事実である[注1]。

——R・L・ハウ（神学者、教育者）

人間関係を破壊する「十二の対応」

スー・マクスウェルという三十代半ばの女性は、ため息をつきながらこう語った。「あーあ、また失敗しました。感謝祭があった週末に、一家そろって私の実家に行ったんです。両親は今年精神的にも経済的にもひどく苦しい状態が続いていたので、今日は思いやりのある態度で接しよう、と決めていたんですが、子どものしつけ方に文句を言われたとたんにカッとなってしまって。私にはそんなご立派なやり方はしなかったくせに、と私が言い返したものだから口論が三十分も続いて、三人ともとても傷つきました。実家に帰ると必ずこんな言い争いになるんです。子どものしつけにまで口出しされるのは困りますが、両親を愛しているし、実家で気持ちよくすごしたいと思っています。でも、なぜかいつもお互いを傷つけることばかり言うんです」

残念ながら、これはよくあるケースだ。相手が親であろうと子どもであろうと、あるいは上司、従業員、同僚、友人、あるいはその全部であろうと、人はたいてい人間関係を改善したいという気持ちをもっている。

ほとんどの者が切望しているのに、なぜ効果的なコミュニケーションはきわめてまれで、実現しにくいのか？　主な原因の一つは、いつの間にか会話の中にコミュニケーションを阻む要素を投入しているということだ。臨床心理学者のトマス・ゴードンによれば、当事者の一方もしくは両方の

コミュニケーションの方法に問題がある場合、「九十パーセント以上の確率で」こうした不和が生まれるという。[注2]

コミュニケーションを妨げるような言動や態度は、人間関係にしばしば悪影響をおよぼす。こうした問題のある対応は当事者にストレスがあるときほど破壊的になる傾向がある。

悪影響はさまざまな面であらわれる。相手の自尊心を傷つけ、防衛的な反応や抵抗、怒りなどを招きやすい。相手が服従して引き下がり、敗北感や悔恨の情を抱くおそれがあるだけでなく、自力で問題の解決策を見つけられなくなる。また、一つ一つの対応が「感情ブロッカー」のように働き、相手が前向きに自分の本当の気持ちを打ち明ける機会を奪う。こうしたことをくりかえせば、相手との間に取り返しのつかないほど深い溝を作ってしまう場合もある。

具体的にはどういう反応が会話を妨げる要因になるのか？　カール・ロジャーズ、ルーエル・ハウ、ハイム・ギノット、[注3]ジャック・ギブなど、対人コミュニケーションの専門家たちがこれまでこの種の反応を特定してきたが、最近ではゴードンが、[注4]「十二の望ましくない対応《フィードバック》」と呼ばれる包括的なリストを作っている。その内容は以下のとおりだ。

❶批判

相手の人間性、行動、姿勢などに対して否定的な評価をする。「自業自得だ――きみが困っているのは誰のせいでもない」

❷悪口

相手をけなしたり、「まぬけ」「女々しいやつ」「はげ」「頑固者はみな同じだ」「あなたもやっぱり鈍感な男ね」などと決めつけたりする。

❸診断

精神科医きどりで相手の行動の動機を分析する。「君の本心はよくわかっている。ぼくを怒らせるつもりでそんなまねをしているんだろ」「大学に行ったから自分のほうが優秀だと思っているな」

❹称賛

相手の人間性、行動、姿勢などに対して肯定的な評価をする。(自分の娘に)「おまえは良い子だから、今夜芝刈りを手伝ってくれるよな」、(教師が十代の生徒に)「きみはすばらしい詩人だ」

❺命令

相手に命令して自分の思いどおりのことをさせる。「すぐに宿題をしなさい」「言われたとおりにすればいいんだ」

❻脅迫

言うとおりにしなければ悪い結果になると警告し、相手の行動をコントロールしようとする。「あなたはそうしてくれるわよね。でないと……」「今すぐ話をやめなさい。さもないとクラス全員が居残りだぞ」

❼説教

相手にどう行動すべきかを教え諭す。「離婚しちゃだめよ。子どもがどうなるか考えて」「ごめんなさいと言うべきだよ」

❽質問・尋問

限られた答え方しかできない質問をする（イエスかノーなど、数語で答えられるような質問をする）。「それはいつのこと？」「お前、そんなまねをしてすまないと思わないのか？」

❾忠告

相手に解決策を助言する。「私があなただったら、きっとあの子を叱るわね」「そんな問題はかんたんに片づくよ。まずはじめに……」

❿ごまかし

注意をそらし問題をはぐらかす。「サラ、くよくよしないで、もっと楽しい話をしようよ」「それでしくじったと思っているのかい？　ぼくはもっとひどい目にあったことがある」

⓫論理的説得

感情面に配慮せず、事実や論理に訴えて相手を納得させようとする。「現実をよく考えてちょうだい。あなたがあの新車を買わなかったら、家の頭金を払うこともできたのよ」

⓬元気づけ

否定的な感情にとらわれている相手を安心させようとする。「心配しなくてもいい。夜明け前が一番暗いものさ」「最後にはすべてうまくいくよ」

このなかには一見何の害もないように思われるものもある。称賛、元気づけ、論理的説得、質問、忠告などは、対人関係ではプラス要素とみなされるのがふつうだ。しかし行動科学では、この十二種類の対応がコミュニケーションを損なうおそれがあるとされている。必ずそうなるとはかぎらないが、コミュニケーションを破壊する「リスクが大きい」のだ。

悪影響が非常に出やすくなるのは、当事者の一方か双方が何かを強く求めていたり、困難な問題に取り組んでいたりする場合である。「当事者のどちらかがストレスを感じているときは、何であれコミュニケーションを妨げるリスクのある言動や態度は禁物」と肝に銘じておけば役に立つ。残念ながら、ストレスがかかっているときほど、我々はリスクの大きい反応を示す傾向が強いのではあるが。

「十二の対応」の三つのカテゴリー

コミュニケーションを妨げるこれら「十二の対応」は、以下のA、B、C三つのカテゴリーに分類できる。

A：判断する

❶批判　❷悪口　❸診断　❹称賛

B：解決策を伝える

❺命令　❻脅迫　❼説教　❽質問・尋問　❾忠告

C：相手の問題を回避する

❿ごまかし　⓫論理的説得　⓬元気づけ

それぞれのカテゴリーについて詳細に見てみよう。

カテゴリーA

判断する

このカテゴリーに分類されるのは批判・悪口・診断・称賛の四つである。これらはすべて相手を「判断する」という障害のバリエーションだ。

コミュニケーションに関するある講演で、心理学者のカール・ロジャーズは**「対人コミュニケーションの大きな障害となるのは、人間に本来備わっている、人を判断する――相手の発言に同意し**

たり反対したりする——性向だと思う」と語っている。[注5]

自分が他人を性急に判断するような人間だと思っている者はまずいない。しかし、ロジャーズは大勢の聴衆に対して、他人を性急に判断する傾向が案外世間で広く認められるという事実を説明し、こう述べている。

今夜の講演が終わって会場から出るときに、「つまらない話だったな」という批判を耳にするかもしれません。さて、みなさんはどう反応するでしょうか？　ほとんどと言っていいほど、この意見に賛成するか反対するかのどちらかの立場をとるはずです。「ぼくもそう思ったよ。実にくだらなかったな」と答えるか、あるいは「いや、本当にすばらしい話だった」と答えるのがふつうではないでしょうか。言い換えると、みなさんの最初の反応は、聞いたばかりの話を評価すること、「自分の」観点から、自分なりの評価基準で判断することなのです。

別の例を挙げてみましょう。私がしみじみと「最近の共和党員はかなり良識的に行動していると思う」と言ったとします。これを聞いてどう思いますか？　きっとみなさんは評価や判断を下すにちがいありません。私の考えに賛成か反対か、あるいは「あいつは保守派だ」、「どうも頭が固い奴らしい」といった私に関する何らかの判断を下すはずです。

また、同じ講演で次のような重要な点も指摘している。

> 相手を評価する傾向は、言語によるコミュニケーションでは一般的に見られますが、感情や情緒と深くかかわっている場合にはその傾向がさらに強まります。だから、お互いの感情が強ければ強いほど、コミュニケーションに必要な共通の要素が見つからないおそれがあります。心理的にすれ違いが起こり、ただ二つの考え方、二つの感情、二つの判断が何の接点もなく存在するという状態になりかねません。
>
> みなさんもご自身の経験からおわかりだと思いますが、自分にかかわりのない議論を客観的に聞くと、「おや、これはお互いに主張していることは同じなんじゃないか」と思うことがよくあります。そう思うのも無理はありません。それぞれが、相手の言うことに耳を貸さず、ひたすら自分の主張を発し続けていただけなのですから。そこには本当の意味でのコミュニケーションと呼べるようなものは何もなかったのです。
>
> くり返しになりますが、何であれ、相手にとって感情的に意味の大きい発言に対してこのように自己流の評価を下すという姿勢は、対人コミュニケーションにとって大きな障害になるのです。[注6]

それではカテゴリAのそれぞれの対応について説明しよう。

❶批判

批判は相手を「判断」するバリエーションの一つだ。とかく**我々は、批判しなければ相手は変わらないと思いがち**である。子どもを勤勉で礼儀正しい大人に育てるにはきついことを言う必要があると親は思い、学生に勉強させるには非難するしかないと教師は思う。現場監督なら、従業員にうるさく言わなければ生産量が落ちると考える。

しかし、後の章を読めばわかるように、**もっと効果的に目的を達成できる方法がほかにある**のだ。まずは、対人関係を見直し、我々が普段どれほど人を批判しているかを確認してみよう。それだけでも大きな価値があることだ。なかには批判が日常茶飯事になっている人間もいる。夫からあら探しの名人と呼ばれる妻もいれば、ルーズベルト大統領の側近ハリー・ホプキンスのように、その口やかましい気質から、ある海軍将官に「毒舌隊の総司令官」[注7]というあだ名をつけられた者もいる。

❷悪口とラベルづけ

悪口もラベルづけも、当事者双方にとって通常ネガティブな含みをもつ。「気むずかし屋」「ガキ」「あばずれ」「じゃじゃ馬」「ワンマン」「間抜け」「小言屋」など、悪口がありがたくないのは明らかだ。

難しいのはラベルづけのほうだ。これらの大半は「頭が良い」「働き者」「献身的」「親にそっくり」「なかなかのやり手」など、往々にして名誉な響きを帯びている。しかしラベルづけをすると、自分を含めて人間をさらに深く知りたいという気持ちがなくなってしまう。目の前の人間をタイプとしてしか見なくなるのだ。心理学者のクラーク・ムスターカスは次のように述べている。

ラベルづけや分類をすれば、相手を理解したような気になるが、実は本質ではなく影をとらえたにすぎない。自分や他人をわかっていると思い込めば、もはやありのままの現実を見ようとはしなくなる。わからないという自覚がないため、その努力を怠るのだ。我々は常に自分や他人をラベルづけして型にはめるが、そのかわりに、人間としての意味や独自の感情、それに内面的な成長や対人関係の成長などを見落とすのである。[注8]

❸診断

ラベルづけの一種である診断は、何世紀にもわたって人類を苦しめてきたが、フロイトの時代以降、さらによく見られるようになってきた。人の言うことに素直に耳を傾けず、探偵のように隠された動機や心理的なコンプレックスなどを探り出そうとする者もいる。

ある女性は心理学者の秘書として働いていたが、一カ月もたたないうちに辞職した。仕事をやめた理由を友人に尋ねられると、彼女はこう説明した。「私が何かするたびに、どういう動機が隠されているか分析されたのよ。どうしようもなかったわ。遅刻すると敵意がある、早く出勤すると心配事がある、時間どおりに来れば強迫観念に取りつかれているからだって言うの」

「それは自己防衛的な態度だ」「あなたは自分をあざむいている」「あなたがそんな行動をするのは、罪の意識か恐怖心でなければ、何らかの無意識の動機やコンプレックスのせいだ」などと**相手を分**

析するようなまねをすれば、コミュニケーションに支障を来すのは言うまでもない。

❹称賛

うそ偽りのない称賛は何でも有益だという一般的な認識がある。親、教師、マネジャーなど、手放しで褒めたほうがいいと思っている者は少なくない。褒めれば、「自信や安心感が増し、自発性や学習意欲が刺激され、善意が生まれて人間関係の改善につながる」とハイム・ギノットも述べている。[注9] したがって、称賛をコミュニケーションを阻害する要因とみなすのは無理があるように思われる。だが、ポジティブな評価はしばしばネガティブな結果を生むのである。

称賛は行動を変えるためのちょっとしたテクニックとしてよく使われる。**本当の意図を隠して相手を褒めると、自分をコントロールし操ろうとしていると思われて怒りを買う場合が多い。**デビッド・アウグスバーガーはこう述べている。「褒められても愛されているとはかぎらず、おだてられて操られる場合が多い。人を褒めるのはたいてい利用するためだ。裏をかく、出し抜く、あるいは甘い言葉でだますのがねらいなのである」と。[注10]

操るつもりがなくても、称賛は往々にして悪影響をおよぼす。褒められると、まるで脅迫でもされたように用心深い対応をする人に思い当たるふしはないだろうか？　称賛を自ら否定するような以下の決まり文句は、我が身を守ろうとする慎重な姿勢から生まれてくる――「それほどでもないと思うよ」「たいしたことじゃない」「それは私の手柄とは言えない。思いついたのはアシスタントのチャーリーだ」「運が良かっただけさ」「もっとうまくやれたはずなんだが」

褒め言葉が危険だと聞くと、どんな形の励ましも行動科学では有害だとみなされているように思いやすいが、それはとんでもないまちがいだ。相手に対して肯定的な気持ちをあらわすのは、対人コミュニケーションの重要な要素である。この件については第九章で説明する。

カテゴリーB

解決策を伝える

思いやりのある「忠告」、遠回しの「質問」、権威的な「命令」、強気の「脅迫」、ありがたみのある「説教」など、「十二の対応」の二番目のカテゴリーに入るのはどれも相手に解決策を伝える反応だ。もちろん危険性の度合いはちがうが、どのみちコミュニケーションの障害になることに変わりはない。とりわけ当事者の一方か双方が何かの必要に迫られているか問題を抱えているときにその可能性が高い。

解決策を伝えた結果、当初のジレンマを解決するどころか、かえって問題が悪化したり新たな問題が生じたりするケースもよくある。私はなにも、相手に解決策を教えるなと言っているわけではない。それが障害となって相手の成長を妨げるおそれがあると言いたいのである。

❺命令

威圧的に無理やり解決策を伝えるのが命令だ。無理強いされると、人はたいてい抵抗し憤慨する。あえて問題をこじらせる妨害行動にすら出かねない。また、たえず命令されているうちに、すっかり従順になって相手の言いなりになる場合もある。これはこれでコミュニケーション不全だ。

命令は相手の判断が信用できないということを暗に示すものであり、自尊心を傷つける傾向がある。

❻脅迫

言うとおりにしなければひどい目にあうという点を強調するのが脅迫だ。命令と同じく、脅迫もやはり悪い結果を招く。

❼説教

多くの人は見栄を張り、社会的・道徳的・神学的権威の力を借りて自らの考えを裏づけようとする。説教では「～すべきである」「～するのは当然だ」という言葉を使うが、「それは正しい行動だ」「～はあまり～しないね」といった言い回しをすることもある。この種の間接的な表現にも、たいてい「～すべきである」という意味が含まれている。

説教はかえって混乱の原因になる。不安を助長し、反発を引き起こし、正直な自己表現を妨げ、演技を誘うおそれがあるのだ。

❽質問・尋問

なかにはコミュニケーションで一定の役割をはたす質問もある。だが、次の素っ気ないやりとりが示すように、質問は円滑な会話を妨げる可能性が大きい。

「どこに行ってたの?」――「外」

「何をしたの?」――「何も」

アメリカの家庭では、「今日学校はどうだった?」と親が尋ねると、「よかったよ」と子どもが気のない返事をするのはめずらしくない。

質問ばかりしている人がいるが、それでは会話が続かない。こういう人は愛する相手があまり話をしてくれないと、しゃにむに質問を繰り出してわずかな情報でも聞き出そうとする。ところが、**質問すればするほど会話が途切れがちになる**のである。

国民の大半は質問中毒にかかっている。「たまに」質問をはさむ建設的な方法(次章で説明する)があるとはいえ、相手を質問攻めにしては会話がうまく進むはずがない。

カナダのケベック州にある人間発達研究所の所長ジャック・ラランヌはこう述べている。「日常会話では、直接意志を伝える代わりによく質問をするが、これはお粗末な方法だ。**質問は不完全かつ不明瞭で、まわりくどく人間味も効果もないメッセージであり、しばしば相手の防衛反応や抵抗を招く。**情報だけを求めて質問するケースはめったにない。質問はある目的を遠回しに達成する方法、相手を思いのままに操る方法なのだ」と。[注11]

❾忠告

忠告もまた人とのコミュニケーションでよく見られる反応だが、最悪の場合には、「強迫観念」のようになって人に干渉せずにはいられなくなる。

「建設的な忠告」なんてめったにないということは私も承知しているし、他人にもそう教えてきた。また自分でもなるべく人に助言する機会を減らしてきた。にもかかわらず、気がつくとへたな助言をしているのである。私はどちらかというと忠告したくなるタイプなので、大事な人に相談を持ちかけられると、どうしてもその誘惑に負けてしまうのだ。

では、忠告のどこが悪いのか？ **忠告はそもそも相手の知性に対する侮辱である。**その人には自らの問題を理解し処理する能力が足りないのではないか、という不信感を暗に示すことになるからだ。ノーマン・ケーガンが指摘するとおり、「実質的には、『私ならそんな問題を解決するのは朝飯前だ。それくらいのことで大騒ぎするなんて、おまえはバカだ』とほのめかしているも同然である[注12]」。

ほとんどの場合、**忠告する者が問題を全体的に把握していないという点もよくない。**人が悩みを打ち明けたとしても、それは「氷山の一角」にすぎない。助言者は、表面下に隠された強迫観念や感情などの他の要因には気づかないものだ。スウェーデンの外交官ダグ・ハマーショルドは自らを省みて、「どういう問題かもわからずに答えを出すのはかんたんだった」と書いている。[注13]

カテゴリーC

相手の問題を回避する

「対話の流れを狂わせる方法が何かあれば、それを使う者が出てくる」というのが会話の第一法則だ、と論じたジャーナリストがいたが、「十二の対応」の残りの三つ——ごまかし・論理的説得・元気づけ——は、どれも会話を本題からそらすという特徴がある。

⑩ごまかし

相手の問題から自分の関心事へと会話の流れを変えるときによく用いられるのが、「ごまかし」と呼ばれる方法だ。

「〜と言えば」という言い回しが、ごまかしがはじまる合図のようなものだ。会話の大半は脱線の連続だと言ってもいい。たとえば、私がたまたま耳にした次のようなやりとりを見てみよう。これは入院中の友人と見舞いに行った四人の年配女性との間で交わされた会話だ。

患者：「ほんとにつらい手術だった。とてもがまんできるとは思えなかったわ。それはもう……」

女性A：「手術といえば、私も一九七六年に記念病院で胆のうを摘出してもらったのよ。そのときのつらさといったら……」

女性Ｂ：「記念病院なら、孫が腕を骨折したときに入院してたわ。主治医はバイヤー先生」

女性Ｃ：「バイヤー先生が私と同じ町内に住んでるって知ってた？　アルコールの問題で困ってるらしいけど」

女性Ｄ：「でも麻薬よりはましよ。高校の校長をしている人の息子なんて、麻薬ですっかり頭がおかしくなってるの。我が子の管理もできないのに、よその子を管理してもらっちゃ困るわよね」

これでは患者の問題は一体どうなったのか、と言いたくなる。

相手の話を傾聴する気もないしスキルもないとき、あるいは自分が話題の中心になろうとするときなど、人はよく話題をすり替える。

また、会話中に生じた感情に居心地の悪い思いをする場合にも問題をはぐらかそうとする。一般的に、愛情、怒り、対立、死、病、離婚といった緊張を強いられるような話題を人は避ける傾向があり、会話でこうした問題が取り上げられると、もっと気楽な話題に変えようとする。

⑪論理的説得

論理が重要な働きをする場面は少なからずある。しかし、相手がストレスを受けているか、お互いに対立している場合には、論理的な解決策を提示すれば反発を招くおそれがある。そういうときこそ論理的思考が必要になるはずだが、**理詰めで説得すれば相手が離反するリスクが高い。**

特に問題になるのは、相手と感情的に距離を置くことだ。論理的説得は事実に重きを置き、ふつうは感情面にはふれない。だが相手に悩みがあるか、お互いの関係がぎくしゃくしている場合、**主に問題になるのは感情**なのだ。論理的な説得によって感情的なかかわり合いを避けようとすれば、肝心なときに相手から身を引くことになる。

⑫元気づけ

「一体元気づけのどこが悪いのか？」という声をよく耳にする。

他の十一項目の障害と同様、元気づけも対人関係に亀裂をもたらす要因だ。ハイム・ギノットはこう書いている。

> たいていの親は、子どもがたまに、「ぼくはばかなんだ」と言っているのを聞くことがあるでしょう。自分の子どもがばかなはずはないと思っている親は、子どもに「おまえは利口なんだよ」と言い聞かせようとします。

息子：「ぼく、ばかだよ」
父親：「おまえがばかなものか」
息子：「ばかだったら……」
父親：「違う。キャンプのときに、自分がどんなに優秀だったかを思い出してみろ。先生

はおまえのことを、秀才だと思っているよ」

息子：「先生の考えなんか、どうしてわかるの？」

父親：「パパにそう言ってたからさ」

息子：「へえ、そんならどうして、先生はいつもぼくのこと、ばか呼ばわりするんだろう」

父親：「冗談で言ったのさ」

息子：「ぼくは、とにかくパーなんだよ。わかっているよ。学校の成績見てごらんよ」

父親：「勉強が足りないだけだ」

息子：「もうやったよ。それでも、だめなんだよ。脳みそがからっぽなのさ」

父親：「おまえが頭がいいことはパパが知っているよ」

息子：「ぼくがばかなのは、ぼくが知っているんだよ」

父親：「（大声で）おまえはばかじゃない！」

息子：「ぼくはばかです！」

父親：「ばかじゃないといったらわからんか。このばか野郎！」

子どもが自分自身のことを、ばかだとか、醜いとか、悪い子だとか言い張っているときに、親が何を言おうと、またどうしようと、子どもが自分自身にいだいているイメージを性急に変えられるものではありません。**人は、自分はこういう人間だと思い込んでいるとき、はたからその意見を変えさせようとすれば抵抗するだけ**です。ある子どもは、父親にこう言いました。「パパの気持ちはよくわかるんだけど、ぼくが頭がいいというパパのことばを真に受けるほど、ぼくはばかじゃないよ」(森一祐訳)[注14]

元気づけは一見他人を慰める方法のように思われるが、実はその逆だ。「comfort(元気づける、慰める)」という言葉は、「con-(共に)」と「fortis(強い)」という二つのラテン語に由来する。その二つを組み合わせれば、文字どおり「いっしょにいて力づける」という意味になる。だが元気づけは、本当の意味で相手に共感するどころか、感情的離脱と言ってもいいようなものだ。元気づけがよく用いられるのは、人の役に立ちたい気持ちはあるものの、感情的な要求にはかかわりたくないときである。

人間関係を破壊する「十三番目の対応」

コミュニケーションを妨げるこうした障害について知ると、次のような反応を示す人がよくいる。「うちの夫もまったく同じです。私に対してずっとそんなことばかりしてきたんですよ。自分が夫婦関係に悪い影響を与えてきたと教えてやればきっと驚くわ」あるいは「まいったなあ。ほとんどうちの上司に当てはまるものばかりだ。今度そんなまねをしたら、部下のじゃまをしていると教えてやります」。

これが十三番目の障害である。相手の対応のまずさを〝指摘〟すること自体、コミュニケーションを妨げる要因になるのだ（ちなみに、この障害は「A：判断する」のカテゴリーに分類できる）。コミュニケーションの改善を望むなら、相手を槍玉に挙げるのはまずい。

事態は必ず改善する

コミュニケーションの障害に関する説明を聞くと、罪悪感にさいなまれる人が多い。自分のコミュニケーションのやり方に問題があって大切な関係に支障を来し、相手との間に無用の溝ができたのかもしれない、とふと気づくのだ。セミナーの参加者に感想を求めると、次のような答えがよく返ってくる。

「三つのカテゴリーの障害を知って心が痛みました。適切な方法を知っていれば、うまく対応できたのにと後悔しています……」「思いがけず敵を捕まえると自分だったというような気持ち……」「『十五年前にこれがわかっていればよかったのに』『四十になるまでなぜこれが障害だとわからなかったのか？』といった思いが頭をよぎりました」「学んだことを足がかりにして、対人関係を改善していきたいと思います」

コミュニケーションを妨げるようなまねをすることは誰にでもある。ときどきなら問題はないが、度重なれば人間関係にかなり悪影響をおよぼす可能性が高い。

だが心配することはない。**こうした悪癖は、本人にその気さえあれば直すことができるのだ。**この章で得た知識も大いに役立つはずだ。

はじめはうまくいかずに嫌気がさすかもしれない。習慣になっているものを変えるには時間も労力もかかるからだ。だが、続ければ必ず結果はあらわれてくる。悪い習慣を捨てる努力を続けるうちに、良いやり方が習慣化してくるのだ。

何千年も前のある賢人の教えによれば、悪習を根絶するには、意志だけに頼るよりも良い習慣に置き換えたほうが、はるかにたやすいという。[注15] その知恵は現在でもまだ通用する。**本書のスキルを習得すれば、必ずコミュニケーションの障害が減少する**はずである。

まとめ

コミュニケーションにおいて、ある種の対応は会話に水を差して関係を損なう危険性が高く、相手の心に悔恨の情、怒り、依存心などが生まれる要因となる。

こうした対応には十二種類あるが、一つ以上用いれば、相手が抵抗したり議論を挑んだりするようになりかねない。また、相手の自尊心を傷つける、問題解決への意欲を損なう、相手の主体性を弱める——自分よりも外部の評価に重きを置くようになる——といったおそれもある。

このようなコミュニケーションの障害は我々の文化に広く行きわたり、会話の当事者がコミュニケーション上の問題を抱えている場合には、九十パーセント以上の確率で見られる。

だが、このあと本書で紹介するスキルを使えば、この種の悪癖も修正できる。

第二部　傾聴《リスニング》スキル

人の気持ちがわかり、労をいとわず我々の悩みに耳を傾けてくれる友人か知人が一人でもいれば、世界観ががらりと変わる可能性がある[注1]。

――エルトン・メイヨー博士

第三章

リスニング（聴くこと）とヒアリング（聞くこと）

人間の気取らない率直さ、虚心坦懐《きょしんたんかい》な態度などについて私はあれこれ考えることがよくある。そういう姿勢で人と接するのは現実にはむずかしく、めったにあることではない。話を聞いてくれる相手によって大きく左右されるからだ。障壁を壊して道をならしてくれる者、侵入者のようにドアをこじ開けて私的領域に入ってくる者、バリケードを築いて我々を囲い込んだり、周囲に溝を掘ったり塀を作ったりする者、我々の調子を狂わせてその調子はずれの音しか聞かない者、いつまでも打ち解けることができず言葉が通じない者。相手の話を聞く立場になったとき、はたして我々はどのタイプになるのだろうか?[注1]

——筆者不明

リスニング力が人生の満足度を決める

ふつうの人が起きているときに一番時間を使うのはリスニングである。

さまざまな職業分野の人々を調査した結果、目覚めているときの七十パーセントはコミュニケーションに費やされているという事実がわかった。そのうち、書くことに九パーセント、読むことに十六パーセント、話すことに三十パーセント、そして聞くことには四十五パーセントの時間を割いていたのである。[注2] 他の調査でもこの事実を裏づけるような結果が出ている。[注3] 毎日これほど多くの時間をかけているだけに、効果的な聞き方が大事になる。

そのうえ、人生の特に重要な側面はリスニングのスキル（あるいはスキルの欠如）によって大きく左右される場合が多い。たとえば、**友情の深さ、家族の絆、職場での業績などは、人の話を聴く力があるかどうかで大きくちがってくる**のである。

残念ながら、聴き上手と言える人はめったにいない。調査によれば、情報を収集するための言葉のやりとりでさえ、その七十五パーセントが無視されるか誤解されるか、あるいはすぐに忘れられるという。まして、隠された意味を聴き取れる者はもっと少ない。自分が強い関心をもっている問題について話しているうちに、相手が本気で聴いていたわけではなく、無意識に機械的な反応を示していただけだと気づいてショックを受けることもめずらしくはない。「あなたは片方の耳で聞いているが、もう一方の耳は塞いでいる」[注4]というイエスの言葉は、こうした経験に基づいていたとも考えられる。

ミネソタ大学でリスニングに関する革新的な授業を行ったラルフ・G・ニコルズ博士は、次のように述べている。

一般の人は聴き方を知らないと言っても差し支えない。耳は非常によく聞こえるが、いわゆる「リスニング（傾聴）」を効果的に行うために必要なスキルを身につけていないのだ。（中略）

人がどの程度話を聞いて理解し、それを記憶できるかということについて我々は数年前から実験を行ってきた。（中略）

このような広範囲にわたる実験の結果、ふつうの人は話を聞いた直後でも、半分ほどしか記憶していない——どれほど注意深く聞いていたと思っても——という一般的な結論に達した。時間がたてばどうなるか？「八時間もたたないうちに」、さらに二分の一から三分の一の内容を忘れる傾向があることがわかっている。[注5]

たいていの場合、話し手の言葉は「馬耳東風と聞き流される」のである。

幼いころの厳しいしつけも、リスニングがうまくできない大きな原因だ。

セラピストのフランクリン・エルンストは「生まれたときから、聞くことほどやかましくしつけられてきたものはない。（中略）トイレ・トレーニングなどよりさらに注意が行き届いている」[注6]と述べている。エルンストによれば、ふつうの子どもは、一番感じやすい年頃に決まって親から次のように指示されるという。

「そんな話はまともに聞かなくてもいい」
「あの人の言うことを聞くんじゃない」
「気がつかないふりをしなさい」
「あまりまじめに受け取ってはだめよ」
「あの人も本気で言ったわけじゃないよ」
「あいつらの言葉をおまえが聞いたとわかれば（おまえが嫌な思いをしているとわかれば）、あいつらが喜ぶだけだよ」

ふつうの親は、このようにリスニングを否定するような発言をするだけでなく、毎日自ら手本を示している。話しかけられてもぼんやりしている、話に割って入る、コミュニケーションの妨げになるような反応を示すなど、親は自らの言動によって、人の話をまともに聴くな、と子どもに教えているのである。

学校教育でも効果的なリスニング・スキルを身につけることはできない。ほとんどの場合、六年間は読む訓練が中心で、読書指導や速読などの補修授業もしばしば行われる。しかし、リスニング・スキルを習得する効果的な訓練プログラムのある学校はめったにない。それどころか、子どもは学校でもたいていリスニングを否定するような教育を受ける。通常の授業では、何も反応を示さずに黙ったまま長い間人の話を聞くことになる。だがそれでは集中力が急激に低下して他のことを考えるのは理の当然である。教師の話はだいたいくり返しが多く退屈なだけに、問題はいっそう深刻だ。

聴き上手になるような教育を受けた者はほとんどいない。にもかかわらず、皮肉にも我々は聞くことにもっとも多くの時間を割いているばかりか、その聞き方が個人生活にも職業生活にも大きな影響をおよぼしているのである。この章では、「リスニング」の定義、大まかなリスニング・スキルのグループ分け、リスニング・スキルの基本的知識などについて順次説明する。

リスニングとヒアリングのちがい

「リスニング（listening／聴くこと、傾聴）」と「ヒアリング（hearing／聞くこと）」のちがいを知っておけば役に立つ。

ジョン・ドレイクフォード教授によれば、「ヒアリング（hearing）とは、耳で感じた聴覚的な刺激が脳に送られる生理的な知覚プロセスを指す言葉である。それに対してリスニング（listening）とは、知覚体験の意味を解釈し理解することにかかわる、より複雑な精神的プロセスをあらわす」[注7]。

言い換えれば、相手の話す声は耳に入っても、実際には話を聴いてない場合もありうるのだ。「友だちはぼくの話にじっくり耳を傾けてくれるのに、両親は聞き流しているだけです」と表現したティーンエイジャーもいる。

かつてある人と話していたときのことだ。私が話していても知らん顔をしているように見えたので、「話を聴いてないんですか」と文句を言うと、相手は「もちろん、聞いていましたよ」と答えて、私の言葉を逐一くり返した。確かに言葉は「耳に入った」にちがいないが、その人は「耳を傾けていた」とは言えない。私が伝えたかったことを理解していなかったからだ。おそらく、似たような経験がある人なら、これがどれほどしゃくに障《さわ》るかがわかるだろう。

リスニング・スキルの三つのグループ

効果的な聴き方を身につけるのは並大抵のことではない。そこで本書では習得過程を単純化するため、リスニング・スキルをさらに3つの「スキルグループ」に分類した。

[3つのスキルグループ]

グループ 1

〝向き合い《アテンディング》〟スキル

——集中して話を聴くためのスキル

❶真剣な態度を見せる

❷適切な動作を示す

❸アイコンタクトをする（視線を合わせる）

❹集中できる環境をつくる

グループ 2

〝うながし《フォローイング》〟スキル

——話をうながすためのスキル

❶ドア・オープナー（話のきっかけ）を与える

❷最小限の刺激を与える

❸質問を減らす

❹相手に気を配りながら沈黙する

グループ 3

〝反映《リフレクティング》〟スキル

——相手の主張をより深く理解し、理解していることを伝えるためのスキル（なぜ「反映」なのかは次章で詳述する）

❶言い換え《パラフレーズ》を行う

❷感情をくみとり応答に反映させる

❸真意をくみとり応答に反映させる
（感情を話の内容に結びつける）

❹相手の話を要約する

まずはひとつのグループから訓練をはじめてみよう。そしてその中のひとつ、もしくは少数のスキルを集中的に学べば一番効率がいい。一つのスキルグループを習得してその分野を改善できたら、その後でさらに高度なグループに進もう。それぞれのスキルグループを習得し終えれば、さまざまなスキルが統合された周到な傾聴法を身につけたことになる。

では個々の具体的なスキルについて説明しよう。

「リスニング・スキル」グループ1

〝向き合い《アテンディング》〟スキル（集中して話を聴くためのスキル）

〝向き合い〟とは相手に対する関心を体であらわすことだ。私はときどき**「全身で聴くこと」**と呼んでいるが、ようするに、あなたが話し手に細心の注意を払っていると知らせる非言語コミュニケーションである。

このグループには、

❶真剣な態度を見せる
❷適切な動作を示す
❸アイコンタクトをする（視線を合わせる）
❹集中できる環境をつくる

という四つのスキルがある。

〝向き合い〟の効果は驚くほど高い

効果的な〝向き合い〟を行えば人間関係が驚くほど改善する。あなたが関心をもって話を聴いているということがわかって、一番気がかりな問題や悩みを相手が打ち明けやすくなるからだ。それにひきかえ、〝向き合い〟を伴わない会話では、相手の本音を引き出すのはむずかしい。

アレン・アイビイとジョン・ヒンクルは、ある大学の心理学講座で行った〝向き合い〟の実験結果について説明している。その実験では、〝向き合い〟スキルを教えた六人の学生たちに客員教授の講義を受けてもらい、その一部始終を録画した。最初は教室でよく見られる注意散漫な態度を取るよう学生たちに指示する。事情を知らない教授はもっぱらメモを見ながら淡々と話すだけで、身ぶり手ぶりで説明するどころか、学生たちを見向きもしない。ところが、事前に決めていた合図で学生たちが意図的に〝向き合い〟スキルを使いはじめると、三十分もたたずに効果があらわれた。教授がジェスチャーを交えて話しはじめたばかりか、口数も増えて授業に活気が出てきたのだ。〝向き合い〟だけで状況が一変したのである。別の合図で学生たちが〝向き合い〟を止めると、反応を期待していた教授は肩すかしを食って、再び元の味気ない講義をはじめたという。[注8]

自分だけにまっすぐ向き合ってくれる人との会話は印象に残るものだ。『サタデー・イヴニング・ポスト』紙の表紙で有名な画家ノーマン・ロックウェルは、アイゼンハワー大統領の肖像画を描いていたときの体験を次のように話している。

政治や選挙運動について大統領と話したことはありません。絵や釣りの話がほとんどでした。ただ、一時間半の間全神経を集中して私のためにポーズをとってくれたのが、何より心に残っています。私と話をしているときの大統領は何も心配事がないように見えました。党大会での選考があって大統領選挙が間近に迫っているとはとても思えませんでした。[注9]

〝向き合い〟スキルを適用しながら人の話を聴けば効果てきめんである。

〝向き合い〟スキル

❶真剣な態度を見せる

ボディー・ランゲージはたいてい言葉より雄弁なので、リスニングの際に「真剣な態度を見せる」ことはきわめて重要だ。

アルバート・シェフレン博士とノーマン・アシュクロフト博士は、『ヒューマン・テリトリー――インテリア・エクステリア・都市の人間心理』（桃木暁子ほか訳、産業図書）の中で「対人関係を助長し維持するために身体の各部位を生かすことができるが、関係を断ち切ったり回避するために生かすこともできる[注10]」と指摘している。

少し身を乗り出す、相手とまともに向き合う、「開放的な」姿勢を保つ、相手から適度に離れるなど、聞き手がリラックスしながら抜かりなく気を配っている態度を示せば、コミュニケーションがうまくいきやすい。それが聴き上手のやり方というものだ。

肝心なのは、**「あなたといっしょにいるとくつろげる、あなたを受け入れている」**という気持ちをあらわすリラックスした態度と、**「あなたの話は大事だ、私は全力で理解しようとしている」**という意志を示すすきのない気配り、もしくは良い意味の緊張との間でバランスをとることである。この二つの身体的メッセージが融合すると、効果的なリスニングが可能になる。

◎話し手に向かって身を乗り出す

このほうが、いすの背にもたれたり、だらしなく手足を伸ばして座ったりするよりも聞き手の熱意と意欲が伝わりやすい。講演者が聴衆の心をつかんだ状態を（英語では）「聴衆をいすの端に座らせる」と表現するが、聴衆はただ前かがみになるだけでなく、いすの前のほうに座るのである。それにひきかえ、死体のようにいすにもたれかかっていれば、話し手の意欲が削がれるに決まっている。

◎相手と正面から向き合う

こちらの右肩と相手の左肩が相対する姿勢を取る。「あの人は私に冷たい肩を向けた（すげない態度を見せた）」という慣用句は、相手と正面から向き合わなければ、無関心や拒絶の意志表示になるという事実をあらわしている。家庭やオフィスでは〝向き合い〟への配慮はめったに見られないため、家具の配置を一部見直す必要があるかもしれない。

目の高さを合わせるという点でも、相手と正面から向き合う必要がある。あなたが親、教師、会社の上司など、相手から見れば権威のある人間であれば、これはとりわけ大切だ。相手がいすに座っているのに、こちらが机の端に腰掛けたり立ったりすれば、対人関係に支障を来す可能性が高い。幼い子をもつ親は、家庭ではこのような気配りが大事だとよく口にする。

◎開放的な姿勢を保つ

腕や足をしっかり組んでいれば、心を閉ざしているか防御姿勢をとっているとみなされやすい。野球ファンなら、アンパイアの判定に監督が抗議する場面はおなじみだろう。監督は腕を振り回し、叫び声を上げながらアンパイアのほうへ突進していくが、アンパイアはたいてい腕組みをして防御の構えをとっている。これは判定を覆すつもりはないし、抗議しても無駄である、という意志表示だ。幼児にも同じ仕草が見られる。幼児も親に逆らうときはよく腕組みをして、親の言葉を受けつけないという気持ちを表現する。

◎相手から適度に離れる

あまり距離を置くとコミュニケーションの妨げになる。

C・L・ラッセンは、初診時における精神科医と患者との物理的な距離がどういう影響をおよぼすかを調査した。両者の間隔を三フィート（約九十センチ）、六フィート、九フィートの三つに分け、患者がどの程度不安を感じるかを観察と自己申告によって測定したところ、間隔が広がるにつれて患者の不安は増大したという。[注11]

ところが、あまりに近すぎても相手の不安は増大する。一般にアメリカ人は親しくない人間と三フィート以内で長時間をすごすときに不安を感じる、ということを実証した心理学者もいる。相手が配偶者や親友でも、間近で長く話していると不快感を催すことがある。

対話の最適距離は、同じ文化圏でも個人差があるように、文化がちがえば当然異なるが、話し手の不安や不快感を注意深く観察しながら間隔を調節すれば発見できる。通常、アメリカ社会では最適距離は約三フィートである。

“向き合い”スキル

❷適切な動作を示す

これも効果的なリスニングには不可欠だ。『Who's Listening?（誰が聴いているのか？）』という著書で、精神科医のフランクリン・エルンスト・ジュニアはこう述べている。

> 聴くことはすなわち動くことである。身も心も話し手に動かされることだ。（中略）
> 平然としてまぶた一つ動かさない人間は、話を聴いていないと思ってまちがいない。
> （中略）

他の目に見える動きが止まり、まばたきの回数が六秒に一回以下になると、もはや何も聴いていないに等しい。[注12]

聞き手の非言語行動に関するある調査によれば、**身動き一つしない聞き手は、自制心が強く冷淡で、お高くとまった打ち解けない人間だと思われる**のに対し、活発に身体を動かす――ただし、発作的でも神経質でもない動かし方で――聞き手は、親しみやすく思いやりのある気取らない人間とみなされ、その仕草もわざとらしいとは思われない。そして体が硬直したようにじっとしている聞き手は敬遠されがちだという。[注13] 聴き上手な人たちをビデオで観察するうちに、私は一定のリズムに気がついた。彼らは相手が話しているときはあまり身動きせず、自分が受け答えをするときにより体を動かす傾向があるのだ。たまに聞き手が話し手と意気投合すると、ジェスチャーまで話し手そっくりになるときもある。

気をそらすような動作やジェスチャーをしないことも肝心だ。話し手に応えるために体を動かすならともかく、関係のない刺激に反応して体を動かすのはいただけない。注意散漫になればボディー・ランゲージにあらわれる。鉛筆や鍵をいじくりまわす、小銭をじゃらじゃらさせる、そわそわする、指で物をトントンたたく、指の関節をポキポキと鳴らす、ひんぱんに体重を移したり足を組み替えたりする、組んだ片足を上下にぶらぶらさせるなど、お決まりの神経質な仕草でそれとわかるのだ。話の最中に、テレビ番組を見る、そばを通る人に手を振ったりうなずいたりする、あるいは食事の支度をしたり新聞を読んだりするのをやめないのも、話し手の気が散る要因になる。

“向き合い”スキル

❸アイコンタクトをする（視線を合わせる）

上手に視線を合わせれば、相手に関心があり話を聴きたいという気持ちを伝えられる。そのためには話し手と軽く目を合わせ、顔から他の部位、たとえばジェスチャーをする手の動きなどにときどき視線を移してからまた目を合わせる必要がある。再三目をそらす、ずっと凝視したりぼんやり見つめたりする、目が合ったとたんに視線をそらすといったやり方はまずい。

アイコンタクトによって話し手は自分のメッセージを聞き手が受け入れてくれると確信し、安心して話ができる。

また、目を見て相手の本心を「聴く」ことができるのも大事な点だ。実際、相手の内面に深く立ち入り、その人の身になって問題を理解するのがねらいなら、目の「窓」から入るのも一つの手だ。ラルフ・ウォルド・エマーソンは、「目は口ほどにものを言うが、目が伝えるメッセージは世界共通で辞書が不要だという利点がある」と述べている。[注14]

アイコンタクトを苦手にしている人は大勢いる。会話の際に手の使い方を知らない人がいるように、目の使い方を知らない人もいるのである。相手が感情を表に出そうとしていると感じたとたんに目をそらす人もいるが、これは一つには、出しゃばりたくないか、相手に恥ずかしい思いをさせたくないという気持ちがあるためと考えられる[注15]（もっとも、後で見るように、リスニングが上手な人は内容と同時に感情も聴き取り、言葉だけでなくボディー・ランゲージでも相手の言いたいことがわかるものだ）。また、目を合わせると親密な関係になりやすいため、愛情がエスカレートする

のを懸念して多くの社会でアイコンタクトがタブー視されてきたという事情もある。[注16]

視線を合わすのが苦手だとしても、部屋の中をきょろきょろ見回してばかりいる相手と話したいと思う者はいないはずだ。私なら話に集中できない。たとえば、パーティーで話し相手がたえず部屋を見回して他の客を見ていれば、別の場所へ移りたいのではないか、と私なら解釈する（できればどこでも好きなところに行ってほしい）。また、視線を避けるのは無関心や敵意のあらわれかもしれないし、嫌がらせと受け取れる場合もある。

我々の社会では、うまく**アイコンタクトができなければ、対人コミュニケーションに支障を来すと思ってまちがいない。**相手が不快感を催してうまくいかないときがあるとはいえ、アイコンタクトはリスニング・スキルのなかでも特に効果的なスキルだ。苦手な人でも目を使うコミュニケーション能力を身につけることはできるし、その重要性を認識すれば、苦手意識を克服しやすくなる。また、もっと相手の顔を見る努力をして慣れる必要があるかもしれない。

〝向き合い〟スキル

❹集中できる環境をつくる

相手の話に専念することも〝向き合い〟には欠かせないが、著しく気が散るような環境では実際には不可能だ。集中できる環境、相手との間に大きな障害物がない環境、どちらかといえば見苦しくない魅力的な環境——このような条件が整った環境であれば話しやすい。

気配りのできる聞き手なら、「気を散らすようなものをなるべく周囲に置かない」ように心がけるものだ。家庭では、邪魔にならないように部屋のテレビやステレオを消し、話し合うための理想的な環境を整える。必要があれば、「入室禁止」のサインをドアに掛けておくこともある。

職場ではドアを閉め、内線の呼出音も切っておき、話し合いが終わるまで電話の応対は秘書に任せる。

それから、**大きな障害物を取り除くことでもコミュニケーションは円滑になる。**職場で話し合いの邪魔になるものといえばデスクだ。A・G・ホワイトが行った問診に関する調査によると、医師との間にデスクがない場合、五十五パーセントの患者がリラックスできたのに対し、デスクがあるとその割合はわずか十パーセントに落ちたという。[注17]ときにデスクは権威の象徴とみなされ、無力感や敵意を誘発しかねない。聞き手がデスクの向こうに座っていれば、対等の個人同士の話し合いというより、それぞれの役割に従ったやりとりになりやすい。どうしてもデスクが必要な場合でも、客用のいすは自分から見てデスクの向こう側ではなく側面に置くのが望ましい。

話し手が求めているのは聞き手の〝心〟

話し手が何より強く求めるのは〝相手の心がここにある〟という心理的実感だ。つまり、自分とともにいてほしい、心から寄り添ってもらいたい、と望んでいるのである。この話し手の心理的実感は聞き手側の〝向き合い〟スキルによって助長される。右に紹介した四つのスキルを実践すれば、心理的な〝向き合い〟が向上し、本気で傾聴していると相手に感じさせることができる。

ただし、相手の話に**関心があるふりをしても無駄**だ。そんなごまかしは通用しない。本気で傾聴していれば、自ずと活力があふれ出し、相手の話に興味と関心をもっているということが表情や身体の動きにあらわれるものだ。心ここにあらずという状態では、うわべを取りつくろっても必ず見破られる。そのどんよりした目から、話し手の「アンテナ」は聞き手が傾聴していないというシグナルをキャッチする。〝心〟が不在である限りどんな〝向き合い〟スキルも効果はない。

コミュニケーションの八十五%は非言語的なもの

意外なことに、我々が教えるまでもなく、大半の人は非公式ながら〝向き合い〟スキルに関するかなり正確な知識をもっている。セミナーで指導員が「私の話にいかにも興味があるような態度を取ってください」と指示を出すと、ほとんどの参加者がかなり上手にそれらしい仕草をするし、「私や私の話に全然関心がもてないという気持ちを姿勢であらわしてみてください」と言えば、ほぼ全員が注文どおりのポーズをしてみせる。では、なぜわざわざ〝向き合い〟スキルを教えるのか？　これには基本的に二つの理由がある。

まず第一に、スキルを教えることで〝向き合い〟に対する理解が深まる。それまで曖昧模糊としていた知識を、明確な形で認識できるようになる。既知のものをより深く考えるようになるのだ。

二つ目の理由はさらに重要だ。〝向き合い〟の方法と利点にスポットライトを当てれば、大勢の人が刺激を受け、方法を知りながらおろそかにしがちだったスキルを実行するようになる、と我々は考えている。つまり、人々の意識を高め、こうしたスキルを活用する気にさせるのがねらいなのだ。しかるべき時期に〝向き合い〟をはじめれば、対人関係の改善も期待できる。

アレン・アイビイは次のように指摘している。

〝向き合い〟などのスキルにありがちなわざとらしさに疑問を感じる人もいるだろう。

（中略）

人生を一連の訓練の場とみなし、状況が変わるたびに「スキル入りのハンドバッグ」を探って適応しようとする態度に、そういう人が反対するのは当然だ。だが我々の経験からすると、わざとらしい意図的な〝向き合い〟でも、いったんはじめると話し手を活気づかせる傾向がある。また、聞き手のほうもそれに刺激され、意識的に行っていることなどたちまち忘れて自然にふるまいはじめる。これまでさまざまなクライアントや研修生が意識的な〝向き合い〟を試みたが、みな相手に興味を抱いて話に夢中になった。[注18]

コミュニケーションはとかく言語的なプロセスと思われがちだが、研究者たちはコミュニケーションの大半が非言語的なものだと確信している。もっともよく引用される調査報告では、**人間のコミュニケーションの八十五パーセントが非言語的なもの**だと推定されている。したがって、リスニングの非言語的要素である〝向き合い〟は、リスニング・プロセスの基本的な構成要素なのである。

「リスニング・スキル」グループ2

〝うながし《フォローイング》〟スキル（話をうながすためのスキル）

ベアトリス・グラスはほかの車と衝突事故を起こした。ただちに夫のチャーリーに電話で事情を知らせたところ、「車の状態はどうだ？」という声が真っ先に返ってきた。彼女がその質問に答えると、今度は「どっちが悪かったんだ？」と尋ねて、「何も認めるんじゃないぞ。おまえは保険会社に電話しろ。おれは弁護士に連絡する。ちょっと待て、番号を教えるから」と言う。

「ほかに聞くことはないの？」
「うん。これで大丈夫だと思うけどな」
「へぇー、大丈夫なの？　まあ、念のために言っとくけど、私病院にいますから。肋骨を四本折ってね」

ふつうの夫と比べれば、チャーリーの反応は露骨で思いやりがなかったのかもしれないが、この種の反応は世間ではよく見られる。妻が問題を抱えている（自動車事故で入院までしている）なら、夫は聴き役に回るべきなのに、話していたのはほとんどチャーリーのほうだ。

話し手が自らの立場をどう考えているかを知るために話の邪魔をしないことも聞き手の重要な役目である。残念ながら、ふつうの「聞き手」は、たびたび質問や発言をはさんで話の腰を折り、話し手の気をそらしている。調査によれば、「聞き手」がしきりに質問して会話の主導権を握ることもまれではなく、しゃべりすぎて会話を独占するケースもよくあるという。

〝うながし〟スキルは、

❶ドア・オープナー（話のきっかけ）を与える
❷最小限の刺激を与える
❸質問を減らす（自由に意見が言えるような質問をする）
❹相手に気を配りながら沈黙する

の四つである。

〝うながし〟スキル

❶ドア・オープナー（話のきっかけ）を与える

人が悩んだり興奮したりしているときは、口に出さなくてもそれとなくわかる場合が多い。顔つき、声の調子、姿勢、気力などで気持ちを察知できるからだ。たとえば、普段元気のよい夫のジェリーが、四日前からにこりともせず家族の会話にも加わらなかった。そこで妻のダーリーンが、二人きりのときに「このごろ調子が変ね。何か悩みでもあるんじゃないの。話してみたら？」と言ったとする。こういう言葉によってダーリーンはドア・オープナーを与えたのである。

ドア・オープナーは非強制的に相手の話をうながす言葉だ。話し手がさっさと本題に入るならともかく、ジェリーのようにその気があっても後押しが必要なときもある。また、ためらいがちに話しているように見えれば、「それについてもっとお聴きしたいですね」といったドア・オープナーが有効かもしれない。

相手の心の扉を開ける言葉が必要なのに、逆に心を閉ざさせるような（コミュニケーションを妨げるような）言葉をかける場合もよくある。子どもが足を引きずりながら、浮かない顔をして学校から帰ってきても、親は子どもが自分の殻に閉じこもってしまうような対応をしがちである。まずやってはいけないのが、子どもに非があると決めつけてかかることだ。

たとえば、

「今度は何をしでかしたのかな？」

「友だちとけんかでもしたんでしょ？」


という具合に。

また、子どもの悩みを聴きもせずに「元気づけ」をするときもある。


「元気を出しなさい」

「そのうちよくなるわよ。いつもそうなんだから」
「来週になったら、何も覚えてないんじゃないかな」

「忠告」もお決まりの手だ。

「何か好きなことでもしたら？」
「一日中うじうじしててもしょうがないでしょ」
「何があったか知らないけど、それで一日をむだにすることはないわ」

こうした望ましくない対応をしたくなる気持ちを抑えて、話をうながすような言葉をかけてみよう。たとえば、次のように。

「今日は良い日じゃなかったみたいね。話したいことがあれば聴くわよ」
「何かいやなことがあったの？　よかったら教えてくれない？」

通常ドア・オープナーには次の四つの要素が含まれる。

ⓐ相手の様子に触れる――「今日は晴れやかな顔をしていますね」「体の具合が良くないみたいですね」など。

ⓑ話をうながす――「そのことを話してみませんか？」「どうぞお話を続けてください」「おもしろいお話ですね」など。

ⓒ沈黙する――相手に考える時間を与える。

ⓓ〝向き合い〟――アイコンタクトと真剣な態度によって相手に関心があることを示す

四つの要素が常に含まれているとはかぎらない。たとえば、〝向き合い〟だけでも話を引き出せる場合が多い。

夫があまり話してくれないと嘆いていたある主婦は、「夫」が話す気になったら話をしっかり聴いてみようと思い立った。すると意外にも、夫が一番話す気になれるのは、仕事から帰ってきたとき（彼女が夕食の支度に追われているとき）らしいということがわかった。長年の間、彼女は料理に神経を集中させながら、「仕事どうだった？」と振り向きざまに質問していた――だが、夫が答えることはほとんどなかった。そこで彼女はそれまでのやり方を見直し、夕食の支度を四十五分遅らせた。夫が帰宅してから二人きりでゆっくり話すようにしたのだ。その間は子どものことも料理のことも一切考えないようにしたところ、今では有意義な会話ができるようになったという。

また、夕食の時間を変えずに、週に三日だけほとんどの料理を早めに作り、帰宅した夫との会話に専念できるようにした主婦もいる。彼女はこう語っている。「ずいぶん変わりました。話がとぎれない日もあるんですよ。かんたんなやりとりですませるときでも、料理をしながら質問攻めにしていたときとちがって、無理に話しているわけじゃありません。もちろん、挨拶だけの日もありますす。でも、週に三日、夕食前の三十分だけでも夫の話を静かに聴くようにしてから、家族全体の雰囲気がとても変わってきているのは確かです」

ドア・オープナーを与える側は、相手が矛盾する感情を抱いている——胸の内を打ち明けたいと思いながらも、ためらいを感じている——可能性があると認識し、その感情を尊重する必要がある。

一つの対処法は、つらい経験はなかなか話しにくいという気持ちを認めて共感を示すことだ。相手が話しづらそうにしているときは、「なかなか話しづらいことなんだね」と言えばいい。

もう一つの方法は、無理強いをせず、必ず相手が自発的に話をするような言葉をかけることだ。「無理しないでいいから」「話す気分になったら話してくれればいいんだよ」など、**ドア・オープナーは常に非強制的なものでなければならない。**

ところが残念ながら、扉を開くどころか相手を無理やり引きずり出そうとする人もいる。

たとえばこうだ。

サム：「おい、元気がないな。どうした？」
ジョン：「いや、何でもない」
サム：「悩みがあるって顔をしてるぞ。聴いてやるから話してみろ」
ジョン：「今そういう気分じゃないんだ」
サム：「全部はき出してすっきりしろよ」
ジョン：「うん、わかってる。そのうち話すよ」
サム：「でも、そんな気分だからなおさら話したほうがいいんじゃないか」

という具合に。

共感できる人間は、他人のプライバシーや個性を尊重し、押しつけがましい態度を取らないように気をつけるものだ。うまく共感的理解を示しながら話を聴けば、無理をせずに相手の話を引き出せるのだ。

ドア・オープナーに相手が何も反応しないとは考えにくい。ただ、お互いにあまり信頼していないか、しばらく円滑なコミュニケーションがとれていない関係では、反応を期待するのは無理がある。信頼を回復するには、時間のほかにスキルと誠意が必要だが、リスニング・スキルを適用すればそれも可能だ。関係が修復されれば、おそらく良い反応が返ってくるだろう。

"うながし"スキル

❷最小限の刺激を与える

すでに述べたように、話し手が胸の内をありのままに打ち明けられるように配慮するのは聞き手の責任だが、邪魔をしないようにとまったく何も言葉をはさまない人が多い。だが、誠意の表現のようにもとれるこの聞き方は、むしろ相手を不安にさせることがある。

「最小限の刺激を与える」スキルは、相手に自由に話をさせながら聞き手も積極的に会話に参加するかんたんな方法だ。これによって相手に共感しているという姿勢を手っ取り早く示すことができる。ほんのわずかな言葉でも、あなたが話の流れをさえぎったり雰囲気をこわしたりせずに耳を傾けている、と相手に伝えることができるのだ。最小限の刺激は会話のところどころで使うものだが、はじめのうちは多めに使って会話に弾みをつけてもいい。

一番使用頻度が高いのは、おそらく「うん」「ふーん」などのあいづちだろう。こうした単純な言葉だけで、「どうぞ先を続けてください、私はお話を聴いています、理解しています」という意味にもなる。簡潔な反応の仕方はほかにもいろいろある。

たとえば、「もっと教えて」「そのとおり」「そうなの?」「そうね」「たとえば……」「本当に?」「なるほど」「えーっ」「ごもっとも」「それで?」「それから?」「続けて」「確かに」「わかるよ」「まいったな」など。

誰にもお気に入りの言い回しがあるにちがいない。話し手のキーワード、もしくは最後に言った言葉を一つか二つくり返しても同じ効果が得られる。たとえば、「どうすればいいかわからない。ちょっと頭が混乱しているようだ」という相手の言葉に、「混乱しているんだな」と応じても悪くない。

上手な聞き手なら、口に出す言葉はわずかでも、声や表情によって相手に対する共感をじゅうぶん伝えられる。私はアメリカでも有数のセラピストが、ある女性の話を聴いている記録映画を見たことがある。女性は母親の仕打ちに対する怒りをぶちまけていたが、セラピストが「確かにそうですね」と共感を示すような言い方をすると、「この人は気持ちをわかってくれる、私が怒っていても受け入れてくれる」と感じているように見えた。また我が家の子どもの一人が、学校であった不愉快な出来事を妻のドロシーに打ち明けたことがあった。そのとき妻は「まあ、嫌ね」としか言わなかったにもかかわらず、声の調子や表情などのボディー・ランゲージによって気持ちはじゅうぶん伝わっていた。

最小限の刺激は、相手の話に賛成や反対を表明するものではない。どちらかといえば、「あなたの話を聴いている、話を続けてくれれば理解するように努力する」と知らせるためのものだ。したがって、私が相手の言葉に「そうだね」と応じても賛成しているわけではなく、「なるほど、何を言いたいのかはわかる、話を続けてほしい」という程度の意味にすぎない。

この種の反応の仕方はよくパロディー化される。五十分の間「うん」としか言わないのに、診察時間が終わると「五十ドルいただきます」と言う精神科医の話は有名だ。もちろん、これは誇張した表現かでっち上げの可能性がある。とはいえ、さまざまな反応との相乗効果によって、こうした表現は話し手の自己分析をうながす働きがあるのだ。

〝うながし〟スキル ❸質問を減らす

我々の社会では、言葉のやりとりに質問は欠かせない。他の数多くの反応と同様、質問にも長所もあるし短所もあるが、効果的な方法を心得ている人はどちらかといえば少ない。我々は質問にたよりすぎて不適切な使い方をしがちだ。つまり、たいていの場合、話し手の意向よりむしろ自分の意図、ものの見方、関心事などを中心とした質問をするのである。こうなるとコミュニケーションに支障を来す。

質問には「クローズド・クエスチョン（閉ざされた質問）」と「オープン・クエスチョン（開かれた質問）」の二種類がある。「クローズド・クエスチョン（閉ざされた質問）」とは、話し手に明確で短い返答を求める質問であり、イエスかノーかなど、一言で答えられるものが多い。それに対して「オープン・クエスチョン（開かれた質問）」とは、聞き手の意図にあまり縛られず、話し手が「ゆとり」をもって自分の考えを吟味できるような質問だ。前者は○×式（多項選択式）の問題、後者は論述式の問題にたとえられる。たとえば、部屋に入ってきた女性従業員に、上司が「ラムズフォードの仕事の件で話があるのか？」と尋ねるのはクローズド・クエスチョンであり、「アン、どうした？」と尋ねるのはオープン・クエスチョンである。

オープン・クエスチョンをときおりうまく交えれば、聞き手は話し手から会話の主導権を奪ってしまうことなく、相手をさらによく理解できるようになるだろう。二種類の質問に関する研究報告書の中で、モアランド、フィリップス、ロックハートの三人は次のように述べている。

自由回答式の質問をする場合、面談の主導権が誰にあると考えているかがきわめて重要だ。聞き手がこの方式で質問するかぎり、質問はクライアントの関心事を中心としたものになる。聞き手が情報を得るためではなく、クライアントが自分自身の問題を解明するのに役立つような質問をしなければならない。（中略）

面談の際に聞き手がクローズド・クエスチョンに頼れば、たいてい次の質問を考え出すのに専念せざるをえないため、集中してクライアントの話を聴くことができない。[注19]

また、「一度に一つだけ質問する」ことも重要だ。立て続けに二つ以上の質問をすれば、後のものはクローズド・クエスチョンになりやすい。一度に複数の質問をするのは、内心不安を感じているからだと思われるが、それで話が進むことはめったにない。

コミュニケーション・スキルを指導してきた経験から、私は「ほとんどの人は質問しすぎる」と考えるようになった。**会話中に続けて複数の質問をするのは危険を伴う**。というのは、**聞き手が会話の方向を決めてしまうため、話し手が自分なりに状況を検討する機会を奪う傾向がある**からだ。

私が指導した人のほとんどは、質問の数を減らせばもっと聴き上手になれただろう。また、大半の質問は意見として述べることができるし、一般的にはそのほうがはるかに実り多い会話になる、と私は考えている。

質問を控えようとすると、黙り込む時間が増えて会話が滞りがちになり、非常に気まずい思いをする場合がある。だが本章で取り上げたスキルを習得すれば、質問攻めにしなくても会話の隙間があまり気にならなくなるだろう。

〝うながし〟スキル

❹相手に気を配りながら沈黙する

リスニング・スキルの初心者は、沈黙の価値を知る必要がある。聞き手が沈黙すれば、話し手が自由に考え、感じ、自己表現するゆとりが生まれる。ヘブライ人の聖者が言ったように、「知恵の始まりは沈黙である。聴くのはその後の段階」なのだ。

ほとんどの人は他人の話を聞くときにしゃべりすぎる。場合によっては、話し手と同じかそれ以上に話しかねない。気を配りながら沈黙する技術を習得しなければ、効果的なリスニングはできない。そもそも、自分が話してばかりいては、相手が悩みを説明できない。聞き手が黙れば、話し手はゆとりをもって話すべき内容を吟味し、内面を深く掘り下げることができるし、心の中で激しく揺れ動く感情を確かめることもできる。また、自分のペースで話を進められるので、話すべきかどうかを時間をかけて決められる。話がとぎれたときに、先を続けるか、どの程度まで話すかを判断するのも悪くない。往々にして**沈黙は会話の促進剤になる。**じゅうぶん気を配りながら有意義な沈黙をときおり交えれば、好結果が得られるはずだ。

沈黙は苦しみを和らげるとともに、大きな喜びの瞬間にも重要な働きをする。愛情のこもった沈黙はすばらしい。トマス・カーライルとラルフ・ウォルド・エマーソンは、ある晩何時間もいっしょに座っていたのに、一方が帰り際に立ち上がり「楽しかったな」と言うまで一言も口をきかなかったという。

私も妻のドロシーとお互いに相手の愛情を感じながら、暖炉の前に静かに座ったり、黙って目を見つめ合ったりして、何度もこのような瞬間を味わっている。

ハルフォード・ルコックが言うように、「このような愛情のこもった沈黙は無関心とはちがう。**黙っているのは、たんに話すことがないのではなく、積極的に自分自身と対話をしているからだ。**時計のチクタクという音を聞くために沈黙する必要があるように、心の声を聴くためには沈黙が必要なのだ[注20]」。

我々が主催するコミュニケーション・スキルのセミナーでは、参加者の半分以上がはじめは沈黙に居心地の悪さを感じ、会話にちょっと間が開いただけでもじもじしはじめる。黙っているのが落ち着かず、質問や助言など、何でもいいから声を出して沈黙を破り、とにかく気まずい状況から逃れたいという心境になるのだ。相手のことよりそんな不安で頭がいっぱいになる。サミュエル・ベケットの戯曲『ゴドーを待ちながら』で、「黙ったままではいられないから静かに話でもしようじゃないか」と語る登場人物と同じである[注21]。

幸いにも、ほとんどの人は比較的短い間に沈黙に慣れる。会話がとぎれたときに何をすればいいかがわかると、ずいぶん気が楽になり、かえって活発なやりとりができるようになる。心がけてほしいのは以下の三点だ。

ⓐ**相手の話を傾聴する**——相手のために本気で話を聴いているということを姿勢で示す。

ⓑ**相手を観察する**——話し手の目、表情、姿勢、ジェスチャーなどを見て情報を得る。言葉に惑わされなければ、ボディー・ランゲージをより明確に「聴き」取れる可能性がある。

ⓒ**相手が何を伝えようとしているかを考える**——相手の発言について思いを巡らし、気持ちを推測する。さまざまな対応の仕方を考え、もっとも役立つと思われるものを選ぶ。

このように忙しく心配りをしていれば、沈黙を苦にする暇はない。

旧約聖書の伝道の書に、「沈黙を守るべき時があり、語るべき時がある」という一節がある。[注22] 聴き上手になるには、この両方の時機をわきまえる必要がある。

なかには聞き役に徹して相手だけに話をさせる人もいるが、沈黙しすぎるのもやはり望ましくない。何の反応も示さず黙って座っているだけでは効果的なリスニングとは言えないし、黙ったままで人の話を長時間傾聴するのは無理がある。こうした「聞き方」をしていれば、すぐに集中力が切れて目がどんよりし、身を入れた「聴き方」をしていないのがばれてしまう。度を越した沈黙は金ではない——それどころか、相手に対する無関心のあらわれにすぎない。

聴き上手なら、時機を見はからって話したり口をつぐんだりできるので、どちらにしても気まずい思いをすることはない。また、「巧みな言語能力に頼って私は何も言わなかった」と述べたロバート・ベンチリーのように、創造的な会話での沈黙の重要性を認識しながら、言葉でうまく受け答えができるようになる。

まとめ

リスニングとは、人の話に耳を傾けると同時にその人にかかわりをもつことだ。人の話を聴く能力があるかどうかで友情、家族関係、職場での業績などにも大きなちがいが出る。

便宜的に本書ではリスニング・スキルを次の三つのグループに分けている。

グループ① 〝向き合い《アテンディング》〟スキル
グループ② 〝うながし《フォローイング》〟スキル
グループ③ 〝反 映《リフレクティング》〟スキル

〝向き合い〟スキルとは、真剣な態度、適切な動作、アイコンタクト、集中できる環境づくりなどによって、聞き手が話し手に心から向き合っていると示すためのスキルである。

〝うながし〟スキルは、ドア・オープナー（話のきっかけ）を与える、最小限の刺激を与える、質問を減らす、気を配りながら沈黙するといったスキル。これらによって、聞き手は相手の問題にたえず焦点を当てることができる。

次章ではグループ③の〝反映〟スキルについて詳述する。

第四章

〝反映《リフレクティブ》〟型リスニングの四つのスキル

会話におけるリスニングとは言葉よりも真意を聴き取ることだ。（中略）言葉の背後に隠された本音を見抜き、話し手の真の姿を明らかにするのが本当の意味のリスニングである。宝探しのように、言語的にも非言語的にもあらわになるその真の姿を探し当てるのである。もちろん、意味論上の問題はある。相手の言葉が意味するものは、こちらが受け取るものと同じではない。したがって、どうしても私は「あなたが話したこと」ではなく「私が聞いたこと」しか語れない。私が言い換えた言葉をあなたにチェックしてもらう必要があるのは、あなたの真意が歪められずに「そのまま」私に伝わったかどうかを確かめるためだ。[注1]

――ジョン・パウエル（神学者）

リスニング・スキルには、

〝向き合い〟スキル
〝うながし〟スキル
〝反映〟スキル

という三つの大きなグループがある。この章では「〝反映〟型リスニング」とはどういうものかを説明し、その中に含まれる四種類のスキル――

❶言い換えを行う
❷感情をくみとり応答に反映させる
❸真意をくみとり応答に反映させる
❹相手の話を要約する

――についてそれぞれ考察する。

「リスニング・スキル」グループ3

〝反映《リフレクティング》〟スキル

効果的な傾聴法には〝反映《リフレクティブ》〟型リスニングが不可欠だ。**〝反映〟型リスニングとは、鏡がありのままの姿を映し出すように、聞き手が話し手の感情や話の内容を正確に言い換えて相手に投げ返し、共感的理解を示す聞き方である。**

これを我々の社会で一般にありがちな反応と対比した例を見てみよう。以下はある心理学者と母親グループとの対話である。

心理学者：「たとえば、何をやってもうまくいかないような朝を想像してください。電話が鳴り、赤ん坊が泣き、知らないうちにトーストがこげる。ご主人がトースターのほうを見ながら『まいったな、おまえトーストの焼き方も知らないのか』と言ったとします。さてあなたはどう反応しますか？」

A夫人：「私ならトーストを顔に投げつけてやる」

B夫人：「『トーストぐらい自分で焼きなさいよ』って言うんじゃないかな」

C夫人：「私は傷ついて泣いてばかりいると思うけど」

心理学者：「ご主人に対してどういう気持ちになりますか？」

夫人たち：「怒り、憎しみ、恨み」

心理学者：「すぐにまたトーストを焼く気になれますか？」

A夫人：「毒を入れてもいいと言うならね」

心理学者：「ご主人が出勤されたあと、進んで家の掃除をする気になれますか？」

A夫人：「とんでもない。その日は何もかも台無しよ」

心理学者：「では少し設定を変えてみましょう。今度も同じ状況でトーストがこげたとします。でもご主人がこう言ったとすればどうでしょうか？『朝からたいへんだったね。赤ちゃんは泣くわ、電話は鳴るわ、おまけにトーストもこれじゃな』〔これが〝反映〟型のフィードバックだ。相手の胸の内を推測し、性急な判断を下さずに簡潔な言葉で表現している〕」

A夫人：「あの人がそんなことを言ってくれたら、ショックで死ぬんじゃないかな」

B夫人：「きっと最高の気分でしょうね」

C夫人：「そうなればうれしいわ。抱きしめてキスしてあげる」

心理学者：「それはなぜですか？　赤ん坊が泣くのもトーストがこげるのも前と同じですよ」

夫人たち：「そんなことはどうでもいいんです」

心理学者：「では、どこがちがうんでしょうか？」

B夫人：「夫がとやかく言わなかったからいいんです。責めるどころか、私の気持ちをわかってくれるんですから[注2]」

この短いやりとりからも、〝反映〟型リスニングの本質を抜き出せる。

まず第一に、心理学者が例に挙げた夫の〝反映〟型のフィードバックが性急な判断を下すものではなかったこと。

二番目に、それが相手の体験を正確に反映していたこと。

三番目に、簡潔だったこと。

そして四番目は、それが言葉以上のものを反映していたことだ。

〝反映〟スキル
❶言い換え《パラフレーズ》を行う

言い換えとは、聞き手自身の言葉で相手の話の本質的な部分を簡潔に表現する反応の仕方である。この定義からもわかるように、効果的な言い換えには四つの不可欠な要素がある。

第一に**簡潔であること**。慣れないうちはどうしても冗長になりやすい。話し手自身のメッセージより言い換えた言葉のほうが長くなるときもある。言い換えた言葉が簡潔でなければ、話し手の思考が混乱する。

二つ目は、メッセージの**本質だけを表現すること**。会話の邪魔になりやすい枝葉の部分を切り捨てて問題の核心に焦点を当てるのだ。上手な聞き手は話し手のメッセージの勘所《かんどころ》を見抜き、それを鏡のように映し出す《リフレクト》ことができる。二千五百年前、ギリシャの哲学者ヘラクレイトスはそれを「物事の本質を聴く」と表現した。

三つ目は、メッセージの**内容に焦点を当てること**。感情ではなく事実や考えに着目するのだ。実際には内容と感情はなかなか切り離せるものではないが、言い換えでは内容に焦点を絞る。

四つ目は、**聞き手自身の言葉で言い換えること**。このスキルには話し手のものの見方を理解することも当然含まれる。しばらく相手の「身になり」、相手の観点から状況を見たあと、理解したことを自分なりの言葉で要約する。オウム返し（話し手の言葉をそのまま繰り返すこと）と言い換えには大きなちがいがある。オウム返しをすれば会話がぎくしゃくするのがふつうだが、言い換えをうまく使えば、コミュニケーションが円滑になる可能性が高い。

ちょっと例を見てみよう。以下はモーリーンと友人のキムの会話である。モーリーンは子どもをつくるか広告会社で働き続けるかで悩んでいる。

モーリーン：「私もジョージも子どもをつくるべきかどうか迷ってるの。仕事は好きよ。刺激的でやりがいがあるし、給料も悪くない。でも、子どもを生んで母親業に専念したいって思うときもあるの」

キム：「仕事はとても気に入っているけど、母親になりたいという気持ちが強くなるときがあるのね」

モーリーン：（うなずく）

キムはモーリーンの話の要点を言い換えている。しかも簡潔に自分の言葉で表現している。言い換えとはこのような反応の仕方をいう。実際、言い換えを「自分の言葉による簡潔な応答」と呼ぶ専門家もいる。[注3]

言い換えが「的を射た」ものであれば、話し手は「ええ」「そうなんです」「そのとおりです」などと言うか、うなずくなどの方法で肯定の意志表示をするのがふつうだ。この会話では、モーリーンはうなずいてキムの理解が正しいと伝えている。

初心者がはじめて言い換えを試すときは、たいてい抵抗を感じるものだ。また、この方法が有効だと考えている人もあまりいない。〝反映〟スキルを使えば、相手を侮辱するか、さらに悪い結果になると思っているのだ。「私が夫に言われたことを言い返したら、頭がおかしいと思われるわ」『どうしたの、ぼくと同じことばっかり言って』って子どもに言われそう」などと不平をこぼしてもおかしくはない。

だが実際には、自分では気づいていないが、ほとんどの人がこのスキルになじみがある。電話番号や道順を教えてもらう場合、聞き間違いのないようにもう一度口に出して頭に入れようとするのではないだろうか。まちがい電話をかけたり道に迷ったりした過去の苦い経験から、その種の細々としたことは確認しなければ安心できない、とわかっているからだ。

コミュニケーションの専門家によれば、あまり使われないこの方法を対人関係にうまく応用すれば、もっと良い結果が得られる可能性があるという。日常的な意志の伝達がさらに正確に行われるようになれば、我々のほとんどの者が恩恵を受けるはずだ。

言い換えを使えば誤解が生じる危険性は激減する。

正確な事実を確認するこうした方法は、これまで以上にひんぱんに用いられるようになるだろう。

“反映”スキル

❷感情をくみとり応答に反映させる

話し手の感情を鏡のように映し出《リフレクト》してみせるには、簡潔な言葉で、相手が伝えようとしている感情を正確に表現する必要がある。三十四歳になるフレッドと友人のリックのやりとりを例にとってみよう。

フレッド：「今ごろはもう結婚しているはずだったんだが。なかなかうまくいかないもんだ」

リック：「本当にがっかりするよな」

フレッド：「そうなんだ。おれにふさわしい相手なんているのかな？」

フレッドの心にはさまざまな感情——孤独、怒り、失望、不安、落胆など——が入り交じっている可能性があることにリックは気づいている。リックはフレッドのボディー・ランゲージを「読み」とり、主な感情は落胆だと判断する。それに続くやりとりを見れば、その推測が正しかったことがわかる。

言い換えでは内容だけに注意を向けたが、ここでは一歩進んで**相手の感情にまで目を向ける。**

〝反映〟型リスニングにあまり慣れないうちは、感情よりも事実に焦点を当て、「何をしたんですか？」「それはいつのことですか？」といった質問をしがちだ。

私が執筆に夢中になっているときに、シカゴの同僚から電話がかかってきたことがある。話ができるのはうれしいが、私は頭を切り換えるのに手間どった。「ついさっき連絡があったんだが、ぼくが指導するはずだった一月のセミナーが中止になったらしい」といきなり言われて、「えっ、中止だって？」と私は聞き返した。相手は「うん」と答えたが、そのうち別の話になった。

電話を切ってから、私は聞き方が非常にまずかったと気づいた。セミナーをキャンセルされた彼の気持ちがわからずに、肝心な点をすっかり見落としていた。気持ちを聴き出す努力を怠ったため、内容に関するやりとりだけになってしまったのである。

そのあと、私は一月のセミナーについてあらためて調べてみた。彼が担当する予定だったのは、カリブ海を航海する観光船上で行われ、毎日の大半を日光浴や遊びでのんびりすごせるセミナーだ。それが中止になると知ってさぞかし落胆したにちがいない。その年の冬、スケジュールに追われて精神的に参っていた彼の姿を私は思い出した。休養どころか、ひとりきりになる時間も友人とつき合う時間も彼にはなかった。この機会を利用すれば、仕事をしながら存分に自由な時間を楽しめるはずだったのだ。

私はそれに気づかず、そのときの気持ちを聴き出そうとはしなかった。私にそういうつもりがなかったとはいえ、私の聞き方から彼は感情を隠し、事実だけを話そうとしたのである。まるで私が

「事実だけ話せ。事実しか聞く気はない」とでも言ったかのように。

リスニングが感情の開示をうながすものでなければ、話し手の本音――喜び、悲しみ、失望、怒り、苦悩、ためらい等々――を見落とすおそれがある。ウィリアム・ジェームズが述べたように、**「個性は感情の中にある」**[注4]ので、相手の本当の感情に気づかなければ、相手の独自性を見逃すことになる。

聞き手が感情をくみとってフィードバックに反映させれば、話し手が自らの感情を理解する助けとなり、ひいては問題の解決につながる。それではどうやって相手の感情をくみとればいいのか？

感情を「聴き取る」力を向上させる

普段めったに使うことはないとしても、成長する過程で、**誰しも他人の感情を「読む」すべを身につけている。我々はそのスキルを高めることができる**だろうし、意外にうまく使っているという事実を知っておく必要もある。

話し相手や聴衆が退屈している、と感じた経験はきっとあなたにもあるだろう。相手が退屈だと言ったわけでも席を立ったわけでもないのに、その気持ちがわかるのはおもしろいものだ。相手が何も言わなくても、怒りや好意、あるいは何を求めているかはだいたい見当がつくし、心にもないことを言っていると気づくときもある。

精神科医や心理学者が人の本音を推測できるのは納得できるが、最新のコミュニケーション・スキルには不案内のはずの一般人が、他人の気持ちを読み解くことができるのはなぜなのか？　どうやってこの複雑な能力を身につけたのか？

ミシガン州立大学でコミュニケーション・スキルを教えているノーマン・ケイガン教授は、遺伝による先天的な感性の働きについてふれたあと、次のようにつけ加えている。


他人を見ながら生きていれば、他人の心理状態がよくわかるようになるのは当たり前だ。

（中略）

子どもなら親の気持ちを知る必要がある。いつほしいものを要求すればいいか、いつ食べ物をもらえるかなど、顔色を見て向こうの出方を判断できるようになる。一生を通じて、人は他人の感情（情動）に注意を払う方法を身につける。いじめっ子を怒らせてしまったばかりに殴られるような経験をすれば、怒りの兆候をみきわめる方法を身につけようとするのは理の当然だ。学校でもデートでも、相手の微妙なメッセージに注意を怠れば、不幸な結果になりかねない。人間の心は複雑怪奇な神経中枢である。我々が他人の「心の動き」や感情を識別する仕組みを書き出せば一冊の本では足りないだろう。[注5]

ある程度正確に相手の感情をくみとり、即座に応答に反映させる感性が誰にもあるのは確かだが、それで全部説明がつくわけではない。我々のセミナーに参加した何千人もの例から判断すれば、**一般的に人は感情より内容に気をとられる傾向があり**、訓練を受けた聞き手ならあっさり見抜ける感情を、なかなか理解できない人が多い。

ジークムント・フロイトの説によれば、感情に対して鈍感なところが人間にあるのは、全員が衝動に任せて感情をあらわにすれば、社会が混乱するからだという。高度に組織化された我々の社会では、あまりにも自由な感情表現に対してはとりわけ厳しい目が向けられる。家庭や学校はもとより、企業やその他の組織はみなその傾向がある。その結果、他人の気持ちをくみとるのが苦手だと感じる人が多くなる。

だが、この**「気持ちのくみとり」こそ効果的なリスニングの中心的な要素**なのである。

セミナーの参加者に対して我々が特に注意するように指導しているのは以下の四点だ。

ⓐ感情をあらわす言葉に注目する
ⓑ話の全体的な内容に気を配る
ⓒボディー・ランゲージを観察する
ⓓ「私だったらどういう気持ちだろうか？」と自問する

ひとつずつ見ていこう。

「相手の気持ちをくみとる」4つのヒント

ⓐ感情をあらわす言葉に注目する

相手の感情をくみとるわかりやすい方法は、感情をあらわす言葉を使っているかどうかを確認することだ。人は言葉に気持ちをこめるときがあるからだ。ある若いキャリアウーマンは親友に次のように打ち明けた。

「私、自分でも信じられないくらい仕事が好きなの。仕事のほかにもいろいろ楽しいことに夢中になっているから、忙しすぎて考えてる暇なんかほとんどない。でも、ひとりになるとピリピリした気分になるの。何もしてないと、自分がほんとはとてもさびしい人間だと思い知らされるから」

さて、この発言をもう一度読んで、気持ちがもっともよくあらわれている言葉を見つけていただきたい。注目すべきは「好き」「楽しい」「さびしい」という言葉だ。そこで感情をくみとって応答するとすれば、「好きな仕事や楽しいことをしていても、さびしいと感じるときがあるのですね」とでも表現できるだろう。

このような感情は、口頭でのやりとりよりも活字で読んだほうが見つけやすい。この例のように、言葉ではっきり表現している場合でさえ見落としてしまうほど、我々は事実に気を取られる傾向があるからだ。

くり返しになるが、基本的な言い換えとちがい、感情を示す言葉に焦点を当てている点がポイントだ。

我々の文化では感情表現が抑圧される傾向があるため、この例ほど明確な言葉が見つからない可能性もある。たとえば、「昨日の夜のデートはどうだった?」と母親に尋ねられた娘が、「うーん、まあまあ」と答えたとする。この場合、感情を示すのは「まあまあ」という言葉だが、本当は何を言いたかったのか? 「個人的な問題をせんさくされるのは腹が立つ」という意味だったのか、それとも「可もなく不可もなし」というつもりで言ったのか。ボディー・ランゲージを見れば本心がわかったかもしれない。

「相手の気持ちをくみとる」4つのヒント

ⓑ話の全体的な内容から感情を推測する

感情をあらわす言葉が一切使われていない場合でも、話の全体的な内容から手がかりが得られることもある。

次のエリックの発言を読んで、彼の気持ちを推測していただきたい。

「あの客はきっと私をもてあそんだんでしょう。会社に三度呼びつけられて、生産ラインを切り替えたほうがいいと何時間も事細かに説明したんですが。結局、競合他社のものを

採用して、今じゃ営業に行ったって会ってもくれません」

エリックは客や自分に怒りを感じていたのかもしれない。あるいは、落胆のような何か他の感情も抱いていた可能性もある。エリックのボディー・ランゲージを調べれば、そのときの感情をもっと正確に判断できるだろう。

「相手の気持ちをくみとる」４つのヒント

ⓒボディー・ランゲージを観察する

これは相手の感情を理解する方法として特に有効なので、第六章で詳述する。

「相手の気持ちをくみとる」４つのヒント

ⓓ相手の身になって考える

話し手の感情をあらわす言葉（そういう言葉が使われれば）に注目し、「行間を読んで」話の全体的な内容から感情を推測し、ボディー・ランゲージを観察したあとは、「私が今相手の立場にいたらどういう気持ちだろうか？」と自問する。

同じ経験をしても感情は人によって異なるだけに、相手がどう感じているかは誰にもはっきりわからない。我々は相手に感情移入してその気持ちを「推測する」しかない。この「推断」に基づいて相手が感じていると思われる気持ちをくみとり、応答に反映させるのだ。

通常、受け取り方が正しいかどうかは相手が無意識に知らせてくれる――うなずいたり「そうなんです」「そのとおり」といった相づちを打ったりするか、聞き手の言葉を訂正する。

"反映"スキル

❸真意をくみとり応答に反映させる

これは感情と事実を結びつけた簡潔な反応の仕方である。たとえば、マージという中年女性と夫のロブのやりとりを見てみよう。

マージ：「私の上司ったら私生活のことばかり聞きたがるのよ。余計なおせっかいをしないでもらいたいわ」

ロブ：「上司がプライバシーを尊重してくれないから腹が立つんだな」

感情はしばしば具体的な出来事がきっかけとなって生まれる。左上の表を見て、私の感情と具体的な出来事がどういう関係にあるか注目していただきたい。

すでに述べたように、話し手に感情移入することはきわめて重要であり、メッセージの真意を理解するうえでも非常に役に立つ。話し手の真意（さまざまな出来事や事実およびそれに関連する感

出来事（事実）	感情
出版社から本書の執筆を依頼された	うれしい
親友が近々引っ越しをする	悲しい
先週合意した取り決めを守っていない当事者がいる	腹立たしい
コピー機が三日間で三度故障した	不満だ

情）に反応を示すのがリスニングではもっとも効果的だ。

感情と事実を分けて考えられるようになると、その二つを考え合わせて真意をくみとるのも比較的容易になる。はじめのうちは、「○○○（感情と関係がある出来事などを入れる）だから、△△△（感情をあらわす言葉を入れる）と感じているのですね」という決まり文句がしばしば役に立つ。

具体例をいくつか見てみよう。

アール：「予想とは大違いだよ。だめだと思っていたのに昇進できたし、新しい家も申し分ない。マリーも子どもたちも満足しているみたいだしな」

ジョン：「何もかもうまくいっているから幸せだと感じているんだね」

（あるいは）

ウィルマ：「夫といっしょにいたら気が変になるわ。うまくいっているからお金の心配はいらないと言うくせに、私が家用に何か買うとカンカンに怒るのよ」

ハリエット：「ご主人がとても気まぐれだから不安を感じているのね」

「〜だから、……と感じているのですね」という決まり文句は、あまり押しつけがましい印象を与えずに事実と感情の両方を表現できる方法であり、手短に応答する方法でもある。これは「私の考えでは、あなたがおっしゃりたいことはつまり……」といった回りくどい表現とは大ちがいだ。

この文句を使って〝反映〟型リスニングを行うことに抵抗を感じる人が多いが、実のところ、これは家を建てるときの足場のようなものだ。しばらくの間は役立つが、用がなくなればレパートリーからはずしてもかまわない。慣れればより「自然な」方法を使いたくなるのは当然だ。「……と感じている」を「……である」に、また「〜だから」を「〜で」「〜なので」といった言葉に置き換えてもいい。いろいろ表現を変えてみれば、堅苦しい印象が薄れるだろう。たとえば、「彼が矛盾したことを言うので頭が混乱しているんですね」「新しい仕事がうまくいって喜んでいるんだな」「例のスケジュールの見直しについて怒っているのね」「あの人が鈍感でがっかりしているのね」など。

実際のすばやいやりとりでは、このスキルを常に使うのは不可能であり、望ましくもないため、前述したさまざまなスキルと組み合わせて使う。また、感情面を重視したほうがいいときもあれば、出来事や事実に焦点を当てたほうがいいときもある。とはいえ、多くの場合、真意をくみとって応答に反映させる方法がもっとも効果が期待できる。

相手が何も言わなくてもこの方法が使えるときもある。たとえば、こういう場合だ。業務マネジャーのノーマは、新しい仕事を引き受けたばかり。一日中懸命に働いているが、終業時間になっても仕事はいっこうに減った気がしない。同じ職場で働く秘書室長のバーバラがその様子を見てこう言う。「あれだけ働いたのにまだたくさん残っているなんてがっかりですね」と。

真意をくみとって伝える場合、一文で簡潔に表現するに越したことはない。短ければ短いほどいい。冗漫な受け答えはコミュニケーションの妨げになるからだ。

〝反映〟スキル ❹相手の話を要約する

これはより長時間の会話を行う際に、相手の主要な問題や感情を自分の言葉で簡潔に言い換えるスキルである。このスキルによって**それまでの発言を関連づけたり感情や問題を際立たせたりする効果**が期待できる。

会話はそもそも重要な情報が有機的に結びつかないかぎり、不要な断片情報があちこちに散在するようなものになりやすい。話し手がさまざまな考えや感情に押し流されて、話の筋道を見失うときもある。

ごちゃ混ぜになっていたジグソー・パズルがテーブルの上で一つの緻密な絵柄として完成されるように、うまく要約すれば、話し手は自分の断片的な発言が一つの意味のある形に統合されるのがわかる。要約では相手が何度も強調し、熱心に話した重要事項を中心にまとめるため、全体像をつかみやすいのである。

スイスの著名な心理療法家カール・ユングは、一九〇七年にジークムント・フロイトを初めて訪問したときのエピソードを同僚に語っている。多くの問題についてフロイトと議論したいと思っていたユングは、まる三時間精力的に話し続けた。やがてフロイトが話をさえぎり、驚いたことにユングの長談義をいくつかの正確なカテゴリーに分類した。そのおかげで、二人は残りの時間をもっと有意義な意見の交換に使うことができたという。[注6]

要約には話し手の自己認識をうながす働きがある。ジェラード・イーガンは次のような例を挙げてこれを説明している。

カウンセラー：「わかっていることを整理してみましょう。あなたは今落ち込んで憂うつな気分になっています。今度はいつものスランプとはちがって長引いていますね。健康を心配していますが、その症状がうつ状態の原因ではないようです。未解決の問題がいくつかありますね。一つは最近転職して遠くに引っ越したため、友人にあまり会えなくなったこと。二つ目は、あなたにとってはつらく厄介な問題ですが、お金をかけて老化防止に努めていること。老いるという現実を直視したくないんでしょうね。三つ目は、あまりに仕事に打ち込みすぎるため、長期プロジェクトが終わったとたん、むなしい気分になったということです」

クライアント：「あらためて聞かされるとてもつらいですね。でも、だいたいそのとおりですよ。真剣に価値観を見直して、新しい生き方、もっと人と直接かか

わりをもつような生き方をする必要があると思います」[注7]

この種の要約は反発を招くおそれがあるため、多少気に障《さわ》っても聴き入れるだけの心の準備が相手にできているかどうかを慎重に判断しなければならない。

要約は、相手が選択に迷う問題を解決する必要がある場合にも役に立つ。

ビルはそのまま大学院に進学すべきか、一年遊んで社会経験を積むべきかを父親に相談していた。四十五分話し合ったあと、父親はビルの話を次のように要約する。「大学院にいつかは行くべきだと思ってはいるが、学部を卒業してそのまま進学したほうがいいかどうか迷っているんだな。かなり学費を使ったから我が家の経済状態が気になる。リーと結婚したくても、二年待ってくれるかどうかわからない。いつまでも学生気分が抜けきらないと思われるかもしれない。おまけに大学院からは助手に応募したいなら早く決めろ、とプレッシャーをかけられているというんだな」

話し手がある話題について語り尽くしたように思われる場合にも要約は役に立つし、**会話に区切りをつけたり話題を変えたりするときにも有効だ。**

一段落ついたあとにまた話を聴くときは、はじめに要約してもいい。前回の話し合いのあとで相手が何か重要な問題を考えたり経験したりしなかったかどうか、またそれを話し合う必要があるかどうかを確認し、何もなければ前回の話を要約すればいい。それによって、こちらが興味をもっているとわかるだけでなく、話の重複を避けられるし、前回の話し合いを土台にできる。

要約には**問題の解決に向けて前進していると話し手に感じさせる**ねらいもある。そうなれば、いっそう行動の変化が促進される可能性がある。

また、**聞き手の受け取り方が全体的にまちがっていないかどうかを確認する**方法にもなる。

要約が効果を発揮するには、

(1)「話し手」が述べた要点をまとめる

(2)「問題と関連のある」情報(話し手が自らの問題点をより明確に把握するのに役立つ情報)を選ぶ

という二つの条件が不可欠だ。

ジェラード・イーガンによれば、「要約とは諸々の事実を機械的にまとめるのではなく、関連のある情報を体系的に提示することである」[注8]。

要約するときには、次のような切り出し方が便利だ。

「どうやら問題は一つのようですね。それは……」

「これまでの話をまとめてみると……」

「お話には何かパターンがあると考えられるので確認させてください。あなたは……」

「お話をうかがっていると、あなたがもっぱら関心があるのはどうやら……」

要約の効果は相手の反応を見れば一番よくわかる。うまくいけば、話に深みが増し、一段と方向性や一貫性がはっきりあらわれるはずだ。

話し手が自らの立場を明確に理解できるようになる場合も多い。要約された内容に知らないものがなくても、まとまった形で聞くのは初めてなので、新鮮に感じるのかもしれない。

また、効果的な要約はとりとめのない会話を引き締める働きもある。

まとめ

聴き上手な人は〝反映《リフレクティブ》〟型リスニングを実践している。話し手の感情や話の内容を自分の言葉で言い換えて、理解し、受け入れているということを伝えている。

〝反映〟型リスニング（〝反映〟スキル）には四つの基本的なスキルがある。一つは相手の話の内容に焦点を当てて「言い換えを行う」。二つ目は「感情をくみとり応答に反映させる」。これは感情をあらわす言葉や全体的な話の内容、ボディー・ランゲージ、感情移入などによって推測した相手の気持ちをそのまま伝えるスキルだ。三つ目は、感情と話の内容を関連づけて「真意をくみとり応答に反映させる」スキル。四つ目は、かなり長い会話の勘所をコンパクトにまとめる「相手の話を要約する」スキルだ。

第五章

なぜ〝反映〟型リスニングは有効なのか

コミュニケーションにおいて解釈、詮索、助言、激励といった反応をしがちな場面でも、我々は〝反映〟型リスニングに徹する。(中略) この方法を初心者が試みれば、まぬけな猿まねになりかねないし、活字で読めば特にそう見える場合が多い。だが、これは相手に心から共感的理解を示す奥の深い方法であり、優れたスキルと感性、それに真剣に取り組む姿勢が要求される。[注1]
──J・M・シュリエン(セラピスト)

リスニング・スキルの学習者のなかには、〝反映《リフレクティブ》〟型リスニング（〝反映〟スキル）をなぜこれほど重視するのか疑問に思う人も多い。私はそういう人に対して、ウィンストン・チャーチルが民主主義について語った言葉がここでも当てはまる、と説明することにしている。つまり、それは考えられるかぎり最悪の方法だが、他の選択肢はまったく考えられない、と。話し手にストレスがかかっているか、悩みや強い要求があるときは、他の方法ではたいていうまくいかない。

〝反映〟型リスニングという考え方を初めて知ると、あまりに型通りで機械的すぎるし「自然ではない」と思う人がよくいる。この章ではその種の疑念について考察したあと、コミュニケーションの六つの問題に対する〝反映〟型リスニングの有効性を検証する。そして最後にこの疑念を確実に払拭できる方法を紹介したい。

「型どおり」のコミュニケーションは本当に没個性か

セミナーの参加者は、よく次のような感想をもらす。「〝反映〟型リスニングを実践するときは、反応の仕方を考えるのにどうしても時間がかかって、自然にふるまえません。この方法はあまりにも不自然じゃありませんか」と。この種の懸念は、ふつう以下に説明する三つの基本的な問題とかかわりがある。

一つは、**一連の新しいスキルを習得する場合、上達するまでうまくいかずに気後れする段階があるという問題だ。**

はじめのころに能力が落ちるのはよくあることだ。昔バスケット部に入部を希望したとき、私はコーチにシュートの仕方を変えろと指示された。おかげでその後の数日はシュートの成功率ががた落ちになったが、すぐに前より上達した。リスニング・スキルを初めて試そうとするときも同じである。「話を妨げるようなまねをせず、〝反映〟型の応答を返すことばかりに気を取られて、相手の話を聞き漏らしてしまう」と訴える人が多いのだ。しかしありがたいことに、こういう時期はすぐに終わる。

コミュニケーションの改善の過程には四つの段階があるという説がある。自分の対応のまずさがコミュニケーションの障害になっていたと気づいて、「罪の意識」を感じるのが第一段階。スキルを試すがしっくりいかず、不自然で「いんちき」をしている気がするのが第二段階。幸いにも、ほとんどの人はこの二つの段階を早めに通過する。

数週間もすると、非常に「上手」にスキルを使えるようになる。といっても、これはまだ序の口で、自分の行為を意識している段階だ。

だが数年間きちんとこのスキルを使い続けると、ライフスタイルに「統合」されて無意識にうまく使える状態になる。この最終段階――第四段階――に達すると、熟達したバイオリニストが運指法も運弓法も意識せずに演奏するように、ほとんど自動的にスキルを駆使できる。時間をかけて練習すれば、こうしたコミュニケーション・スキルが生活の一部になり、意識的に身につけたものとは感じなくなるのである。

二つ目は、〝反映〟型リスニングが「型」にはまりすぎているのではないかという問題だ。多くの場合、初心者にとって、この方法はあまりにルールに縛られて不自然な気がするし、会話の自由な流れを阻害するように思われる。だが実のところ、自由気ままに見えるやりとりにも一定の型があり、ルールに縛られているのである。リチャード・バンドラーとジョン・グリンダーはこう書いている。

我々が意志を伝達する場合——人と話し、議論し、ものを書くときには——、言葉をどう整理し、どう組み立てるかを意識することはめったにない。世の中は言葉に満ちあふれ、我々はただ魚のように言葉の海を泳ぎ回るだけだ。コミュニケーションの方法をほとんど意識しないとはいえ、我々の行動（言語の使い方）はきわめて型にはまっている。

たとえば、あなたが今読んでいるこの文章の語順を逆にすれば、まったく意味不明になるだろう。ちなみに逆に並べてみると、「なるだろう意味不明にまったく、すれば逆に語順をこの文章の今読んでいるあなたが、たとえば」となる。バンドラーとグリンダーはさらにこう述べている。

コミュニケーションの際に、我々は一定のルールに従って言葉のやりとりをしている。

普段はコミュニケーションの仕組みについて自覚していないとしても、一定のパターンのなかで言語構造を理解できるのである。注2

型にはまらないコミュニケーションなど存在しない。ただその多くはあまりに一般化しているため、人々から「型にはまっている」と意識されにくい。一方、〝反映〟型リスニングは重要なわりにはあまり知られていないため、はじめて学ぶ者にとって奇妙で不自然な感じがするのだ。しかし、これは文法や正字法などと同様、けっして不自然なものではない。

たとえこういった型を忠実に守っても、個性や人間味が失われるということはない。「スタイル」によってそういった要素を会話に注入できるからだ。スタイルとは、本当の自分があらわれやすい非言語行動、特殊な言葉づかい、話す速度などの要素を通じて独特の自己を表現する方法だ。同じスキルを使ったからといって、コミュニケーションの方法まで同じになるわけではない。スタイルが異なれば、コミュニケーションにもそれぞれの個性があらわれるのである。

スタイルのちがいはさまざまな分野で見られる。たとえば、バンジョーの弾き方を学ぶときには特定の運指法が推奨される。だが同じ弾き方で同じ曲を演奏しても、演奏者のスタイルが異なれば、非常にちがった印象を受ける場合がある。

三つ目は、**無意識の自然な反応にもたいへん望ましいものもあれば、きわめて破壊的なものもある**という問題だ。

我々は自らの「自然な」反応を点検し、それがどういう影響をおよぼしているかを知る必要がある。少なくとも、コミュニケーションを妨げる反応――無意識に示される傾向がある――は、人々の間に亀裂を生み、度重なれば対人関係が損なわれるおそれがある。最悪の場合、心の傷が一生残る。

基本的なスキルに習熟し、対人コミュニケーションが例外なくルールに支配されていると悟り、自分が無意識にコミュニケーションを妨げる対応をしていると気づけば、人は進んで〝反映〟型リスニングを実践するようになる。

〝反映〟型リスニングがよく効く「六つの問題」

人と人とのコミュニケーションには、とりわけ〝反映〟型リスニングによって対処するのが望ましい問題が六つある。

そのうち話し手側の問題は以下の四つ。

①言葉は人によってちがう意味をもつ

②話し手はしばしばメッセージを「暗号化」する

③本題は切り出しにくい

④自分の感情を認識できないときがある

それに対して聞き手の側の問題は以下の二つだ。

①注意散漫になりやすい

②感情のフィルターを通して歪められた形で話を聞く場合が多い

それぞれの問題についてもっとくわしく見てみよう。

話し手側の問題

話し手側の問題

①言葉は人によってちがう意味をもつ

何よりも伝えたいと思う経験は、言葉や文章でうまく表現できない場合が多い。我々は本当に言いたいことを正確に表現できないのである。哲学者のアルフレッド・ノース・ホワイトヘッドは、「情報を伝達する言語の役割は、著しく過大評価されている」と述べている。[注3]デンマークの科学者ピエト・ハインも、言語によるコミュニケーションのむずかしさについて、「窓やドアを大きく開け放した部屋に空気が出入りするように、さまざまな意図が言葉に含まれる場合もあるし、そうでない場合もある」と評している。また、T・S・エリオットの詩には次のような一節がある。

言葉ははりつめ
ひびが入り、折れてしまう、重荷を負わされ
緊め上げられて、足をすべらし、横すべりし、倒れてしまう。
不正確のため腐朽して、その位置に止まれない、
静止しえない（二宮尊道訳[注4]）。

〝反映〟型リスニングがコミュニケーションの質を高めるのは、**聞き手が相手の話を理解しているかどうかを確認できる**からだ。つまり、会話のところどころで、聞き手は話の印象を自分の言葉で表現するが、何か**誤解があれば相手が即座に訂正できる**からだ。

話し手側の問題

②話し手はしばしばメッセージを「暗号化」する

大統領が第七艦隊に極秘命令を伝える場合、他国の諜報員が解読できないようにメッセージを暗号化して送信するが、ふつうの会話でも同じことがよく起こる。ときどき我々はありのままの自分を本当にさらけ出したいのかどうかわからなくなる。相手に知らせたいと思う反面、隠していたい

と思ったりもする。感情はもちろん、気がつくと自分の考えすらあまりはっきり表に出さないときもしばしばある。ちょうど軍が国防上の理由からメッセージを暗号化するように、自分を守るためにメッセージを暗号化せざるをえないときが誰にでもあるのだ。

暗号化にはあまり努力は必要ない。幼いころから我々は何かにつけ自分を「間接的に」表現するようにしつけられているからだ。誰しも自分のメッセージを暗号化し、他人のメッセージを解読しながら生きてきたのである。

たとえば、まだ幼かったころ、我が家の子どもたちは就寝前に私にいろいろ質問した。そういう質問はだいたい「もうちょっといっしょにいてよ」という意味にすぎなかった。夫がベッドまで毎朝コーヒーを持ってきてくれるとすれば、妻はその行為にこめられた暗号を解読し、「夫は毎日ささやかな行為で私への愛を伝えようとしている」と解釈する。また、マネジャーが部下に「君の報告書を社長に見せたよ」と知らせれば、その部下は「おれの手腕を買ってくれている」と受け取る。

残念ながら、解読がいつもこれほどかんたんにできるとはかぎらない。なにしろ、**我々は相手のメッセージを解読する必要があるかどうかあまり考えない**からだ。

数年前、私はある友人夫婦から一通の手紙を受け取った。彼らが夫婦間の深刻な問題に悩んでいたとは知らずに、おもしろい手紙だと思って共通の友人に見せたところ、「二人は危ないな。これは助けを求める手紙だよ」と教えられた。そこでもう一度読んでみると、暗号だらけの文面に、隠された苦悩と助けを求める気持ちが読み取れた。そこですぐに二人のもとに駆けつけると、友人の言ったとおりだった——彼らの結婚生活は破綻寸前で、私にぜひ相談に乗ってほしいと思っていたのである。

メッセージの解読が常に当て推量に基づいていることも、意思の伝達がうまくいかない根本的な原因だ。相手の言葉を聞き、行動を観察することができても、それが何を意味するかは推測するしかない。

図５－１が示すように、人の「行動」は目につきやすい――だから外側に描かれている。それに対して、「考え」は直接目で見ることはできないため、行動（言動）が唯一の手がかりになる。「感情」が中心に描かれているのは、心の奥底に用心深く隠されている場合が多いからだ。感情もやはり行動（言動）を通じて推測するしかない。

人の発言はかなりあいまいなプロセスを経て相手に伝わるが、図５－２はそれをあらわしたものだ。

こうした不正確な情報のやりとりが、日常生活でどのように起きるか見てみよう。営業部長が部下に対して厳しい口調で、「本気を出してやれよ。きみだけ取り残されてるぞ」と言ったとする。ご多分に洩れず、この例でも話し手の意図は聞き手に伝わらなかった。両者の暗号化と解読のプロセスは１５２ページの図５－３に示したとおりだ。

[図5-1]
相手の言動は見聞きできるが、考えや感情は推測するしかない。

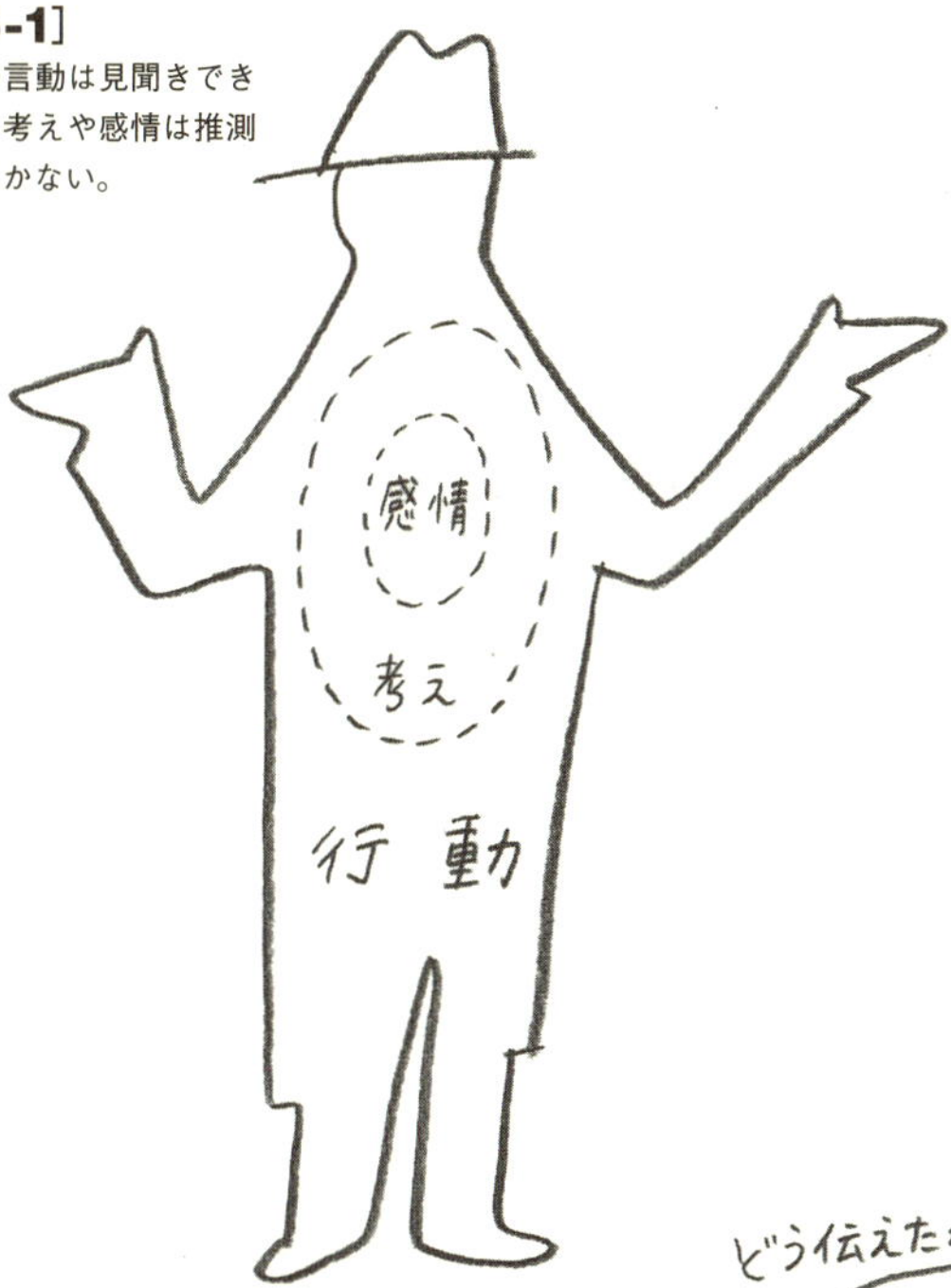

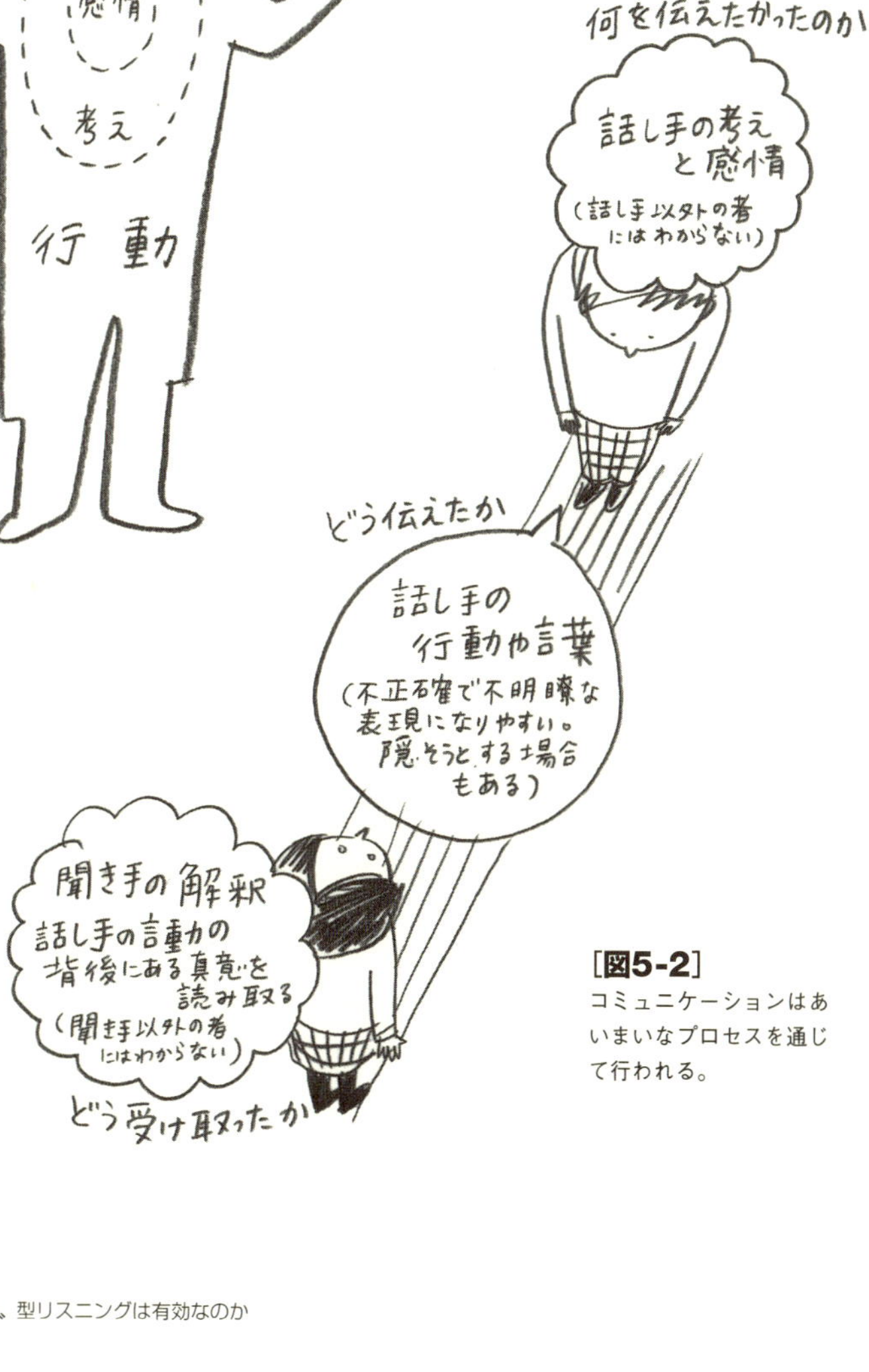

[図5-2]
コミュニケーションはあいまいなプロセスを通じて行われる。

[図5-3] 典型的な「暗号」解読プロセス

相手のメッセージをいい加減に解読する傾向は、双方に無用な誤解を招く。話し手の思考や感情はほかの者にはわからない私的なものだけに、聞き手は推測するしかない。また、聞き手がどう解釈するかも本人以外には知りようがないので、どちらも誤解が生じていると気づかない場合がある。

この種の誤解は避けようと思えば避けられる。上記の例で言えば、上司はもっと単刀直入かつ正確に自分の意見を主張できたはずだ（そのためのスキルは第三部であらためて後述する）し、部下は〝反映〟スキルを適用すれば、コミュニケーション上の問題点を明らかにできただろう。たとえば、次のやりとりのように。

営業部長：「本気を出してやれよ。きみだけ取り残されてるぞ」

部下：「この仕事は私には向かないと思ってるみたいですね」

営業部長：「いや、そうじゃない。きみは適任だと思ってるが、現時点できみの成績はノルマを二十パーセント下回っている。それが心配なんだよ」

部下：「ノルマに二十パーセント足りない点が気になるだけで、基本的には私の仕事ぶりに不満はないとおっしゃるんですね」

営業部長：「うん、そのとおりだ。今年度は、営業部の全員が自分で決めたノルマを達成することに特に力を入れたいんだ。何かおれにできることがあれば言ってくれ」

部下：「あの、実は顧客の一人に手こずっているんです。次回の訪問時にいっしょに

行っていただけませんか？　この顧客さえ獲得すればノルマを達成できるんですが」

「ありえない！　実際にはこんなにうまくいかない」と思う人は大勢いるだろう。そのとおり。このようなやりとりは現実にはまず見られない。だからこそ「通常の」会話であれほど誤解が生じるのである。しかし、会社によっては、社員の一人がストレスを受けた場合、他の社員がこのような方法で話を聴き、誤解を最小限に抑えているところもある。

話し手側の問題

③本題は切り出しにくい

一番気がかりな問題をはじめから口にする人はめったにいない。「カウンセリングを受ける前は、あの問題まで話がおよぶんじゃないか、逆にそこまで突っ込んだ話ができないんじゃないかとあれこれ心配していました」と、ある女性が言ったように、もっとも重大な問題を打ち明けるときに迷いが生じるのは当たり前である。それこそ話し手が何よりも触れられたくないと思っている部分なのだから。

誰もが多くの面を他人に隠し、ある程度「人目を忍ぶふるまい」をする。だが往々にして、用心深く隠しているものほど人に話したくなるときがある。いわゆる「遠回しな言い方」をするのもそのためだ。言いたいことをはっきり言わないばかりか、要点をほのめかしもしないし、その気になって会話をはじめても、不安に駆られていつまでも本題に入れない場合もある。

心理学者はときに**「表面的な問題」**と**「根本的な問題」**という用語を使う。たとえば、我が子が学校で受けている仕打ちについて、ある親が教師やカウンセラーに不満を訴えたとする。その話をうまく聴いてやれば、その親にとってもっと気がかりな問題に話を向けられるかもしれない。子どもの問題も確かに気になるだろうが、結婚生活が危機に瀕している、子どもが手に負えないといった別の問題が、もっとも根本的な問題(一番話し合う必要がある問題)になっている可能性もあるのだ。

水泳をする人が飛び込む前にまず水中に足を入れて水温を確かめるように、相手を信頼して悩みを打ち明ける前にまず「水温を確かめる」人が多いのが実情だが、調査の結果、一般によく見られる反応よりも、相手に共感を示す〝反映〟型リスニングのほうが、はるかに本題を探り出せる可能性が高いということがわかっている。

残念ながら、たいていの人は重大な問題には目を向けず、些細な問題(表面的な問題)ばかりに気をとられ、それを解決しようと躍起になるきらいがある。こうした傾向が、産業界、政府、学校、家族、相談センターなど、さまざまな機関や施設において効率の悪さを招く主な原因となっている。

④自分の感情を認識できないときがある

我々の文化では、感情について注意すべき点が二つある。

往々にして人は**自らの感情に気づかない**ときがあるというのが一つ。もう一つは、**感情が急激に高ぶって理性などの力が働かなくなる**ときがあるということだ。こうなると、危険なほど抑えがきかず、自分の運命を自分で決められない。

前者は自分の感情が見えない状態であり、後者は自分の感情に目がくらんだ状態だが、**こうした傾向はいずれも子どものころのしつけに関係がある。**

我々は幼いころから感情を抑圧したり歪めたりするように教えられる。たとえば、

「泣くのはやめなさい」

「怒っちゃだめと何回言ったらわかるの」

「イヤばかり言ってちゃ駄目でしょ」

「何がいいかおまえにわかるもんか」

「ニタニタするんじゃない」

という具合に。

これがどういう結果を招くか、想像にかたくないだろう。

また、社会的に許容される感情表現は性によっても異なる。一般に、男性は怒りを感じて攻撃的な行為をしても許されるが、怖がったり消極的な態度を取ったりすべきではないとされている。一

方、女性は恐れたり叫んだりするのはいいとしても、怒りをあらわにするのはもちろん、怒りを感じるのもよくないと教えられる。ある種の宗教的少数派に属する人々と同様、女性も自分の要求を優先すべきでないと考える文化圏もある。

このように**感情が抑圧されれば、生活が窮屈で不自由なものになる。**

感情は価値観の形成に影響を与え、モチベーションの不可欠な要素となり、人生設計に大事な役割を果たし、問題を解決するための手がかりを与えてくれる。つまり、感情は人間関係の中核をなしているのである。ハイム・ギノットが指摘するように、子どもに（大人に）自らの感情の世界を認識させるには、〝反映〟型リスニングが有効だ。

どうすれば子どもに自分の感情をつかませることができるでしょう。それには、私たちが子どもの感情を映してみせる鏡の役めを果たしてやればよいのです。**子どもは、自分のからだの外見は、鏡に映った自分を見て知ります。同様に、自分の感情は、私たちからはね返ってくる自分の感情の反響を聞いて知るわけです。**

鏡の機能は、本来、ありのままの姿を、長所、欠点を拡大したりしないで反映することです。鏡が私たちに向かって、「ひどい顔つきだな。目は血走り、顔ははれあがっている。だいたいひどい顔だよ。もっと自分をたいせつにしたらどうだ」などと言ったら、いやでしょう。そんな変な鏡だったら、私たちは、ペストのように避けることでしょう。鏡に期待するのは映像であって、お説教ではありません。鏡に映っている顔がいやでも、自分のお化粧をどうするかは、自分で決めたいものです。

感情を照らす鏡の場合も、その役めはありのままに、ものを歪めずに映し出すことです。

「何かおこってるみたいね」

「彼をひどく憎んでいるようね」

「何もかも、うんざりのようね」

このような感情をいだいている子どもに、こういうふうに言ってやるのはいいことです。子どもに、子ども自身がいだいている感情をはっきりさせてやることになります。はっきり姿を見せてやることが、ふつうの鏡の場合でも、感情を映す鏡の場合でも、子どもに自発的な訓練と、変化のチャンスを与えてやることになります（森一祐訳）[注5]。

このような感情を映す鏡は大人にとっても大きな価値がある。

人は感情に気づかないというより、感情に目がくらむときがある。こういうときには理性の働きが妨げられる。「強い感情にとらわれた状態」になり、しばらく感情が内面を支配するのである。理性も意志の力も働かないほど支配が強くなると、自分や他人に害をおよぼすような行動を取りやすい。こうした事態に陥っても、聞き手が〝反映〟型リスニングを行えば、相手は自分の感情に向き合い、理性を取り戻すことができる。

ある感情にとらわれた人にそれについて話すように仕向ければ、その感情がエスカレートしたり、その感情のままに行動したりしやすい、と一般的に考えられている。たとえば、誰かに激しい怒りを感じている人がその怒りを言葉で表現すれば、相手に危害を加える可能性が高くなる、と。ところが、実際には逆のケースが多いのだ。**親身になって話を聴いてくれる人がいれば、感情に任せて分別のないまねをする危険性は低くなる。**話している間に過剰な感情の大半が消失し、理不尽な行動にはけ口を求める必要がなくなるからだ。

聞き手側の問題

聞き手側の問題

①聞き手は注意散漫になりやすい

話し手が本音を打ち明けるのも確かに容易ではないが、聞く側に問題がある場合も多い。相手が話している間に、聞き手は注意散漫になって空想にふけりやすい。そのうえ、誰にでも多少は感情のフィルターがあるので、ときには真意が伝わらないか歪められることがある。

聞き方がへたなのは（または上手なのは）、話すより考えるほうが圧倒的に速いためでもある。一般的なアメリカ人が話すときの平均速度は一分間に約百二十五語だが、これは遅い。というのは、耳と脳はこの約四倍の速度で言葉を処理する能力があり、話を聞く間に考える時間がかなり余ってしまうからだ。

ふつうの聞き手は、この空いた時間をうまく使えない。はじめは友人の話に興味をもって耳を傾けても、話がなかなか先に進まないので退屈になる。やがて少しくらい気を抜いてもだいじょうぶだと決め込んで、翌日の仕事の予定を考えたり、先週のテニスで勝ったときの喜びを思い出したりするようになる。ときおり相手に質問して会話の流れをつかみ、適当に何度か発言するものの、ほとんどほかのことを考えている。空想にふけるあまり、肝心な点を聞きそびれるときもある。

ウサギとカメの寓話をおぼえているだろうか？　へたな聞き手は、のろまなカメと競走したウサギのような目にあうのが落ちだ。道端で昼寝をしているすきに、カメに抜かれてレースに負けたあのウサギのように、油断するとテンポの遅い相手の話にも追いつけなくなるのだ。

もちろん、気を抜いても話の内容がだいたいわかるほど会話に集中できる場合も多い。だが、それは私が主張する効果的なリスニングとは言えない。聞き手が会話に深くかかわらず、相手とじゅうぶんに向き合っていないからだ。

聞き手側の問題

②心のフィルター

ジョン・ドレイクフォードは、現代社会の音の洪水から身を守るための**「注意フィルター」**について次のように述べている。

> 脳は長年の経験と条件づけによって、外部から受け取る聴覚的印象を適切に処理するようにプログラムされている。役員つきの秘書がてきぱきと文書を整理して必要なものだけ

残すように、即座にはねつける音もあれば、全神経を集中して聴く音もある。（中略）ジェット機の整備士が、用心深くイヤガードをつけて耳をつんざくエンジン音を防止するように、現代生活のたえまない音の洪水から身を守るために、現代人は自己防衛的なメカニズムを作り上げる必要にせまられてきた。ほとんどの人間は生涯にわたって自分なりに心の耳栓を徐々に作り上げ、ある種の音を遮断できるように腕を磨く。（中略）

生まれながらにこうした知恵が備わっているのは明らかだ。このメカニズムはさまざまな点で我々を守ってくれる反面、弊害ももたらす。というのは、肝心なものを聞き逃すことも少なくないからである。[注6]

ドレイクフォードの言う注意フィルターのほかにも、ひとりひとりに**「感情フィルター」**とでも呼ぶべきものがあり、それが我々の理解を妨げるか歪める原因となっている。

ご存じのとおり、かの有名なパブロフの実験では、ベルの音を聞くとよだれを垂らすようにイヌを訓練した。一九三〇年代には、ニューヨーク市立大学クイーンズ・カレッジのグレゴリー・ラズランがこれと似た実験を「人間」に対して行い、「スタイル」や「つぼ」といった、感情とはあまり関係のない言葉が特定の感情に結びつくことがあると証明した。[注7]

我々は子どものころ、親や教師のような尊敬する大人もしくは友人が、「共産主義者」「政治家」「警官」といった言葉に対して、鼻で笑ったり顔をしかめたり、あるいはほかの侮蔑的な仕草をするのを目にしたかもしれない。また、ある言葉に対して、いかにもうれしそうに顔をほころばせる様子を見たかもしれない。いったんこのような**条件づけ**が行われると、子ども（あるいは大人）はその種の言葉に対して無意識に感情的な反応を示すようになる。そのため、その言葉が含まれたメッセージを素直に受け入れにくくなるのだ。

企業の幹部を対象にしたあるセミナーで、感情フィルターが事実を歪めるということがはっきり実証された。そこでは次のような実験が行われた。

まず集団の中の五人を部屋から出す。

残った集団にスクリーンに映し出された絵（図5－4）をよく見るように指示する。

絵を確認し終わったら映写機のスイッチを切る。

次に部屋の外にいた五人のうち一人を呼び戻し、集団の一人に頼んで絵の説明をしてもらう。

説明を聞いた人は、次に部屋に呼び戻される人にそれを伝え、五人全員が順番に説明を聞き終わるまで同じことを繰り返す。

最後に呼び戻された人はスクリーンを背にして集団と向き合い、自分がどういう説明を聞いたかを発表する。

その際、映写機のスイッチを入れ、説明と実際の絵のちがいを全員が目で確認できるようにする。

［図5-4］
コミュニケーションの正確さに関する実験で使用された絵（出典：『Rumor Clinic』Anti-Defamation League of B'nai B'rith）

結局、その説明は「黒人と白人がけんかをしている」「けんかに巻き込まれた乗客がいる」「怖がっている乗客もいる」「黒人はカミソリを握っている」「白人はビジネススーツ、黒人は作業服のようなものを着ている」という具合に、事実をかなり歪曲したものになっていた。[注8] **それぞれ独自の感情フィルターを通して説明を聞いた結果、とんでもない誤解が生じた**のである。リスニング能力が感情フィルターによって低下するのはまちがいない。

相手の話を予想することも、リスニングを妨げるフィルターになる。

あるマネジャーは細心の注意を払うべき労使交渉の最中に、自分が話を真剣に聴いていない、とふと気づいて、労組委員長にもう一度話してくれるように頼んだ。そしてあとで友人に「相手の話を勝手に予想するもんだから、実際の話が耳に入らないときがある」とこぼしたという。

夫婦についても然り。何を言うか察しがつくような話題なら、夫は実際の妻の言葉より予想に基づいた受け答えをする可能性がある。親子の間でも同じような誤解は生じる。

自己イメージも、相手の考えや感情を素直に受け入れられない要因になる。

自己評価の低い人は、当然他人から批判されるものと思い込み、少しも悪気のない発言を批判と受け取る可能性がある。家事に自信のない女性は、姑の肉料理を夫が褒めただけで自分への当てつけだと思い込み、稼ぎの悪さに引け目を感じている夫は、妻が家の大掃除は疲れると言っただけで、甲斐性のない自分を非難していると解釈する。

『自我の終焉――絶対自由への道』（根木宏、山口圭三郎訳）の中で、クリシュナムーティはこう述べている。

> 本当に相手の言葉を聴くためには、あらゆる偏見や……日常の生活の問題などを捨ててしまうか、脇へ片づけておかなければなりません。心が何でも受け入れられる状態にあるときには、物事はたやすく理解できるものです。（中略）
> しかし、残念なことに、たいてい私たちは抵抗というスクリーンを通して聞いているのです。つまり私たちは、宗教的なあるいは精神的な偏見や、心理学的あるいは科学的先入観のほかに、日常の心配事、欲望、恐怖というようなスクリーンに遮《さえぎ》られています。このようにいろいろなものをスクリーンにして、私たちは聞いているのです。ということは、

話されていることを聞いているのではなくて、実際は、自分自身の心の中でたてている騒音や雑音を聞いていることになります。[注9]

フィルターによって生じる誤解を正すには、〝反映〟型リスニングが有効である。聞き手の受け取り方が間違っていれば、相手がいつでも訂正してくれるからだ。

〝反映〟から相手は思いやりを感じる

話し手が考えや感情を正確に表現することも、また、聞き手が気をそらさず相手の話をありのままに聴くこともかんたんにはできないだけに、どうしてもやりとりの正確さをチェックする必要がある。そのため、上手な聞き手は話の要点を応答の中に織り込み、自分の受け取り方が話し手の意図と食い違っていないかどうかを確認する。

コミュニケーションにおいて正確さが大事なのは言うまでもないが、ほとんどの人はそれだけで満足せず、相手に思いやりと関心を求める。激しい感情にとらわれているか深刻な悩みや問題を抱えているとき、人はしばしば孤独を感じ、他人とふれあいたい、支えがほしい、と思うものだ。〝反映〟型リスニングによって、聞き手は共感をもって相手の心に寄り添いながら独特の方法で思いやりと関心を示し、相手の孤独を癒すことができる。

論の正しさは日常生活で証明される

〝反映〟型リスニングの理論的根拠をある程度説明すれば、なぜこの方法によってお互いの理解が深まるかがわかるだろう。理論によって人が新しい方法を試す気になるのは、たんにどこかの「権威者」が推奨しているからではなく、結局この方法が道理にかなっている、と自分の頭で納得するからだ。

しかし、最終的な決め手は理屈ではなく日常生活にある。つまり、「論より証拠」である。イギリスの評論家トマス・カーライルが指摘したように、「行動しないかぎり、いかなる疑念も払拭できない[注10]」。

次の二章では、〝反映〟型のリスニング・スキルを高めるためのガイドラインについて説明する。それに従えば、読者はこの傾聴法の有効性を正当に評価できるようになるだろう。

まとめ

〝反映〟型リスニングを日常生活でうまく適用することに疑問を抱く人が多い。はじめは気まずい思いをし、自分がいんちきをしているように感じる。ただ、こういう時期はスキルを習得するための一段階にすぎず、長くは続かない。

この方法があまりに「型どおり」だという声もある。しかし、型にはまらないコミュニケーションなど存在せず、型に従いながら個人のスタイルを表現できるとわかれば、こうした批判が妥当だと思えなくなる。

また、この方法によって自然な反応が妨げられるという意見もある。自然な反応を重んじるのはいいとしても、衝動的な反応がコミュニケーションにどれほど弊害をもたらすかを考えれば、〝反映〟型リスニングのすばらしさがわかる。

以下に示した対人コミュニケーションの六つの問題点に対処する方法としても、〝反映〟型リスニングは理にかなっている。

①言葉は人によってちがう意味をもつ。
②話し手はしばしばメッセージを「暗号化」する。
③話し手は本題とは別の「表面的な問題」について話す場合がよくある。

④話し手は自分の感情に気づかないか、感情が高ぶって我を忘れるときがある。
⑤聞き手は注意散漫になりやすい。
⑥聞き手は相手の話を「フィルター」を通して歪められた形で聞く場合が多い。

〝反映〟型リスニングは正確さをチェックするとともに、思いやりと関心を示す方法にもなる。理論はこの方法を試すかどうかを決めるときの参考にはなるものの、最終的な決め手にはならない。〝反映〟型リスニングの是非は、この章で説明した理論的根拠ではなく、日常生活で実際に使った経験によって判断するしかない。

第六章

ボディー・ランゲージを読む

われわれはみな、それぞれの癖や態度で、ささやかなメッセージを世間に送っているのだ。（中略）しかも、われわれが意識してそんなメッセージを送ることはまずないだろう。言葉に出さないボディー・ランゲージを使って、どんな思いをいだいているか表現するのだ。眉をキッとあげて不信感を表す、とまどって鼻をこする、他人から離れてひとりになるため、あるいは他人に向かって身構えるために腕組みをする、気にしてないよと肩をすくめ、親密さを表すためにウインクし、イライラして指を鳴らし、忘れっぽいのを照れて額をたたくなど、ジェスチャーは数えきれないほどある。そうして、それにはかなり意識的なものや、（中略）とまどって鼻をこすったり、他人に向かって身構えて腕組みするように、ほとんど無意識のうちに行われるものもかなりあるのだ。[注1]（石川弘義訳）

——ジュリアス・ファスト（社会学者）

ボディー・ランゲージの重要性

人はいかなるときも意志を伝達せざるをえない。話すのはやめられても身体の動きを止めるのは不可能だ。人の行動——顔の表情、姿勢、ジェスチャーなど——は、常に情報を提供し、その人の感情を知る手がかりを与えてくれる。それだけに、ボディー・ランゲージを読み取るスキルは重要だ。

言葉を介して理解し合うのは、対人コミュニケーションのごく一部にすぎない。ある大家の説によれば、有意義なコミュニケーションのうち、言語によるものはわずか三十五パーセントで、あとはボディー・ランゲージによるものだという。[注2]また、アルバート・メーラビアンはしばしば引用される論文の中でこう述べている、「調査したかぎり、言語によるものはわずか七パーセントにすぎず、残りの九十三パーセントは非言語的なものだった」と。[注3]

こうした具体的な数字に疑問は残るにしても、調査で判明した一般的な傾向（コミュニケーションにおいて、ボディー・ランゲージがきわめて重要な手段になっているという事実）に異議を唱える者はいないだろう。心理療法家のアレキサンダー・ローウェンは、「読み方を習得すれば、ボディー・ランゲージほどわかりやすい言葉はない」と述べている。

人類が誕生して以来、ほとんどの時代で用いられた言語はボディー・ランゲージだけである。何世紀にもわたって口頭言語も文字言語も存在しない状態が続いていた時代には、それ以外にコミュニケーションの手段がなかったからだ。

やがて言語が発達すると、一般的には身ぶり言語への関心は薄れたものの、依然として非言語コミュニケーションを重視する者もいた。中国には昔から「笑うときに腹が動かない者には用心しろ」[注4]ということわざがあり、預言者イザヤは紀元前八世紀に「彼らの顔つきがその罪を物語る」と語っている。[注5]

人類誕生以来、コミュニケーションの中心的な手段であったにもかかわらず、行動科学においてボディー・ランゲージの組織的な観察が始まったのはつい最近のことだ。研究者たちは手の込んだ記録システムを開発し、会話中の人々をスローモーション・フィルムに収めて一コマごとに分析したほか、数々の実験をしてきた。ボディー・ランゲージの科学的研究はまだはじまったばかりで、その意味の解釈も推論の域を出ないが、対人関係の改善にすでに大きな役割を果たしている。この現代科学の研究成果をこれまでの個人による鋭い観察に加えれば、ボディー・ランゲージの解読は他者を理解するための有効な手段になる。

感情は言語より非言語行動に宿る

言語と非言語行動によってそれぞれ伝達される情報は、重なり合う場合もあるが、ふつうはまったく種類がちがう。つまり、それぞれに得意分野があるということだ。

事実情報を伝えるには言語が最適だ。本の題名、その日の天気、服の値段、プラトン哲学の本質などを伝えようと思えば、誰でもまず言葉を使う。

言葉は感情表現にも使われるが、そのときはボディー・ランゲージなどの非言語行動と組み合わされるのが一般的だ。ただし、**感情表現では非言語行動が勝る。**ポール・エクマンとウォレス・フリーセンはこう指摘している。

急に顔色を変えるのがもっとも基本的な感情表現の方法だ。顔色を見れば、怒り、反感、恐怖、悲しみなど、相手の気持ちが読み取れる。感情を常に言葉で表現できるとはかぎらない。感情的になっている相手の表情は、言葉ではじゅうぶんに表現できない。[注6]

非言語行動によって人の感情はもちろん、感情の「処理」の仕方もわかる場合がよくある。たとえば、顔を見れば怒っているとわかるし、顔以外の部分を見ればその怒りにどう対処しているかもわかる。さあかかってこい、と威嚇するように拳を握りしめて相手に迫るか、筋肉をこわばらせて怒りを押し殺そうとする場合もあるだろう。また足を踏み鳴らす、腕を振り回す、ドアをバタンと閉めるといった行動によって怒りを発散させるかもしれない。ボディー・ランゲージを観察すれば、人が感情をどう処理しているかを見抜く力がつく。

人間関係にまつわる感情は、主に非言語行動によって伝達される。二人の間にかなり距離がある、お互いに緊張している、向かい合わず視線も合わせないといった様子が見て取れれば、関係があまりうまくいっていない可能性が高い。ジェラード・イーガンが言うように、**顔を背けるのは心を背けるようなもの**だ。[注7]

コミュニケーションに対する我々のアプローチは感情をもっとも重視する。会話の中身が大事なのは言うまでもないが、感情が強くかかわっている場合には、感情に注意を集中するのは当然だ。

感情表現の主要な手段であるボディー・ランゲージは、対人コミュニケーションにおいても重要な役割を果たしているのである。

「本心はあらゆる毛穴からにじみ出る」

言葉を使って感情を隠そうとする傾向は誰にもある。ときにはそれが潜在意識に埋もれて自分の行為を自覚できない場合すらある。同様に、意識的であろうがなかろうが、我々はボディー・ランゲージを思いどおりに使って、感情表現をコントロールしようとする。たとえば、重大な問題が起きても肩をすくめて無関心を装う、作り笑いを浮かべて怒りを隠す、悲しいときには身体をかたくして泣くのをこらえる、「ポーカー・フェース」でそのときどきの感情を覆い隠すなど。つまり、程度の差はあれ、時と場合によって人は誰でも偽りのボディー・ランゲージを使って感情を隠そうとするのである。

言葉を使えばうまくうわべを取りつくろえるかもしれない。だがいくらボディー・ランゲージをコントロールしても、どこかで必ずぼろが出る。うそ発見器が効果を発揮するのはそのためだ。でたらめな話をでっち上げるより、身体の反応をコントロールするほうがはるかに骨が折れるのだ。

たとえほんの一瞬であっても、本音はたいてい外に漏れる。刺激的な映画を感情をあらわさずに見るという実験がかつて行われたことがある。被験者の男性は指示どおりうまく感情を隠しとおしたという自信があった。だが実験の様子を撮影した写真には、男性の懸命な努力もむなしく、嫌悪感が外に「漏れた」瞬間が記録されていた。[注8]

ボディー・ランゲージの観察が大事なのは、話し手の本音がわかるからだ。感情を言葉で表現する気になれない、**適当な言い回しが見つからない、自らの感情を抑圧して意識できないといったとき、人はたいてい非言語行動によって本当の気持ちを伝えている。**ジークムント・フロイトが言ったように、「本心はあらゆる毛穴からにじみ出る」のである。[注9]

ボディー・ランゲージを読み解くためのガイドライン

ボディー・ランゲージを読み解くガイドライン

① 一番役立つと思う手がかりに「注意を集中する」

心理学者ウィルソン・ヴァン・ドゥーゼンは、話し手の感情を知るための手がかりのなかで一番信頼できないのは話される言葉だと言ったが、一般的に我々は話される言葉に頼りすぎる傾向が見られる。そんな中で肝心のメッセージを聞き落としたり見落としたりしないためには、コミュニケーションの非言語的要素にもっと注意を払うことが必要だ。そうすればお互いの理解がさらに深まるだろう。

ここでは次のように4つに分けて検討してみよう。

ⓐ顔の表情
ⓑ姿勢・ジェスチャー・「行動」
ⓒ声
ⓓ衣服・身だしなみ・環境

ⓐ顔の表情

顔が感情に関するもっとも重要な情報源であるという点に関しては、行動科学者たちの意見は大筋で一致している。話し手の気持ちを理解するには、不安を与えないように気をつけながら顔色の変化をじっと観察するにかぎる。

百年以上前、進化論を提唱した博物学者チャールズ・ダーウィンは、『人及び動物の表情について』（浜中浜太郎訳　岩波文庫）というタイトルの、ボディー・ランゲージに関する先駆的な著作を発表したが、この中で彼が打ち出した「人は顔の表情から相手の感情を解読する」という仮説は、最近の研究によって裏づけられている。

顔には感情がはっきりあらわれるだけではない。顔を見れば、相手にとって何が本当に大事なのかもわかる。何でもないような話の最中に、相手が無邪気な生き生きとした表情を浮かべるときがある。こういう場合、聞き手は相手が特に関心をもった点に注目し、それにねらいを定めてもいい。本来ならどうでもいい話なのに、相手の表情がぱっと明るくなったかと思うと急に熱く語り出す、といった経験は誰にもあるにちがいない。

感情がもっともよくあらわれるのは目とその周辺部だ。目は喜んでは輝き、悲しんでは赤くなって涙をため、敵意を抱けばにらみつける。目はまた対人関係に関する重要な情報も伝える。愛と信頼に満ちた関係か一定の距離を置いた関係か、それとも疎遠な関係かは目を見ればわかる。多くの文化圏では、穏やかに目を合わせることが何より対人関係の基本であり、親近感の表現となっている。フランスの小説家ヴィクトル・ユゴーもこう助言している。「女性が話しているときは、目で語りかけるメッセージを注意して聴くことだ」と。

年を重ねるにつれて、一番なじみのある感情が永久に顔に刻みつけられる傾向がある。**開けっぴろげで楽しげな顔をしていれば、それまで幸せな人生を送ってきたことがうかがえる**し、世の中にまともなものは何もない（そんなはずはないが）と言わんばかりの顔をしていれば、常に不満を抱いて生きてきたとわかる。

ⓑ姿勢、ジェスチャー、「行動」

姿勢や体の動きに、その人の感情、自己イメージ、元気の善し悪しなどがあらわれる場合もある。頭、腕や手、脚や足先などは、ときに意味深長な動きをする。

たとえば、両脚を伸ばす、足先を上下に動かす、デスクに置いた書類を整理する、書類カバンを閉める、席を立つ準備をするようにきちんと座り直すといった仕草を相手が見せれば、会話を打ち切りたいと思っている可能性がある。上司が話を切り上げようとするときは、決まって「上着の左のポケットに手を突っ込んで、必死にタバコを探しているふりをする」と看破した人もいる。[注10]

ほかに適当な言葉がないので「行動」という言葉を使うが、人の感情を知るには行動の意味を理解するという方法もある。児童心理学の説によれば、家庭で**子どもがたびたび「気に障る」ふるまいをするのは、暗に助けを求めているから**だという。子育ての経験があればわかるように、生まれたばかりの赤ん坊が家族の関心を独占すると、上の子が赤ちゃん返りをする場合がある。これはたいてい自分をもっとかまってほしいという切実な気持ちのあらわれだ。学級崩壊を引き起こす子どもは、それしか自分が注目される方法はない、と思い込んでいるのかもしれない。共感をもって相手の話を聴くには、こうした行動を観察し、方法を工夫して自分の解釈が正しいかどうかを確認する必要がある。

また、ボディー・ランゲージが「全体的な雰囲気」としてあらわれることもある。私は数多くの長期セミナーで講師を務めているが、クラスの中に「ボディー・ランゲージのコンセンサス」が見られる場合がよくある。全体にぴーんと張りつめた空気がみなぎっているときもあれば、活気があまり感じられないときもあるのだ。学習環境を最大限に生かすためには、集団の「雰囲気に合わせた話し方」に留意し、低調なときには研修を打ち切るか、全体を活気づかせるような方法を使う必要がある。

ⓒ声

ジョン・ウルマンの『ウルマンの日記』の中に、十八世紀のクエーカー教徒とパプネハングという名のインディアンの酋長との交流を記録した一節がある。それによれば、理解できない英語の祈りについて、酋長は通訳に「言葉がどこから出てくるのか感じられるのはうれしい」と話したという。[注11]

聴き上手は言葉以外にもきわめて多くの情報――声の高さ、話す速さ、声色などの声の微妙なニュアンス――を聴き取れる。声は相手を理解するための貴重な手がかりを与えてくれる。心理療法家のロロ・メイは、患者が診察室に入ってくると「言葉を聞くな、声の調子にだけ耳を傾けろ、

声は何と言っているか」とよく自らに言い聞かせるという。[注12]

初歩的なレベルでは、ほとんど誰でも声の質に注目すれば意味のちがいを識別できる。たとえば、「なんという週末だ！」という曖昧なセリフは、話し手の口調次第で少なくとも「とても楽しい週末だった」という意味か、「まったく不愉快な週末だった」という意味に受け取れる。また、声を震わせながら「仕事を辞めた」と言えば、辞職したことに悲しみか、怒りか、不安を感じていると思っていい。それに対して、明るく弾むような声であれば、基本的に辞めて満足していると解釈できる。

怒りや喜びを感じたり何かに熱中したりしているときは、話す速度が増す、声が大きくなる、高い声になるといった状態になるのに対し、退屈や憂うつなどを感じていれば、それとはまったく逆の状態になりやすい。

次ページの表は、声に関するさまざまな特徴（パラ言語）にどういう意味があるかをレン・スペリー博士が示したものだ。

声の特徴（パラ言語）	解釈
単調な声	退屈
ゆっくりとした話し方、低い声	憂うつ
高い声、強い口調	熱中
上向きの抑揚	驚き
ぶっきらぼうな話し方	自己防衛
早口、大声	怒り
甲高い声、持って回った話し方	不信

話し方に注意深く耳を傾けることによって、並み外れて他人の本音を見抜けるようになる人もいる。著名なミステリー作家であり、ペリー・メイスンの生みの親であるアール・スタンリー・ガードナーは、弁護士業のパートナーが身につけていたスキルについて、『ヴォーグ』誌で次のように語っている。

長年パートナーとしていっしょに仕事をしていましたが、彼は法廷では証人のほうをあえて見ないようにしていました。たえず一枚の紙をじっと見ながら、ときどき速記で証人の発言を書き留めていたのです。いたずら書きをしていても、証人の声には必ず耳を傾けていました。審理がある段階まで進むと、私はよく肘をつつかれたものです。証人がうその証言をしているか、事実を隠そうとしているときは、いつもそうして合図してくれました。鈍感な私にはわからなかった話のテンポや声の微妙な変化を、彼は驚くほど正確に聴き取っていたのです。[注13]

この域に達するのはむずかしいとしても、声の高さや質、話すときのリズムやスピードなどに注意を払うことはできる。こうした声の特色を手がかりに相手の気持ちを察知し、それを応答に反映させることだ。

ⓓ衣服、身だしなみ、環境

衣服の着こなしや身だしなみ、それに自分で選択するか創り出す環境も、世間に対するその人のメッセージの一部である。

きれいにひげを剃り、ピンストライプのスーツと地味なネクタイという身なりの男性は、長髪にあごひげ、サンダル履きで色あせたジーンズにTシャツという格好の青年とは異なるライフスタイルを暗に主張している。毎週美容院に通い、流行に左右されないドレスを着る女性と、ノーブラでほとんどいつもジーンズをはき化粧もしない女性とは、同年齢でも見た目の印象がまるでちがう。

住居の場所とスタイル、それに家具などの調度品からも、その人について何らかの情報が得られる。住居に比べれば、オフィスなどの作業空間は個人の影響を受けにくいものの、何らかの形で各自の好みを反映させることができる。整然としたデスクに雑然としたデスク。仕事の効率を優先した作業スペースや人間本位のスペース、質素なものや美しく優雅なものなど、さまざまだ。

ボディー・ランゲージを読み解くガイドライン

❷ボディー・ランゲージは「文脈」の中で読み取る

ボディー・ランゲージに関する一般向けの文献が誤解を招きやすいのは、特定のジェスチャーに明確な意味があると決めつけるような書き方をしているからだ。それに対して一流の研究者は、そもそも単独で特定の意味をもつようなジェスチャーは一つもない、と主張している。つまり、個々の仕草は常にあるパターンの一部であり、単独では意味がないため、文脈の中で理解するのが一番確かだということだ。ジェスチャーは段落の中の単語に似ている。単語にはいろいろな意味があるが、「意図された」意味は、段落や章の中でしか正確に理解できない。アイゼンバーグとスミスは次のように書いている。

誰がどのような状況で使うかにもよるが、ほとんどの単語にはわずかな意味しかない。しかし、鼻筋にしわを寄せる仕草がどういう意味をもつかは、それに伴う一連の動作、その人の人格、そのときの状況などによって千差万別だ。そのため、明らかに特定の状況で特定の意味をもっていても、個々の仕草の意味を一般化するのはむずかしい。鼻筋にしわを寄せる仕草が一般的にどういう意味をあらわすかを決めつけるつもりはないが、「ジョーンが鼻筋にしわを寄せているのは、油で揚げたマッシュルームの臭いが大嫌いだからだ」という文脈で使えば問題はないだろう。[注14]

個々のジェスチャーは身体の他の動きだけでなく、言葉との関係においても考慮する必要がある。言葉かボディー・ランゲージのどちらか一方を偏重すれば誤解が起きやすい。効果的なリスニングのねらいは、話し手のすべての面からヒントを得ることにあるのだ。

③「言葉」と「態度」の食い違いに注目する

相手の言葉と非言語行動が著しく食い違っている、と気がついたことはないだろうか。「口では『ノー、ノー』と言いながら、目は『イエス、イエス』と言っている」という古い歌の文句は、まさにこの食い違いを表現している。

かつて私は次のような夫婦のやりとりを目撃したことがある。妻が夫に「私に怒ってるみたいね」と言うと、夫は顔を真っ赤にして拳を握りしめ、テーブルをドンドンたたきながら「怒ってなんかいない」と叫んでいた。妻にとっては夫の言葉よりボディー・ランゲージのほうが説得力があったはずだ。

一方、打ち明けにくい話をする場合、言葉の痛々しさを覆い隠すようにボディー・ランゲージで煙幕を張るときもある。たとえば、めったにないほど悲惨な話をしながら笑う人がいる。実際、苦しい胸の内を含み笑いで隠しながら、自らの人生の深い悲しみについて語る人を私は大勢見ている。そういう場合、聞き手は不意打ちを食らうか、痛みに向き合うのを避けようとするが、だいたいは話し手といっしょになって笑う。「笑い飛ばす」という慣用句もあるほど、このような行為はアメリカ社会では一般的によく見られるのである。

実際に言葉とボディー・ランゲージが矛盾するときは、「どちらの」メッセージも重要だ。口では「ノー、ノー」と言いながら、目で「イエス、イエス」と言っている女性がいれば、愛情表現への欲求と、それを押しとどめる道徳観か遠慮がちな性格との間に葛藤があると解釈できる。「怒ってなんかいない」と怒鳴る男性は、自分の怒りを自分自身にも他人にも認めたくないのかもしれない。我が身に起きた悲劇を笑いながら語るのは、その出来事を打ち明けたいと思う反面、相手に重荷を負わせたくないのかもしれない（その問題に対する自分の深い感情を認識し、それを相手と共有することに複雑な思いを抱いているとも考えられる）。もちろん、それ以外の意味もあるだろうが、肝心なのは、言葉とボディー・ランゲージに（あるいは二つのボディー・ランゲージの間に）食い違いがあるときは、それぞれの意味を探れば役に立つということだ。

ボディー・ランゲージを読み解くガイドライン

④自分の感情と身体的な反応に注意を向ける

ジークムント・フロイトは、「人の無意識は意識を介さずに他人の無意識に反応する場合がある」と述べたが、[注15] その種のコミュニケーションはしばしばボディー・ランゲージを通じて行われ、話し手の無意識が聞き手の無意識に働きかけて身体的な反応を誘発することがある。つまり聞き手は、**自分の身体がどう反応しているかに注意を払えば、そこから相手の気持ちを逆に読みとることもできる**のだ。

ある家庭療法士の話では、問題のある家庭は雰囲気ですぐわかるという。氷のように冷たいか、他人行儀で味気ないか、お互いを警戒するような雰囲気――まるで今にも怒りが爆発しそうな雰囲気――を漂わせている家族といっしょにいると、たちまち気分が悪くなり、胃がむかつく、肩や頭が痛くなるなどの不快な症状が出てくる。そういう自分の症状に注意すれば、その家族の人間関係を敏感に察知できるようになるというのである。

対話を端で聞いている第三者にもこうした無意識の感応が起こる。

私は十代の少年が二十分も父親にガミガミ言われるのをそばで聞いていたことがある。父親の言い分はほとんど不当なものだった。それは父と子の対話などではなく、一方的な厳しい説教にすぎなかった。私は体中がこわばって吐き気がしたが、こうした身体の不調に注意を集めると、この少年の気持ちがもっとよくわかるようになった。

セラピストのフリーダ・フロム・ライヒマンは、クライアントの感情を理解するための一つの方法を考え出した。ボディー・ランゲージが感情を知る手がかりになると承知していたライヒマンは、注意深く自分の姿勢と体の動きをクライアントにぴったり合わせ、そのときの自分の気持ちに意識を向けてみた。すると相手に対する理解が大いに深まったのである。私自身もこの方法を使ってたびたび成功した。もちろん、これには細心の注意が必要だ。へたなやり方や無神経なやり方をすれば、相手に嫌がらせと思われるおそれがある。

くみとった相手の気持ちを〝反映《リフレクト》〟する

あなたが〝反映〟型リスニングを実践する場合、いったんボディー・ランゲージを読み取って相手の気持ちがわかったら、今度はそれを自分の言葉で応答（＝フィードバック）に反映させる必要がある。

この過程では、いくつかの効果が期待できる。

まず、あなたは自分の受け取り方が正確かどうかを確認できる。

第二に、話し手が自分の感情を認識しやすくなる。

第三に、話し手が問題の感情的な側面について話す気になる。

第四に、自分を理解してくれていると話し手が感じる。つまり、あなたが共感的な反応を示すことによって、相手の孤独感が軽減される可能性がある。

最後に、話し手が心の奥の感情について自由に話せれば、鬱積していた気持ちが浄化されて緊張から解放されるばかりか、気持ちや考え方が別人のように変わる場合がある。マリオンの夫ジョージは職場から帰宅すると、イスにぐったりと座り込み、元気のない声でとぎれとぎれに「この二週間かかりきりになっていたプロジェクトがやっとすんだよ」と言った。マリオンはそのときのことを思い出しながら、ボディー・ランゲージにあまり注意していなかったころなら、肝心な点を見逃して「まあ、終わってよかった。しばらくの間は時間通りに夕飯を食べられそうね」とでも応答していたのではないか、と話す。だがそのときはちがっていた。彼女は夫の正面に座り、「プロジェクトが終わっても、何かしっくりこないところがあって、あなたは満足できないのね」と言ったのだ。妻が自分を理解し共感を示してくれていると感じたジョージは、仕事に対する不満を話しはじめた。結婚して八年になるが、夫婦の間でこれほど深いコミュニケーションが成立したことはめったにないという。

ボディー・ランゲージはときに誤解を招く

何百年も前から、言論の世界ではボディー・ランゲージと符合する表現が使われてきた。たとえば、「恐怖で身がすくむ」、「怒りで身震いする」、「歯をむきだす」。遠慮がちな人は何となく「距離を置いている」ように見えるし、自信たっぷりの人は「胸を張っている」。覚悟を決めるときは「歯を食いしばる」し、感情を抑えるときは「唇を引き締める」。いくら隠そうとしても「恥ずかしさで顔が赤くなる」人もいる。英語にこうした決まり文句が目立つのは、我々の誰にもボディー・ランゲージを読み解く力が少しはあるという証拠だ。

だがほとんどの人は、その力をさらに高めることができる。相手のボディー・ランゲージに今まで以上に注意を集中して敏感にその意味を読み取り、今まで以上に優れたスキルを使い、共感をもって相手に応答することができるのである。

ボディー・ランゲージはその意味が一目瞭然のときもあれば、解読がきわめてむずかしいときもある。この「沈黙の言語」は誤解を招きやすいため、聞き手が自分の解釈を相手に確認する手間を惜しむと、必要以上に疎遠になったり対立したりする事態になりかねない。

この状態について、エドワード・サピアは、「解読表が存在しない暗号、誰も知らないし理解もできない複雑な秘密の暗号に従って」動いているようだと述べている。[注16] サピアの言葉とは矛盾するように聞こえるかもしれないが、ボディー・ランゲージを注意深く解読すればするほど、コミュニケーションの改善が期待できる。

まとめ

対人コミュニケーションの大半が非言語行動であるため、ボディー・ランゲージの解読法は、効果的なリスニングには不可欠である。コミュニケーションの非言語的要素は、相手の感情を理解するうえでとりわけ重要だ。

人はボディー・ランゲージをコントロールして自分の感情を隠そうとする傾向がある。だが、これは言葉でカモフラージュするよりむずかしい。いくらボディー・ランゲージを抑制しようとしても、ふつうは感情が「漏れる」からだ。

ボディー・ランゲージを「読み取る」力を高めるためのガイドラインは以下のとおり。

・一番役立つ手がかり――ⓐ顔の表情、ⓑ姿勢・ジェスチャー・「行動」、ⓒ声、ⓓ衣服・身だしなみなど――に注意を集中する。
・「文脈」の中で読み取る。
・「言葉」と「態度」の食い違いに注目する。
・自分の感情と身体的な反応に注意を向ける。

ボディー・ランゲージはきわめて明瞭で理解しやすいときもあれば、解読が困難なときもある。

聞き手が自分の解釈を適切に相手に応答すれば、コミュニケーションがかなり改善される可能性がある。

第七章

〝反映〟スキルを高める

わたしはあなたの言うことを正確に聞きたいのです。それには、わたしの聞きとったことがあなたの真意と合っているかどうかをできるだけしっかり確かめるために、大切なポイントについてはわたしの聞いたことをチェックする必要があります。あなたのことばから、声の調子から、顔の表情や身ぶり手ぶりから、あなたの言いたいことのだいたいはつかめます。しかしそれは、あくまでもだいたいです。ですからときには、わたしが聞きとったことを、一度言い直してみて、それで正しいかどうか、あなたの真意が正しくわたしに伝わっているかどうかを、あなたに確認してもらわなければなりません。
わたしは深く、はっきり、正確に聞きたいのです。そうすればわたしはかなりのていどまで、あなたの感じることを感じ、痛みをともにすることができるでしょう。あなたには自由に、率直に語ってほしいのです。[注1]
（棚瀬多喜雄訳）
——デビッド・アウグスバーガー

〝向き合い〟〝うながし〟〝反映《リフレクティング》〟という三つのリスニング・スキルを一通り身につけたら、今度は〝反映〟スキルをさらに高める番だ。

〝反映〟型の応答をもっと正確で効果的なものにするためのガイドラインはいくつかある。本章ではまずそのガイドラインを取り上げ、そのあとで、ほかに聞き手ができることや、〝反映〟型リスニングを適用すべきタイミングについて触れる。

〝反映〟能力を高めるためのガイドライン

以下に紹介するガイドラインに従えばいっそう効果的なリスニングができるはずである。

〝反映〟能力を高めるガイドライン

①わかったふりをしない

話を聞いていると、相手が何を言っているのかわからなくなるときがよくある。空想にふけっていたか、相手の発言についてあれこれ考えていたせいかもしれない。あるいは相手が曖昧な話し方しかできないせいかもしれない。そういう場合、たいていじっと耳を傾けて**話を理解しているふりをする人が多いが、私はごまかしは禁物だと考えている**。信頼関係を築くには、「どうやら聞き損なったようです。もう一度話していただけませんか」というふうに聞き逃したことを率直に認め、聞き直すように努力する必要がある。

“反映”能力を高めるガイドライン

②「気持ちがわかる」という言い方はしない

“反映”型のリスニング・スキルを覚えたばかりのころは、「お気持ちはわかります」などとつい言いがちだが、このような受け答えは不適切だ。それにはいくつか理由がある。まず第一に、聞き手の見方は事実ではなく推測にすぎない。次に、その発言によって相手が突っ込んだ話をしなくなるので、それ以上具体的な事情を理解できなくなるおそれがある。最後に、口で言うほどわかっていないのではないかと相手に疑われやすい。

気持ちがわかる、と言葉で言ってもほとんど何の役にも立たない――**必要なのは、本当にある程度気持ちを理解していると「実証する」ことだ。**話し手の胸の内を正確に察知し、非言語的手段によって「私も同感だ」という気持ちを応答にこめることだ。そうすれば、口には出さなくても、「この人は本当に私の気持ちがわかっている」と相手は感じるだろう。

“反映”能力を高めるガイドライン

③応答の言い回しを変えてみる

発言に対する応答で「唯一正しい」ものなど存在しない。すでに述べたように、沈黙する、「最小限の刺激」を与える、言い換える、真意をくみとって表現する、要約するなど、方法はいろいろある。また、言い回しを少し変えれば、〝反映〟型の応答につきものの不自然さが薄らぎ、練習を重ねるにつれて型があいまいになるか、すっかりなくなってしまう場合もある。

例を挙げてみよう。ある二十代後半の女性が、自分の母親について「私たちのことに口出しばかりするのよ。おせっかいはやめてほしいわ」と友人にグチをこぼしたとする。この発言に対する〝反映〟型の応答は、たとえば次のようなものが考えられる。

「しょっちゅう口出しされるのが困るのね」

「生活に干渉されるからイライラするのね」

「余計なお世話ね」

「私生活に立ち入られると、主体性やプライバシーが脅かされるような気がするのね」

「一人前の大人として扱ってほしいのね」

「いつも口を挟まれるのが嫌なのね」

〝反映〟能力を高めるガイドライン

④感情に注意を向ける

チャールズ・アリバインは週末に娘のクリスティーの大学を訪れ、二人で食事をした。以下はそのときの会話である。

クリスティー：「ここにはいたくない。むずかしすぎる。私、落第するんじゃないかな。

そうなったら友だちに合わせる顔がない」

チャールズ：「勉強がむずかしすぎるんだね」

クリスティー：「（目に涙を浮かべながら）落第したらどうしよう」

チャールズは娘の「感情」にまったく取り合わず、新入生のときが一番たいへんなんだ、お前は頭がいい、またがんばればなんとかなるさ、と励まし始めたが、最後は娘が泣き出して、気を静めにトイレに行ったところで話がとぎれた。

私にこの話をしたあと、チャールズはこう言った。「『会話では**相手の感情に注意することが何より大事だ**』と教わりましたが、娘が泣き出してやっとそれを思い出しましたよ。あの子の気持ちがこもった言葉を私は聞き流していました。これまでもあんなやりとりはよくありましたが、ようやく身にしみました」

“反映”能力を高めるガイドライン

⑤相手の感情にぴったり合う言葉を選ぶ

感情はコミュニケーションが円滑にいくかどうかの鍵になる。感情をくみとって応答に反映させる場合、その感情の「種類」だけでなく、「度合い」も間違っていないかどうかを必ず確かめる必要がある。また、感情を表現する言葉は相手の経験と見合うものでなければいけない。

たとえば、ある男性が生まれてはじめてグランドキャニオンの縁に立ち、たえず変化する赤と紫の色調の美しさに畏敬の念を抱いたとする。しばらく無言で眺めたあと、妻のほうを向き、目に驚きをあらわして「壮大な景色だな。実に崇高だ」と感嘆の声を上げる。それに対して妻が「きれいね」と答えたとすればどうだろう。「壮大な」「崇高だ」とただの「きれい」との間には、かなり心情的な隔たりがある。

相手の感情を正確にはっきりと応答に反映できれば、それだけリスニングの効果が高まるが、残念ながら、たいていの人は感情表現に関する語彙に乏しい。「ちょっと」「かなり」「とても」といった副詞を使う手もあるが、やはり一語で的確に感情を表現できる言葉にはかなわない。たとえば、「非常に悲しいのですね」と言うより、「がっかりしているのですね」「気分が落ち込んでいるのですね」と言ったほうがぴったりくる場合が多い。

より正確に感情を表現するためには、次のような言葉を頭に入れておくのも悪くない。

優しい	高揚した	がく然とした
怒った	ぞっとするほどいやな	愚劣な
イライラした	傷ついた	同情的な
裏切られた	ヒステリックな	ピリピリした
喜びに満ちた	見捨てられた	ひどい
憂うつな	つけこまれた	くじかれた
苦しい	激怒した	疲れた
魅せられた	おじけづいた	わなにかかった

だまされた
ほがらかな
呪われた
満足した
うちひしがれた
挫折した
絶望した
取り乱した
動揺した
威圧された
熱心な
共感的な
精力的な
無気力な
激昂した
おびえた
オロオロした
愚かな
血迷った
後ろめたい
悲嘆に暮れた
幸福な
ありがたい

孤立した
嫉妬した
ビクビクした
親切な
のけ者にされた
愛情深い
ふさぎ込んだ
惨めな
緊張した
OK
憤慨した
穏やかな
悩まされた
プレッシャーを受けた
不当に扱われた
拒絶された
リラックスした
ほっとした
悲しい
満足した
怖がった
ショックを受けた
悪意に満ちた

困った
不公平な扱いを受けた
傷つきやすい
すばらしい
心配した
涙もろい

左の図7－1はこの種の語彙を感情の強さに応じて分類したものだ。参考にしてほしい。

図7－1

	強	中	弱
愛	あがめる 愛する 大事にする 献身的な	親愛の情 好ましい 友人 好む	信頼できる 受け入れられる 気にかかる ＯＫ
喜び	恍惚とした 意気揚々とした 狂喜する 大喜びする	興奮した 幸福な ほがらかな 陽気な	うれしい よい 満足した 満ち足りた
強さ	ダイナミックな 力強い 強力な 強大な	効果的な 強い 自信に満ちた 有能な	能力がある 力量がある ふさわしい

悲しみ

わびしい	むっつりした	体調が悪い
悲痛な	憂うつな	不機嫌な
落胆した	悲しい	不満げな
意気消沈した	元気がない	低調な

怒り

激怒した	頭にきた	むしゃくしゃした
逆上した	いら立った	むっとした
立腹した	むかついた	気分を害した

混乱

当惑した	ぼんやりした	優柔不断な
困惑した	途方に暮れた	はっきりしない
支離滅裂な	戸惑った	あいまいな
混乱した	まごついた	不明瞭な

弱さ

ぺちゃんこになった	力のない	弱い
無力な	脆弱な	役に立たない
くたくたになった	無能な	弱々しい
ボロボロになった	不適任な	

感情をあらわす言葉を強さの度合いに応じて分類したもの。言葉の意味は人によって多少ちがうので、納得できない部分もあるかもしれないが、一般的にはほぼこの分類どおりだと言える。余白の部分には前ページにある言葉（あるいは思いついた言葉）を記入してもかまわない。

相手があれこれ決断に迷っているとき、上手な聞き手はしばしば相手の矛盾する「感情」をくみとって応答に反映させる。

シャーリーン・アダムスは、昇進してやりがいのある仕事をしないかと誘われた。しかし新しい仕事を引き受ければ、出張のために毎月何日か家族と離れることになる。このジレンマを信頼する人に打ち明けたところ、「決心がつかずに身を引き裂かれるような思いをしているんですね」と言われた。この言葉で、シャーリーンは自らの矛盾する感情をさらに掘り下げることができた。

〝反映〟能力を高めるガイドライン

⑥声で共感を示す

共感とは頭だけでなく心も使って相手の話を傾聴することだ。気持ちのこもらない事務的な声で応答すれば、自分の気持ちをわかってくれた、と相手が思うはずがない。

それに対して、共感を示すような音や声だけでも、相手を深く理解しているという証明になる場合がある。作曲家のグリーグはイプセンの「白鳥」という詩に曲をつけたが、その曲をはじめて聴いたイプセンは、グリーグの手を握り「わかってくれましたね」とささやいたという。聞き手が敏感に話し手の気分を察知し、言葉に加えて声の質にそれを反映させるときも、同じことが起きる。

声の質については大事な点が二つある。一つは、どれほど思いやりが表現されているかという点だ。鋭くとげとげしい声を出せば、相手を気づかい、温かく受け入れているという気持ちは伝わりにくい。我々のセミナーでは、どれほど思いやりをもって話を聴いてあげられるかを考えてください、相手が何か大きな問題を抱えていると思ってください、と参加者に指示するときがある。すると聞き役の参加者は、自分の共感的な心情を伝えようとして、たいてい気持ちのこもった低い声で少しゆっくり話す。

もう一つは、話し手の声の調子もまた聞き手の話し方や声の質に反映されていなければならないという点だ。相手が自分の成功について意気込んで話しているのに、聞き手が素っ気ない受け答えをすれば、いくら言葉が的確であっても効果は期待できない。

書物からコミュニケーション・スキルを学ぶときに困るのは、声の調子や質がわからないということだ。ただ、自分の会話や役割演技をテープに録音して、共感を示すような声で話しているかどうかを確認する手もある。

〝反映〟能力を高めるガイドライン

⑦会話の具体性を高める

我々が話を聞く相手はだいたい問題を抱えている。そういう相手の自助努力をうながし、一番良い形で問題を解決させるのがリスニングの目的である。漠然とした一般論でその問題が議論されれば、解決は不可能ではないとしてもむずかしい。漠然とした問題に対して漠然とした解決策を打ち出しても、効果はない。

聞き手が会話の具体性を高めるための方法は三つある。一つは自らが率先して相手の話の内容を的確にフィードバックすることだ。次のヘレンの受け答えに注目してほしい。

ジョーン：「パーティーには行けないわ。友達に合わせる顔がないもの。結婚生活に問題があるのは確かだけど、別居なんてあんまりよ。もうこうなったら、離婚するかもしれない」

ヘレン：「別居中だから友達にどう思われるか心配で、ディナー・パーティーに行くのがつらいのね」

二つ目は、事実や感情を探る質問を「少し」してみることだ。たとえば、「例を挙げてもらえませんか？」（事実を探る質問）、「彼女にそう言われてどう感じましたか？」（感情を探る質問）など。三つ目は、話し手に漫然と話をさせないことだ。話が長くなると、具体性はもちろん、話の目的や密度も損なわれる。聞き手がところどころでうなずいたり最小限の励ましを与えたりすると、とりとめのない話に一段と拍車がかかる。聞き役に徹していても、工夫次第で会話を意味のある「話し合い」に変えられるのである。

ひんぱんにフィードバックを返すためには、ときには「話し手の言葉をさえぎる」必要もある。聴き上手になるのに話の邪魔をしなければならないとは皮肉だが、「簡潔に」〝反映〟型の応答をすれば、話し手の思考の流れを乱さずに言葉をさえぎることができる。

その場合、私の経験では通常二つのことが起きる。何度か話に割って入るうちに、話し手と聞き手との間にリズムが生まれて会話に弾みがつくだけでなく、話し手が堂々巡りを止めてずいぶん要領よく話すようになるのだ。

"反映"能力を高めるガイドライン

⑧独断的にならずに確固たる応答を返す

聴き上手な人は、相手を正確に理解することは不可能であり、だいたいのところを理解するのが精一杯だとわかっている。したがって、独自の個性をもつ話し手を理解するには、たえず心を開いておくことが望ましい。

聞き手がひとりよがりにならず、話し手に確かめるような言い方で応答すれば、相手は「いえ、そうじゃありません。私が言いたいのは……」と言いやすくなる。そのあとで、二番目の発言をもっと正確に反映させるように努める。

初心者によく見られるのは、独断的というよりもためらいがちな応答だ。ためらいがちの応答は質問の形をとる場合が多い。活字にすればきちんとした発言のように「読める」ものでも、文末の抑揚を上げれば質問に変わる。聞き手があまりためらっていれば話にならない。それでは相手の話から受け取った確固たるイメージを反映させるどころか、簡潔で具体的な応答を返す自信もないしやる気もない、と自ら証明するようなものだ。

もちろん、話し手が何を言いたいのかさっぱりわからないときもあるだろう。そういうときには、たとえば「あなたの言われたことがよくわからないのですが。つまり、それは……という意味ですか、それとも～ということですか？」とはっきり相手に尋ねるべきだ。

ためらいがちな対応が望ましい場合もあるが、独断的にならず、しかもできの良い「共鳴板」のようにきちんとフィードバックを返すのが本来の効果的なリスニングである。

〝反映〟能力を高めるガイドライン

⑨話し手の秘めた能力に会話の中で触れる

話し手が問題を解決しようと思えば、問題に対処する力を自分で見出すことが肝心だ。ただ、問題にとらわれるあまり、その力が自分にあるとはっきり気づいていない可能性がある。聞き手はそれとない相手の言葉にも注目し、応答の中で相手のその力に言及するべきである。

オリヴァー：「数字は苦手だ。計算をするときはいつもガチガチに緊張するんだ。計算ミスでもやらかして予想が台無しになるんじゃないかと心配だよ。計算さえなんとかなれば、問題はないんだが。全体的な状況判断から市況を予想するのは得意だからな」

フリッツ：「（弱みに重点を置いた受け答え）計算が本当に苦手なんだね」

フリッツ：「（秘めた能力に重点を置いた受け答え）報告書の計算の部分には不満があるけど、市況を予想する能力には自信があるんだね」

いざというときに頼りになる強みに焦点を当てることはきわめて重要だ。そもそも問題を抱えた人間は誰しも希望を失っているからだ。聞き手は相手の話をありのままに受け入れて失望感を軽減するのはもちろん、相手の秘めた能力を聞き取り、それを応答に反映させるべきである。その力に気づけば、話し手は希望をもち、問題を解決できるようになる。

〝反映〟能力を高めるガイドライン

⑩質問に隠された感情をくみとって応答に反映させる

話し手に単刀直入に質問された場合、初心者はどうしていいのかわからず、途方に暮れる場合が少なくない。質問には答えるもの、という認識があるからだ。しかし質問は常に答えを期待してなされるとは限らない。

たとえば、モリス・レクーペロとショーン・マッカーシーの次のやりとりを見ていただきたい。

ショーン：「さんざん考えたが、この状況にどう対処していいかさっぱりわからない。きみがぼくの立場ならどうする？」

モリス：「実は、ぼくも一九七二年に同じような経験をしたことがある。そのときどうしたかというと……。ぼくの場合は本当にそれでうまくいったんだ」

モリスはこう答えたが、果たしてショーンはこういう言葉を期待していたのだろうか。

これは初心者がしばしば悩む問題だが、こういうときには、相手の質問の真意を考えてみるのも一つの方法だ。質問の裏にある本音をくみとり、応答に反映させるのである。そうすると、ショーンとモリスのやりとりはたとえば次のようになっていたかもしれない。

ショーン：「さんざん考えたが、この状況にどう対処していいかさっぱりわからない。きみがぼくの立場ならどうする？」

モリス：「この問題についてはまったくお手上げなんだな」

ショーン：「そうなんだ。なにしろ、こんなむずかしい問題は今まで経験しなかったからな」

ほかの例も見てみよう。

サド：「家内が亡くなってもう一年たちますが、まだ悲しみは消えません。私は立ち直れるでしょうか？」

ブランドン医師：「あなたは立ち直れないいんじゃないかと心配なんですね」

キャロル：「ガチガチに緊張すると笑ってしまうんです。笑いをこらえきれないときもあります。なぜこうなるんでしょうか？」

テリー：「その原因がわからずに心配なんですね」

質問の背後にある本音を聞き手が的確にくみとって応答すると、相手はたいてい質問したことすら忘れて、進んで問題を掘り下げて自ら解決策を模索しはじめる。

それでも相手が業を煮やして再び質問するときがある。その場合には、聞き手の役割は話し手の助言者ではなく共鳴板になることだ、と説明すればいい。また、「でも、あなたのほうが経験も知恵も豊富だし……ぜひアドバイスしてほしい」と言われたときも、相手の感情をくみとって応答しながら同じ説明をすることができる。相手が話を続ける気になれば、自分からまた話しはじめるだろう。あるいは、再開のきっかけをつくるために、聞き手がそれまでの話を要約してもいい。場合によっては、お互いの合意によって話し合いをやめてもかまわない。

"反映"能力を高めるガイドライン

⑪過大な期待はしない

聞き手はせっかちになりやすい。一生の問題を一回のやりとりで解決したいと思うのだ。精神科医なら、満足のいく解決策を見出して実行に移すまで、数カ月どころか何年にもわたって患者と面接を重ねるのが当然だと思っている。だが隣の住人がその患者に相談を持ちかけられれば、テレビで夜のニュース・ショーが始まる前にすべて問題を片づけたいと思うにちがいない。

配偶者や友人に問題や悩みを相談してもいっこうにらちがあかず、むしろ自分自身がその解決策を一番よくわかっている場合が少なくない。しっかりした結論を下す前に、じゅうぶん頭を整理する時間が話し手には必要なのかもしれない。

相手に深くかかわりながら、問題がすぐに解決されないのはじれったいが、そんなストレスも、聴き上手になるためのコストの一部である。

〝反映〟能力を高めるガイドライン

⑫〝反映《リフレクティブ》〟型リスニングには時間を惜しまない

〝反映〟型リスニングは時間がかかるのが難点だとよく言われる。それはまちがいない――確かに傾聴には非常に時間がかかる。忙しい仕事人間の私は、三つの観点からこの問題を考えている。

まず、これは価値観の問題だ。その人のためにどれだけの時間をどういうふうに使うかが友情や愛情の証になる、と私は思っている。愛する人により多くの時間を割いて耳を傾け、胸の内をさらけだす、これが私の価値観である。

第二に、これは効率の問題でもある。**人の話に耳を貸さず、反応もしなければ、短期的には時間の節約になる。だが長い目で見れば誤解や仲たがいが生じ、その対処にかえって多くの時間を取られる**か、効率が大きく損なわれるおそれが多分にある。雇い主が従業員の話をまともに聞こうとしない、セールスパーソンが顧客のニーズを理解していない、教師が学生の心配事に耳を貸さないといった場合、仕事の能率が大幅に落ちるのは経験からわかっている。リスニングは確かに効率が悪いように思えるが、強い要求、深い感情、深刻な心配事などを抱えた相手の話に耳を傾けなければ、大きな弊害が生じて時間も労力も金も浪費する結果になりかねない。

第三に、〝反映〟型リスニングは比較的短時間で行える、というのが私の実感だ。これはきわめて大事な点だ。わざわざ時間を割いて一時間のカウンセリングをしなくても、相手の気持ちは理解できるのである。たとえば、数学の問題に苦戦していた学生が教科書をバタンと閉じるのに気がつくと、その学生の机に近づき、ボディー・ランゲージを読み取って「問題がむずかしいから君はイライラしているんだな」と言った教師。病気で休んでいた同僚がプレッシャーを感じながら働いているのを見て、「体調が万全じゃないのに、遅れを取り戻すのはつらいよな」と言った会社員。また、いつも家事の手伝いをしてくれる夫がとても疲れた様子で食事の後片づけをしている姿を見て、アイロンがけをしながら「一日働いた後で皿洗いをするなんて本当にたいへんね」と声をかけた妻もいる。微笑みを浮かべる、うなずく、ウインクをする、背中を軽くたたくといった仕草だけで事足りる場合もある。こうした簡潔な方法の効果を確かめるために、家庭や職場で少なくとも一日に一度行うことを習慣にしている人も多い。

〝反映〟型リスニングにプラスアルファする

「相手が悩みや問題を抱えて敏感になっているとき、〝反映〟型リスニング以外のことをしてもいいのか？」と聞かれることがよくある。一般に、さっさとリスニングを放棄して手っ取り早い方法に頼ってもそれほど効果はない。ただ、リスニングと並行して他の方法を使ったほうがいい場合もある。ここではその方法を紹介していく。

フィードバックには三種類ある

聞き手のフィードバックの仕方は次の三種類に分類できる。

・相手を正確に理解していないときは**「マイナス」**
・相手の本音や具体的な話の内容をだいたい反映できているときは**「〝反映〟型」**
・さらにそれ以外のものを追加するときは**「プラスアルファ」**

この「プラスアルファ」を使うにあたっては、いくつかの注意点や問題点があるが、まずはその具体例を紹介しよう。

プラスアルファのフィードバック

プラスアルファのフィードバック

①体に触れる

非言語的なフィードバックのほうが、言葉をかけるよりはるかに望ましい場合がある。『マッコールズ』誌（米国の主婦向けの月刊誌）の一九六八年九月号は、父親のロバート・ケネディの暗殺場面をテレビで目撃したデヴィッド・ケネディの様子を伝えている。それによれば、記者のシオダー・ホワイトはそばにいたデヴィッドがその場面にショックを受けているのに気がつくと、「腕を引き寄せてしっかり抱きしめ、二人で泣いた」という。[注2]

身体的な接触は、場合によっては押しつけがましい行為になり、相手の自己認識を妨げるおそれもある。一般に、我々はどんな形にせよ、身体に触れられるのを気にするものだが、背中を軽くたたく、体にそっと手を触れる、やさしくハグするといった行為が非常に功を奏する場合も少なくない。

プラスアルファのフィードバック

②事実情報を伝える

自分の問題について話している相手に、事実に基づく情報を伝えてやったほうがいいときもある。

次のような場合には、信頼関係ができたあとで積極的に情報を伝えても悪くない。
・相手に情報を受け取る心の準備ができている。
・その情報が相手の「根本的な」問題に関係がある。
・相手がその情報を知らず、容易に入手もできない、とあなたが確信している。
・その情報の有効性をあなたが確信している。

経営コンサルタントのジョンは、こうしたガイドラインに従って研修中のある女性と話し合った。

ジョン：「リッジ・ナショナルバンクの研修プログラムの件で、共同責任者に任命されなかったのをきみは気にしているようだな」

ベッツィ：「その件だけじゃありません。男の世界で女がうまくやっていけるのか疑問に思うときがあるんです」

ジョン：「研修部門で働きたいのに、受け入れてもらえるかどうか自信がないんだね」

ベッツィ：「そうなんです。女性のリーダーを男性ばかりの管理職が全面的に受け入れてくれるでしょうか？　その点が心配なんです」

ジョン：「実は、我が社の特に優秀なコンサルタントの中に一人女性がいるんだ。もっぱら相手にしているのは中間管理職だが、女が一人もいない場合だってけっこうある。それでも同じような仕事をしている連中よりいつも評価は高い」

ベッツィ：「その人と話ができればいいんですが」
ジョン：「彼女に話してみよう。きみと話す時間が取れるかどうか聞いてみるよ」

お気づきのとおり、まずジョンはベッツィの悩みをくみとってフィードバックしている。彼がその悩みをベッツィの非言語行動から読み取ったのは明らかだ。それがドア・オープナーとなってベッツィが悩みを打ち明けると、ジョンは〝反映〟型のフィードバックを返し、的を射た情報を伝えている。最後は、自ら進んで話し合いのお膳立てをしようと申し出ている。

プラスアルファのフィードバック

③話し手のために行動を起こす

改善を要する事態が〝反映〟型リスニングによって明らかになるときがある。リスニングに熱中しすぎると、つい適切な行動を取ることを忘れるが、「行動言語」が何より相手に対する有効なフィードバックになる場合があるのだ。

我が子が自転車の修理に手こずっていれば、話を聞くより修理を手伝うのが先決だ。相手が愛する者を失って悲嘆に暮れていれば、話を聴くだけでなく、食事に招くという行動も非常に重要になる。

ヨハネの第一の手紙にも「言葉や口先だけで愛するのでなく、行いと真実とをもって愛し合おうではないか」と書かれている。[注3]

プラスアルファのフィードバック

④専門家を紹介する

話し手が求める情報や援助を提供できなければ、専門家の助けを借りるように勧めてもいい。ただその前に、相手の根本的な問題にじゅうぶん耳を傾けて、基本的な信頼関係を築く必要がある。専門家を紹介するときは、相手の不満や悩みを積極的に聴くことが大切だ。

知らない人間や機関に自分の問題を相談するのは容易ではない。そんな援助が必要だとすれば自分はどこか異常があるのではないか、と思う人も大勢いる。専門家を紹介するなら、それまでの間は相手の話を傾聴し、支え続けることが重要な条件になる。

プラスアルファのフィードバック

⑤自己開示する

ときには聞き手が自分について語るのも効果的だ。もっとも、聞き手の自己開示自体が目的ではない。それどころか、これは話し手の問題を解決する手段である。聞き手はまず、自分をさらけ出したほうが相手の自己認識が深まるかどうかを判断する必要がある。うまく自己開示すれば、〝反映〟型のフィードバックと似たような効果が得られる。ジェラード・イーガンは、カウンセラーがクライアントに対して自己開示した例を二つ取り上げて、その効果を比較している。

（効果のない自己開示の例）

クライアント：「朝目覚めたときが一番不安を感じるような気がします。また一日が始まるのかと思うといやになるんです。怖くてたまりません」

カウンセラーA：「私にもそういう時期がありましたよ。私がまだ大学院の学生で自分の能力に自信がなかったころです。これから何をしたいのかもわからないのに、時だけが過ぎてゆく、と焦っていました」

クライアント：「目的のない学生生活に問題があったとお考えなんですね」

（効果的な自己開示の例）

クライアント：「朝目覚めたときが一番不安を感じるような気がします。また一日が始まるのかと思うといやになるんです。怖くてたまりません」

カウンセラーB：「ベッドから出るだけでもかなりつらくなりますよね。私も大学院生のころに一時そんな状態になって、生きるのがとても怖くなったことがあります」

クライアント：「ただつらくて仕方がないとしか思っていませんでしたが、かりにそのつらい努力をやめたら、生きるのがますます怖くなると思います」[注4]

前者の例では、カウンセラーの関心がクライアントから自分自身の問題に移ったのに応じて、クライアントは「気ままな分析」をしている。それに対して後者の例では、カウンセラーが**自分の経**

験をクライアントの状況に関連づけて共感的なフィードバックをしている。またそれに応じてクライアントの自己分析も深みを増している。

プラスアルファのフィードバック

⑥直面化《コンフロンテーション》

この場合の「直面化」とは、話し手の以下のような食い違いに注意をうながすスキルを指す。

・考えることと言うこと
・感じることと言うこと
・言うこととすること
・言葉とボディー・ランゲージ
・自己イメージと他人から見たイメージ
・実際の生活と理想とする生活

直面化では、「一方で○○○と言いながら、他方では△△△と言うんですね」（「言う」を「感じる」や「する」に置き換えてもいい）という型にはまった表現をよく使う。例を挙げてみよう。

グレッグ：（ぐったりしたような姿勢で、ため息をつきながらゆっくり話す）「キャロルみたいなすてきな女性と婚約できて感激してます」

ロドニー：「あなたは一方で感激していると言いながら、うつむきがちで声もずいぶん落ち込んでいるように聞こえますね」

直面化を試みるには三つの必要条件がある。一つは、確固たる信頼と理解の基盤を築くこと。二つ目は、聞き手が気づいた矛盾が検討に値するものであること。三つ目は、相手に困難な検討作業に取り組むだけの心構えも能力もある、と聞き手が確信をもっていることだ。また、直面化を効果的なものにするためには、タイミングと断定的な判断を避ける姿勢が重要な要素になる。

直面化のあとは、信頼関係にひびが入る可能性があるので、再び〝反映〟型リスニングによって関係修復に努めるべきだ。何度も続けて試みてはいけない。この手法が役に立つのは相手が守りを固めたデリケートな問題に限られるため、めったに使うべきではない。かりに使うとすれば、用心深く、また手際よくやる必要がある。

プラスアルファのフィードバックの注意点

プラスアルファのフィードバックは、話し手のものの見方に慣れたあとに行い、話し手が自分について語った内容にかかわるものでなければならない。それによって、客観的なものの見方ができるようになったり、意思決定や行動がうながされたりする効果が期待できる。

ただし、**プラスアルファのフィードバックにはリスクがある**。場合によっては、人間関係を損なうどころか、相手に害をおよぼすおそれがあるため、この手法はカウンセリングの専門家に限定すべきだと考えるセラピストもいる。

この方法は一度試すと癖になり、「聞き手」が話し手の問題を「乗っ取る」場合があるということは、自分自身の経験や他人（その中には現代の代表的なセラピストも何人か含まれている）の観察から私にもわかっている。話し手が自力で問題を解決するのを手伝うどころか、聞き手が役割を超えて主導権を握り、助言を与えるか、心の準備もできていないのに問題解決を迫るケースがよくあるのだ。

プラスアルファの対応がしばしば求められるのは確かだが、不適切なやり方が多いのも事実である。経験から言わせてもらえば、「疑わしいときは、やめておくにかぎる」

プラスアルファのフィードバックをするタイミング

プラスアルファのフィードバックをする前に、〝反映〟型リスニングによって信頼と理解の基盤を構築する必要がある。相手が強い感情にとらわれていると、誰が何を言おうと耳を貸す余裕がないため、何よりも〝反映〟型のフィードバックで的確に共感を示すことが先決だ。またプラスアルファの対応をした後も、〝反映〟型リスニングに戻って信頼関係の基盤を修復すべきである。
ではプラスアルファのフィードバックを示すタイミングをどう見きわめるのか？　その目安は以下のとおりだ。

〈聞き手が〉

・話し手の視点から状況を見ることができる。つまり、話し手の真意、感情、価値観などを理解できる。
・リスニング以外の方法に変えたほうがいいと確信している。
・次にどういう手を打てば、相手が自力で問題を解決しやすくなるか見当がついている。

〈話し手が〉

・話題を表面的な問題から根本的な問題に変える。
・自分の根本的な問題を認識しはじめる。
・聞き手の受容と共感を確実に感じる――聞き手も自分と同じ気持ちだと感じている。
・自分自身と自分の感情を受け入れる。
・聞き手の助けを借りて困難な状況に直面しようという気になっている。

プラスアルファのフィードバックを多用しない

プラスアルファのフィードバックを示すべきかどうか、またどの程度示すべきかについては二つの点を考慮しなければならない。一つは価値観の問題（厄介な問題を抱えた相手の人生に私が影響を与えることがあるとすれば、どの程度許されるのか？）。もう一つは、現実的な問題（何が一番有効か？）である。この方法についつい頼りたくなる私の気持ちをいましめてくれるのは、カール・ロジャーズの次のような言葉だ。

問題を急いで片づける、目標を定める、人を型にはめたり思いのままに操ったりするといったことに私は次第に気が進まなくなりました。それより自分も他人も自然にふるまうほうがはるかに望ましい、と今は思っています。一風変わった東洋的な考え方だと思われるにちがいありません。（中略）

身につけるべき知識を学びもせず教えもしないとすれば何のための人生か、と思うのは当然です。でも奇妙な話ですが、相手の現実を理解し、ありのままに受け入れようとすればするほど、ますます相手に変化が起きるらしいということがわかりました。（中略）

少なくともこれは私自身の生々しい体験であり、私生活でも仕事でもめったに得られないような深い教訓だと思っています。[注5]

無理に他人を変えようとしないほうが変化が起きやすい、と指摘する専門家はロジャーズだけではない。

注意すべき問題点があるとはいえ、具体的な会話では、〝反映〟型リスニングを「超える」プラスアルファのフィードバックのほうがむしろふさわしい場合もある。

どういうときに〝反映〟型リスニングを適用するか

以上、〝反映〟能力を高めるためのいくつかの基本的な方法と、そこからさらに一歩進んだ「プラスアルファ」のフィードバックについて学んできた。

これらすべてを含めたひとつの体系としての〝反映〟型リスニングは、さまざまな場面で適用できる。以下に紹介するのはその一部だ。

行動する前

企業のなかには、行動する前に必ず言い換えを行うように従業員を訓練し、何千ドルも経費を節減したところもある。対人コミュニケーションでは誤解が生じやすいため、業務内容の確認に単純な言い換えを使えば効率が上がるのである。

会議の終わりに時間を取って、決議した行動計画を責任者に言い換えさせる企業もある。会議で大きな成果が得られたのはこの方法のおかげだ、と断言する企業もある。

論争や批判をする前

相手の話を本当に理解できれば、言い争いの多くは回避できるだろう。熱い論争の最中に、「はじめからそれが言いたかったんだよ」と相手に指摘された覚えがないだろうか。お互いに同じ立場にいながらそれに気づかず、言い争う場合が少なくないのである。たとえ立場がちがっても、〝反映〟型リスニングによって相手の事情がわかると、異なる考え方を理解したり、そこから教訓を得たりしないともかぎらない。この件については第十二章で詳述する。

相手が強い感情にとらわれているか、問題について話す気になっているとき

興奮している、熱中している、喜んでいる、落ち込んでいる、混乱している、怒っている、いら立っている……相手がこういう状態になっていれば、〝反映〟型リスニングを適用すべきだ。進んで問題を打ち明ける気になっているときも絶好のチャンス。

相手が「暗号」で話しているとき

メッセージを暗号化していると思われるときは、話しにくい問題や感情があると考えていい。相手のメッセージを解読し、本音を明らかにするには、〝反映〟型リスニングに勝る方法はない。

相手が頭を整理したいと思っているとき

人は問題の解決策を求めるときもあれば、ただ友人に相談したいだけというときもある。悩みを友人に打ち明けるだけでもかなり気が楽になる場合があるが、残念ながら、相手が問題を解決しなければ気がすまない聞き手もいる。

「率直な意見交換」をしているとき

傾聴が望ましい状況では、たいてい話し手が主役になり、すべては話し手を中心に展開する。ただし、率直な意見交換をするときは、当事者双方が平等に役割を分担し、相手の話も傾聴するし自分の意見も主張する。率直な意見交換は軽い世間話には不向きだが、片方、あるいは双方にとって重大な問題を話し合うか、対立しているときにはきわめて重要だ。

自分が独り言を言っているとき

専門医に聞いた話では、誰でも独り言を言うらしい。何か重大問題について自分が独り言を言うときには、注意深くそれに耳を傾けて、しっかりした決断をすることが大切だ。

ふつうは独り言を言っても、本人はほとんど意識していない。気がついたとしても、望ましくないメッセージを自分に言い聞かせている。たとえば、「おまえは～すべきだ」「おまえにそんなことができるものか」といった説教や悪口をはじめ、侮辱的な言葉をいろいろ口走っているものだ。

その言葉から自分の本心をくみとってフィードバックしようと思えばできないことはない。独り言を要約し、言葉がとぎれたときも心の声に耳を傾けれてみればいい。自分に対して〝反映〟型リスニングを適用すれば、びっくりするような効果が実感できる。

同じ方法で自分の身体のメッセージにも耳を傾けることができる。たとえば頭痛がするときは、体と対話するようにその訴えをくみとってフィードバックすればいい。

私：「やっぱり今日はがんばりすぎたな。今ごろになってズキズキしてきた」

頭と首：（さらに痛みが増す）

私：「これは序の口にすぎない、もうじきもっとひどくなる、と言いたいのか？」

頭と首：（一日の精神的なストレスで筋肉がまだこわばっている）

私：「痛みが激しくならないうちにちょっと休ませろ、と言うんだな。きっとマッ

サージもしてほしいんだろ」

このように、自分が酷使した身体の悲鳴にちょっと耳を傾けるだけでも役に立つときがある。もちろん、場合によっては行動を変える必要がある。

新しい考え方に出会ったとき

書物などで新しい考え方に出会ったときは、リスニング・スキルを進んで適用すると著者の意図を読み取りやすい。私はこれを「知的共感」と呼んでいる。この方法を学んだのは大学院生のころだ。決定論で有名な神学者ジョン・カルビンに関する論文を書いていた私は、カルビンの理論を打破した自分の優れた論理的思考力に驚いた。教授もそれを認めてくれたが、そのあとで「きみには当時カルビンが直面していた問題に苦しんだ経験がない」とつけ加えた。まったくその通りだった。同じ複雑な問題に取り組む必要がなければ、知的巨人の思想でさえ批判するのはかんたんである。今でもその考え方には同意できないとはいえ、自分にはおよびもつかないほど深く複雑な問題に取り組んでいた事実を知ってからというもの、私はカルビンを見直し、さまざまな教訓を得てきた。

私は常に知的共感をもつように心がけるべきだと思っている。というのは、少しも共感できない考え方は受け入れにくいからだ。マネジャー、セールスパーソン、教育関係者といった人たちを指導してきた経験から、努力もせずになじみのない考え方や方法を素直に受け入れられる人間などめったにいない、と私は思っている。

〝反映〟型リスニングが望ましくない場合

良い方法でも使うタイミングを誤れば台無しになるが、これはとりわけ〝反映〟型リスニングに当てはまる。この方法は相手にとって本当に必要な場合に限って使うべきだ。ただ、この方法は骨が折れるし、**当事者の片方または双方がたえず努力を強いられるような関係は健全とは言えない。**人間関係が豊かなものになるには、気楽で心温まる交流が盛んに行われる必要がある。常に相手に尽くすような関係は、どちらにとってもすぐに「重荷」になるだろう。

それではどんな場合に〝反映〟型リスニングを控えるべきなのか？

相手を受け入れられないとき

このスキルを適用すると、相手は警戒心を緩め、無防備になりやすい。したがって、〝反映〟型リスニングを用いたあとで、仮にあなたが相手を拒絶もしくは否定するような態度を見せれば、相手は不意をつかれ、かえって大きく傷つくおそれがある。「ガツン」とやっつけなければ気がすまないなら、助けるような素振りを見せずにはじめからそうすることだ。

相手の問題解決能力を信用できないとき

相手が自分で問題を解決するのが一番いいという考え方も、〝反映〟型リスニングの基本的理論の一つである。そもそも傾聴法の目的は問題解決をうながすことにある。なぜ相手が責任をもって自らの問題を解決すべきなのか？　その理由はたとえば次のようなものだ。

・情報のほとんどは相手がもっている。
・解決策を実行しなければならないのは相手である。
・すべてのリスクを負うのも相手である。
・相手が自力で問題を解決できれば、自信と、自分の運命に対する責任感が強まる。
・相手が聞き手に頼らなくなれば、双方にとってプラスになる。

こうした見解を受け入れない人もいる。**親、教師、上司などは、経験や知性に勝る自分が解決策を提示すべきだと考えやすい。**表向きには本人が自分で問題を解決するのが一番いいという意見に同意しながら、実際には相手の力を軽視して自分の解決策を「押しつける」人もいる。私はその誘惑に負けそうになると、心理学者のクラーク・ムスターカスの言葉を思い出すようにしている。

最終的には、私は相手に対して責任をもてない。相手にとってどういう意味をもつかはともかく、私にできるのは彼の人生に一部かかわることだけだ。結局、本人が自分の真意、隠れた能力、性分、本質などを発見するしかないのである。注6

相手と「一定の距離を置く」ことができないとき

上手な聞き手なら一定の距離を保ちながら相手に共感できる。

年上の「いじめっ子」に学校の遊び場で殴られた、と息子から聞かされて頭に血が上り、相手の親に文句を言ってやる、と言った父親がいた。これは出しゃばりすぎだ。それでは子どもの問題を親が肩代わりしたことになる。また、未婚の娘から妊娠したと聞かされて、泣きながら「そんなことするなんて、あんまりだわ」と言った母親もいる。どちらの「聞き手」も相手と適切な距離を保てていない。二人とも相手の話を聞いて気持ちが高ぶり、効果的なリスニングができなくなったのである。

リスニングを自分を隠す手段として使うとき

なかには一貫して聞き役に回り、**めったに自分の話をせず、相手にインパクトを与えない人がいる。本当の自分を隠しながらリスニングをしても、どちらのプラスにもならない。**また、相手の「ネガティブな」感情から自分を守るために〝反映〟型リスニングを行う人もいる。相手の怒りを受け止めたくないばっかりに、リスニング・スキルでなんとかごまかそうとするのだ。これは表面的には「大人の」対応のように見えるが、聞き手が相手の怒りをまともに感じなければ、つまり、相手のものの見方に少しも共感しなければ、相手との関係に距離が生まれるおそれがある。この種の「臆病な」リスニングの仕方は、真の人間関係にはふさわしくない。

聞き手の心の準備ができていないとき

自分が人の話を傾聴できる状態にあるかどうかを聞き手は常に確認する必要がある。おそらく、調子が悪くて誰の話もうまく聞けないときもあるだろう。少し時間がかかったものの、私もその現実を徐々に受け入れられるようになった。**話を聞く気になれないときが誰にもある**ため、聞き手は何人かいたほうがいい。話し相手がほかにいないとすれば実に不幸なことだが、それはあくまでも本人が解決すべき問題である。心構えができないまま人の話に耳を傾けようとしても、百害あって一利なし、という結果になりかねない。

人の話を傾聴しなければいけない理由は何もない。私は妻を愛しているし、妻のためなら喜んで話し相手になるつもりだが、それでも無理をしてまでつき合う気がしないときもあれば、つき合えないときもある。そういうときに妻が「重苦しい」会話をはじめれば、まだ心の準備ができていない、と言うことにしている。

リスニングはかんたんではない

リスニングはすばらしい経験にもなるが、負担になるときもある。「意識的なリスニング法は、どれも私にとっては荷が重い」と認めた人もいる。[注7] これまで説明してきたスキルを実際に試してみれば、共感的なリスニングがどれほど負担になるかがわかる。

リスニングはけっして容易ではない。価値観も考え方も自分とはまったくちがう人間を理解するには、コミュニケーションの妨げになる悪癖を直すのはもちろん、ある程度スキルに習熟し、自己を超越し、心を開かなければならない。話を傾聴していると、どうしても相手の影響を受けやすくなるため、自分の考え方や価値観が変わるときもある。また、共感的なリスニングを行えば、きっと心が痛むこともあるだろう。聞き手は相手と心情的に一定の距離を保つべきだが、相手の心の痛みをまったく感じないわけにはいかない。さらに、リスニングの能力が正しく評価されない場合や不当に利用される場合もある。

リスニングはたいへんな労力を要するだけに、軽い気持ちではじめるべきではない。経験豊かな聞き手ほどうかつに手を出さないのは、手間がかかり犠牲を強いられるとわかっているからだ。慎重に考えたうえで援助するかどうかを決めなければ相手に失礼になる、とジョージ・ガズダも指摘している。[注8] また、効果が期待できないときも行うべきではない。無理をしても失敗するに決まっているし、自分が失望するだけでなく、話し手にも悪影響をおよぼすおそれがある。

まとめ

〝反映〟型リスニング能力を高めるためのガイドラインは以下のとおり。

・わかったふりをしない
・「気持ちがわかる」という言い方はしない
・応答の言い回しを変化させる
・感情に注意を向ける
・相手の感情にぴったり合う言葉を選ぶ
・声で共感を示す
・会話の具体性を高める
・独断的にならずに確固たる応答を返す
・話し手の秘めた能力に会話の中で触れる
・質問に隠された感情をくみとって応答に反映させる
・過大な期待はしない
・日常生活の中で〝反映〟型リスニングを活用する

問題を抱えている相手に対して、〝反映〟型リスニング以外の手段を用いてもいいのか、と聞かれることがよくある。しっかりした信頼関係が築かれていれば、危険性はあるものの、場合によってはプラスアルファのフィードバックをしてもかまわない。

プラスアルファのフィードバックには次のようなものがある。体に触れる、事実情報を伝える、話し手のために行動を起こす、専門家を紹介する、自己開示する、直面化《コンフロンテーション》。

プラスアルファのフィードバックを返したあとで、また〝反映〟型リスニングを行うことが望ましい。

〝反映〟型リスニングを行うのにふさわしい場合は以下のとおり。

・行動する前
・論争や批判をする前
・相手が強い感情にとらわれているか、問題について話す気になっているとき
・相手が「暗号」で話しているとき
・相手が頭を整理したいと思っているとき
・「率直な意見交換」をしているとき
・自分が独り言を言っているとき
・新しい考え方に出会ったとき

逆に望ましくない場合は以下のとおり。

・相手を受け入れられないとき
・相手の問題解決能力を信用できないとき
・相手と「一定の距離を置く」ことができないとき
・リスニングを自分を隠す手段として使うとき
・聞き手の心の準備ができていないとき

リスニングは喜びをもたらす一方で、たいへんな手間のかかる作業であり、軽い気持ちで行うべきではない。上手に行えば聞き手の負担になり、下手に行えば話し手の負担になる。

第三部 自己主張《アサーション》スキル

もし私が自分でしなければ、誰がしてくれるのか?
もし私が自分だけのためにするとしたら、私は何者なのか?
今しなければ、いつするのか[注1]?
——ヒレル(古代のユダヤ人ラビ)

第八章

対人関係には三つの型（ふるまい方）がある

・率直かつ誠実なコミュニケーションを図る。
・くつろいで不安を軽減する方法を身につける。もっと要求を満足させる。
・社交術を学び、より親密な対人関係を築く。
・過度の不安や罪の意識をもたず、また他人の尊厳を侵さずに、肯定的であれ否定的であれ、さまざまな感情や考えを言葉でも非言語行動でも伝えられるようにする。
・自分の身に生じる出来事に責任をもつ。
・自由に選択し決定する機会を増やす。
・自分を大切にして自己の尊厳や自尊心を持ち続ける。
・自分にはかけがえのない権利や価値観があると自覚する。
・他人から犠牲を強いられたり、利用されたりしないように身を守る方法を学ぶ。
・自己主張型の態度がどんな場合にどんな結果をもたらすかを認識する。

基本的に、これが我々が考える自己主張トレーニングのねらいである。自己主張トレーニングとは、他人を攻撃してその権利や尊厳を踏みにじるための訓練ではない。また、出世のために他人を操ったりだましたりする方法を学ぶ訓練でもない。それどころか、これは敬意――自分自身や自分の価値観に対する敬意、および他人に対する敬意――を基盤にした訓練である。[注1]
――シャーウィン・コトラー、フリオ・ゲーラ（臨床心理学者）

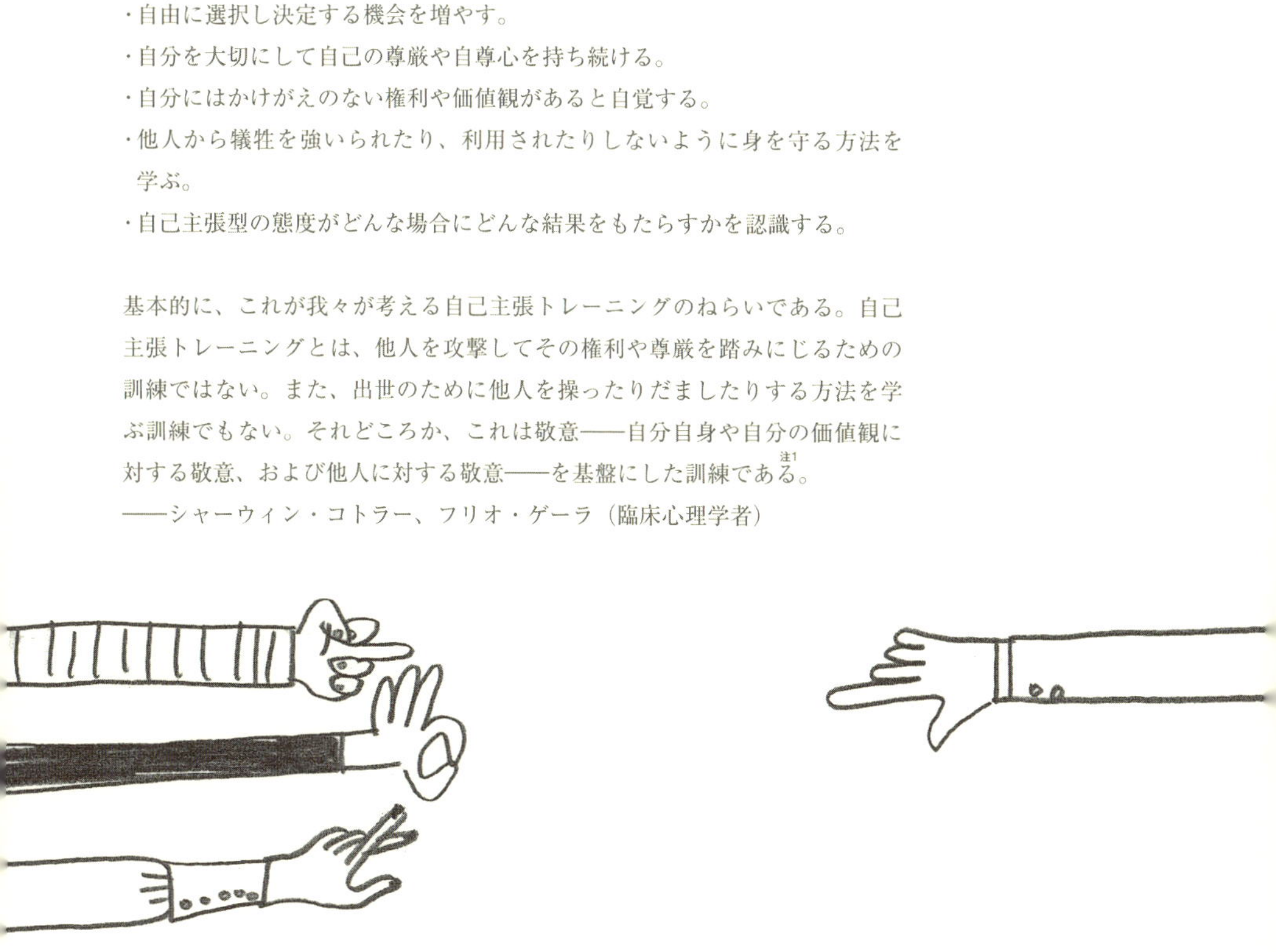

「リスニング」と「自己主張」は対人能力《ピープル・スキル》の陰と陽

古代中国思想には陰陽という概念がある。「陰」と「陽」は、お互いにきわめて異なるにもかかわらず、依存し補完し合う万物の両極をあらわしており（図8－1参照）、どちらが欠けてもいけない。二つの原理の間に完全なバランスが保たれるのが陰陽哲学の理想である。

私はリスニングと自己主張をコミュニケーションの「陰陽」とみなしている。どちらも活気のある人間関係には欠かせないからだ。自分の感情、要求、願望などを相手にはっきり伝えるのが「陽」の自己主張。ストレスや喜びを感じている相手を理解し、受け入れるのが「陰」のリスニングだ。

陰陽の役割をときどき入れ換えるとコミュニケーションが活発になる。どちらかの役割が不得手だとすれば、人間として未熟ということになる。また、当事者の一方がどちらかの役割しかはたさなければ、豊かな人間関係は築けない。

コミュニケーション・スキルの専門家によれば、自分の意見をはっきり主張できると思われる人は全人口の五パーセントに満たないという。[注2] つまり、通常の会話では、個人の問題であれ対人関係の問題であれ、たいして重要な話はしていないということだ。

［図8-1］陰と陽のシンボル

自己主張能力は高めることができる

リスニング能力を高める具体的なスキルがあるように、自己主張能力を養う実用的な方法もある。一九六〇年代以降、この分野に焦点を当てた研究や実験が、かつてないほどさかんに行われるようになった。また自己主張能力関連の書籍や雑誌記事が市場にあふれるにつれて、世間でも大きな話題として取り上げられるようになってきた。数多くの機関が講習会を開き、大学でもその種の講座が人気を呼んでいる。

自己主張《アサーション》トレーニング（A・T）の売り物の一つはその有効性だ。たとえば、ミズーリ大学が自ら主催したA・Tプログラムの追跡調査を行ったところ、参加者の八十五パーセントが生活に何らかの変化があったと感じていることがわかった。またほぼ同数の者が、トレーニングの修了後も、半年から一年半の間はスキルを維持できたか高めることができたという。[注3] トレーニング・プログラムによって質的に差があるのは当然だが、その方法の優れた実用性が自己主張トレーニングの人気を支えているのはまちがいない。ほとんどの人がこの方法をすぐに適用できるし、成功率も高いのだ。

本章では、自己主張の自己防衛的な側面と能動的な側面、「服従《サブミッション》」や「攻撃《アグレッション》」との相違点、各アプローチの利点と欠点などについて説明し、最後に、自己主張トレーニングの目的でもある主体的な選択の重要性についても明らかにする。

本章の内容をしっかり理解していただければ、次章から紹介するさまざまな自己主張スキルを習得しやすくなるはずだ。

「個人空間」と「社会空間」

誰にも独自の**「個人空間（パーソナル・スペース）」**――肉体、精神、価値観などに関する私的領域――がある。その空間は大きさをはじめ、さまざまな点で千差万別だが、我々はみな自分の生活空間の範囲内で個人的権利を行使する。それを超えて共通の領域に入る場合には、他人の権利を尊重し、周囲に適応しなければならない。ときには（もしくはひんぱんに）他人が土足で踏み込み、我々の権利を侵害したり秘密を暴いたりすることもある。

個人空間という概念をむずかしく考える必要はない。縄張りのようなものと思えば一番わかりやすい。「縄張り《テリトリー》」には、空間や個人の所有物など物理的なもののほかに、目に見えない心理的な領域も含まれる。

ドイツの社会学者ゲオルク・ジンメルは、著名人の個人空間は一般人より広い、という説を主張した。世間の人は重要人物に敬意を表し、二十五フィート（約七十五センチ）以上の間隔を開けて接するというのである。[注4] これに関する興味深い例が、ジャーナリストのシオダー・ホワイトが書いた『大統領への道』の中にある。以下の引用は、ジョン・F・ケネディとそのスタッフが使っていた「隠れ家」での一場面だ。

ケネディは軽く踊るような足どりで、春のようにさっそうとコテージに入ってくると、並んで待っていた人々に挨拶をした。それから、スッとその場を抜け出すように段差のついた部屋に降りていった。そこでは義弟のサージェント・シュライバーと弟のボビーが話をしながらケネディを待っている。他の人々も衝動的に後に続こうとしたが立ち止まった。数十メートルほど離れたところで、この年輩の権力者たちはケネディをじっと見つめた。数分後、ケネディは自分が見られているのに気がついてシュライバーに何かつぶやいた。それを聞いてシュライバーが彼らを誘いにやってきた。はじめはアヴェレル・ハリマン。次がディック・デイリー。その次はマイク・ディサールが呼ばれた。そのあとも一人ずつケネディのもとへ祝辞を述べに行った。だが、招かれないかぎり、遮るものもないそのわずかな空間に足を踏み入れる者は誰もいなかった。ケネディのまわりに目に見えない壁があったからだ。つまり、彼らは自分たちがもはやパトロンではなく、ケネディに従う立場になったと自覚していたのである。招かれなければ近づけるわけがない。なにしろ相手は合衆国大統領になるかもしれない人間なのだから。[注5]

学者によっては、我々が縄張りに関心をもつのは遺伝的なもの——先天的な「抜きがたい」習性

――だと主張する者もいれば、これは文化的に規定された習性であり、まったく見られない社会もまれにあると言う者もいる。[注6]細かい点については議論があるとはいえ、現代人は縄張り意識が強いということは一般的に認められている。アルバート・シェフレンとノーマン・アシュクロフトは、『ヒューマン・テリトリー――インテリア・エクステリア・都市の人間心理』という著書の中でこう指摘している。我々人間は「地球上の陸や海ばかりか、月の表面にまで境界線を引いている」[注7]

人の個人空間を尊重するには、物理的にも「感情的」にもその人と適当な距離を保つ必要がある。悪口を言う、立ち入った質問をする、余計なアドバイスをする、思いのままに操ろうとする、愛情の押し売りをする、自分のやり方を押しつけようとする――こうした行為をしなければ、他人の心のテリトリーを侵すことはない。

自分の個人空間を大事にすれば、自分の価値観も守れるようになる。往々にして人は自分の価値観を他人に押しつけようとする。教師は学生に、コーチは選手に、雇い主は従業員に、配偶者は連れ合いに押しつけようとするのがふつうだ。とりわけ価値観の問題に関してはその傾向が強い。

ここまでの話でだいたい個人空間のイメージをつかんでいただけたのではないかと思う。ようするに、私の個人空間を尊重するには、私の物理的な領域や所有物を大事にするだけでなく、私らしい生き方ができるようにする必要があるということだ。

二人以上の人間が目的をもって集まれば、そこには排他的な**「社会空間（ソーシャル・スペー**

ス」が生まれる。社会空間に対する尊重の仕方は人によってさまざまだ。侵入せずに回り道をするか、ほかに道がなければ恐縮しながら入れてもらう、あるいは、やりとりに熱が入っているときは邪魔をせず、頃合いを見はからって参加させてもらうこともある。

他人の社会空間に対して、感情的な面でも価値観の面でも適当な距離を保つのはなかなかむずかしい。自分の子どもが結婚すると、親が夫婦のプライベートな領域に立ち入って新婚生活を台無しにするケースはざらにある。

夫婦でも、それぞれの個人空間と夫婦という社会空間の関係を理解するにはある程度努力が必要だ。**物理的な面でも感情的な面でも、あるいは価値観の面でも、相手の「空間」に立ち入らないのが円満な夫婦関係の秘訣**である。つまり、お互いが自分だけの生活空間や心のテリトリーを確保する必要があるということだ。

世界のどこを探しても完全な人間などいない。必死で守りを固めないかぎり、故意にしろ偶然にしろ、我々の私的領域に侵入する人間がいるのは仕方がない。

誰でも動物が自分の縄張りを守ろうとする様子を見たことがあるにちがいない。私は飼犬のミスティを連れて毎日散歩にでかけるのだが、庭で犬を飼っている家に近づくと、その家の犬は縄張りに近づくなと言わんばかりに、ミスティに向かって牙をむき出し、怒ったようなうなり声を上げる。

小型で弱そうに見える犬でも、相手の大きさや強さにかかわらず、必死に自分の縄張りを守ろうとするし、縄張りと関係がないところでは、お互いに対する態度がまったくちがう。[注8] 幸いなことに、人間は自己主張スキルを習得すれば、動物よりも自分のテリトリーをうまく守れるようになる。

生活空間という概念について、ロイス・ティミンズは次のように説明している。

生活空間は後天的に獲得されるものであり、守ろうとする意志が弱ければ失われる。自分の生活空間は占有するか失うしかない。占有すれば、生き甲斐、自信、安心感、満足感、責任感、自制心、力強さ、自覚などが生まれる。[注9]

マズローが発見した「幸福な人」の共通点

個人空間をうまく守る方法を身につけることは大切だが、それだけで終われば、行動範囲の狭い、面白味に欠けるわびしい生き方しかできないだろう。自己主張型の（アサーティブな）人は、自分が成長できる人間関係や仕事にかかわる、余暇を創造的にすごす、有意義な大義に身を捧げるなど、自ら進んで思い切った活動に興じるものだ。私が言う「能動的」とは、攻撃的な要素のないこの冒険精神を指している。

能動的な人は他人と心を通わせて重要な人間関係を築いたり、さまざまな団体や機関に働きかけたり、エコロジーに配慮しながら自然の素材を利用したりする。自己主張型の人は、能動的な姿勢によって建設的に要求を満たし、能力を発揮し、正直にふるまい、創造力を生かし、平等で強力な人間関係を構築することができるのである。

我々は誰しも愛し愛されたい（有意義で刺激的な人間関係に深くかかわりたい）という気持ちをもっているし、大義に殉じたいとも思っている。ジョージ・バーナード・ショーが言うように、**人生の真の喜びは、「自分が信じる目的に身を捧げることにある。**つまり、社会が悪いから自分は幸福になれない、と熱に浮かされたように泣き言ばかり並べる自己中心的でちっぽけな人間ではなく、自然児になることにある」[注10]。

心理学者のアブラハム・マズローは、**精神的に健康な人間の研究に打ち込んだ結果、こういう人間こそが充実した人生を送るということに気づいた。**マズローによれば、この種の「自己実現」をめざす人間は、「一人の例外もなく自己の利害を超えた大義に関与している」[注11]という。

能動的な姿勢は個人的な選択にとどまらず、社会的な責任をはたすことにもなる、と私は考えている。というのも、他の社会と同様、我々の社会も機能不全や深刻な不正に悩まされているからだ。他人が社会の不正に苦しんでいれば、その影響は必然的に自分にもおよぶ。たとえ微力であろうと、私は社会に対して何らかの働きかけをする責任を感じている。

［図8-2］服従―自己主張―攻撃

服従	自己主張	攻撃
（服従的《サブミツシブ》なふるまい方）	（自己主張的《アサーテイブ》なふるまい方）	（攻撃的《アグレツシブ》なふるまい方）

服従《サブミッション》―自己主張《アサーション》―攻撃《アグレッション》

「自己主張」とは自己の私的領域を守りながら穏便に他人や社会に影響をおよぼす方法だ、と考えても悪くはないが、「服従」と「攻撃」の中間に位置づけて対比すれば、もっと便利でわかりやすい（図8―2参照）。以下の説明では、便宜上かなり極端な例も引き合いに出している。

服従《サブミッシブ》型のふるまい方

通常服従型の人には、自分の欲求や権利を大事にしようという気持ちが見られない。自分の感情、欲求、価値観、懸念などを率直に表現しない。他人が自分の領域を侵害し、権利を否定し、要求を無視するのにまかせる。自己主張すれば望みがかなうと思われる場合でも、めったにそんなまねはしない。

自分の要求を表現するにしても、申し訳なさそうにおずおずした様子で言うので本気にしてもらえない。「……でも私にとってはそんなにたいしたことじゃありません」「……ですが、どうぞお好きなようにしてください」といった前言の調子を弱めるような言い回しをつけ加える。はっきりしゃべったつもりでも、無意識のうちにメッセージを暗号化して相手が解読できない場合もある。肩をすくめる、アイコンタクトを避ける、猫なで声を出す、口ごもるといった非言語行動も、自己主張を弱める要因になる。

たとえば、ある家族会議で、夕食後は各自が食器を食器洗い機に入れて母親を手伝おうということに全員が合意した。ところが、誰かが忘れるたびに母親が後始末をするので、結局一カ月もしないうちに元の木阿弥になった。この場合、本人は気づきもしなかったとはいえ、そう仕向けていたのはほかならぬ母親だ。

喜んで他人の食い物になるような人もいる。そういう人は自ら進んで相手を立てるようなまねをしたあげく、自分の権利を侵害され、要求を無視されるはめになる。

服従型の人は相手にこう伝えているようなものだ。「私ならかまいません。どうぞ利用してください。どんなことでも我慢しますから。私のことより、あなたが何を望みどう感じているかが大切です。私の考えなど取るに足りません。価値があるのはあなたの考えです。私には何の権利もありませんが、あなたにはもちろんあります。私が生きていて申し訳ありません」

服従型の人には自尊心ばかりか、相手に対する敬意もない。相手には正面から渡り合って責任を分担するだけの力がない、と態度でほのめかしているからである。

このようなふるまい方は、我々の社会では信じがたいほどよく見られる。トマス・モリアリティは、多様な被験者グループに対して「自己主張によって相手にどれほど抵抗できるか」を測定する調査を数回行った（被験者は観察されているとは知らなかった）。その結果、他の学生が大きな音で流す音楽が大事な勉強の邪魔になっても、抗議したがらない大学生が多い、ということがわかった。学生の八十パーセントはボリュームを下げてくれとはっきり要求せず、騒音をひたすら我慢していた。一回だけ注意した学生が十五パーセントいたものの、要求を無視されると二度と注意しなかった。二回注意して要求を実現した学生はわずか五パーセントにすぎなかったという。

　シチュエーションを変え、成人を含むさまざまな年齢層を対象にして調査を行っても、同じような結果が得られた。概して、八十パーセント以上の人が自分の権利を守るための言葉を一言も口にしようとしなかったのである。

攻撃型《アグレッシブ》のふるまい方

「アグレッション（aggression）」という言葉は少々混乱を招くおそれがある。というのは、その語源であるラテン語「aggredi（前進する、近づく）」から二つの異なる意味が派生したからだ。一つは相談や助言を求めて人に接近するという意味。もう一つはおなじみの「攻撃」もしくは「侵略」という意味だが、本書では後者の意味で使っている。

　攻撃型の人は、他人を犠牲にして自分の感情、要望、考えなどを表現する。議論にはめったに負けず、けんか腰に見えるときもある。おそらく声が大きく態度が横柄なうえ、礼儀を知らず口も悪い。店員やウェイトレスのサービスが悪ければガミガミしかりつけ、部下や家族の者に対して権力を振るい、大事な話題に関しては自説を押しつける場合もある。また、他人を力で圧倒し、「おれにはこれが必要だ。おまえの必要なものなんて取るに足りないし、どうでもいい」と考える傾向がある。

ブラジルのスラム街で貧困にあえいでいたカロリーナ・マリーア・デ・ジェズースという女性が、一冊の感動的な本を書いた。彼女はその中で、富裕層の攻撃型の言動に対する激しい怒りを次のようにぶちまけている。「オレンジをしぼるように他の人間を搾取する強欲な人間が嫌でたまりません」[注12]

自己主張型《アサーティブ》のふるまい方

自己主張型の人は、さまざまなコミュニケーション・スキルを活用しながら、自尊心を維持し、幸せを追求できる。また、他人を不当に扱ったり支配したりせずに、自分の権利と個人空間を守ることもできる。つまり、自分と同様、他人の価値と尊厳をも尊重するのが真の自己主張型の生き方なのである。[注13]

彼らは率直かつ適切なやり方で自らの権利を守り、要求、価値観、関心事、考えなどを表現する。自己の要求を満足させる一方で、他人の要求を踏みにじったり私的領域を侵害したりはしない。

「自己主張しすぎる」という言い方をする人がときどきいるが、私の定義によれば、それはありえない。自己主張型の態度が自他の権利をともに考慮した、その場にふさわしい対応の仕方であるとすれば、自己主張的すぎる態度など存在するはずがないからだ。

三つのふるまい方の具体例

具体的な例で三つのふるまい方のちがいを確かめてみよう。

以下のシチュエーションとその対応の仕方ⓐⓑⓒを読み、例にならって、それぞれ服従型、自己主張型、攻撃型のどれかに分類していただきたい。正解は２５５ページにある。

〈例〉

満員の映画館。すぐ後ろでかなり大きな声でひっきりなしにしゃべっている人がいるので、あなたは気が散って映画を楽しめない。ぎゅうぎゅう詰めなので席も替えられない。

・対応ⓐ——何も言わずに黙って我慢する。（正解：服従型）

・対応ⓑ——振り向いて「少しは他人の迷惑も考えろよ。今すぐ話をやめないと、係の者を呼んで外に出してもらうぞ」と怒鳴る。（正解：攻撃型）

・対応ⓒ——振り向いて、話している人の眼を真っ直ぐ見ながら「あなたの話し声が気になって映画を楽しめないんですが」と言う。（正解：自己主張型）

シチュエーション①

校長が再三にわたって校内放送をするため、ジョーンズ先生は授業に集中できない。

・対応ⓐ――ジョーンズ先生は校長に「授業中に校内放送をされると、授業が中断してしまうので困るんですが」と言う。

・対応ⓑ――ジョーンズ先生は無神経な校長に激しい怒りを感じるものの、その気持ちを口には出さない。

・対応ⓒ――ジョーンズ先生は校長に「一日中校内放送するなんておかしいですよ。一度にまとめられないんですか？　あなたも教育者なら、バカな放送をするよりプリントを配ればいいじゃないですか」と言う。

シチュエーション②

カルロス・サントスは仕事でたびたび心身ともに疲れ果てて帰宅する。家に帰り着いたかと思うと、妻から一日分のグチを聞かされるが、しばらく誰の話も聞く気になれない。カルロスには息抜きが必要であり、人のことより自分の心配をする必要がある。

・対応ⓐ――カルロスは内心はらわたが煮え繰り返るような気持ちで、妻の言葉を聞き流す。妻が気づいてくれないものかと期待しながら、ときどき新聞をちらちら見たりもする。その間ずっと「やれやれ、こいつは自分のことしか頭にないんだからな。おれを愛しているなら気持ちをわかってくれてもいいのに」と考える。

・対応ⓑ――部屋中を暴れ回って妻にこうわめき散らす。「おまえみたいに身勝手なやつはいない。おれは家に帰ったときぐらい、少し静かにすごしたいと思っているんだ。それが見てみろ、このざまを。グチばかりこぼしやがって。もうたくさんだ。おまえにもうんざりだ」

・対応ⓒ――カルロスはすぐに、「疲れ切っているので夕食までそっとしておいてほしい」と事情を打ち明ける。また、話があれば急用でないかぎり食事のあとで聴くし、そのときに自分の話も聴いてほしいと言い添える。

※正解

シチュエーション①

対応ⓐ――自己主張型

対応ⓑ――服従型

対応ⓒ――攻撃型

シチュエーション②

対応ⓐ――服従型

対応(b)――攻撃型
対応(c)――自己主張型

以上の例はわかりやすくするために誇張している。もっとも、極端なふるまい方をする人が多いのは事実だが。

「服従型」と「攻撃型」が起こすリバウンド

持続的に権利を踏みにじられるか、常に要求を満たされない場合、人は必ず敵意と怒りを募らせる。

いつも服従的にふるまっていると、怒りが大きく膨れあがったあげく、火山の噴火のように外にあふれ出す危険性が高い。ちょっとしたきっかけがあれば、攻撃的な怒りの溶岩を近くにいる人に向かって噴き出すのだ。いったん感情の爆発がおさまれば、罪悪感にとらわれて再び鳴りをひそめるが、しばらくすると圧力が増して再び噴火し、何の罪もないような人(あるいはそれほど激しい怒りを買うようなまねをしなかった人)が犠牲になる。

あまり知られていないが、基本的に攻撃型の人も、一定のレベルまで緊張やストレスが高まると服従型になりやすい。緊張するにつれてますます攻撃的になり、横暴にふるまったり威圧的な姿勢を見せたりするものの、ある時点を境に矛をおさめて大人しくなる。もっとも、これは一時的な状態にすぎない。どちらのタイプであれ、両極端の間を揺れ動くことに変わりはない。また、**自己主張型の対応をしたほうが要求を満足させやすい**、という事実にどちらも気づいているとは思えない。

自分のタイプを認識する

いつもではないにしろ、**ほとんどの人は三つのうち一つのふるまい方に頼る**傾向がある。少し時間を取って自分がどのタイプに当てはまるか考えてみよう。あなたにとって一番安心できるふるまい方はどれだろう？　我が身を振り返ってみれば、以下の説明がいっそう身にしみるはずだ。

三つのふるまい方のメリットとデメリット

服従型のふるまい方のメリット

●もめ事を回避できる

「タンゴは一人じゃ踊れない」ように、ゴタゴタも一人じゃ起こせない。他人との対立を非常に恐れている人にとって、服従型のふるまい方は対立を回避したり先送りにしたりするか、少なくともカモフラージュする手段になる。

●安心感がある

なじみのある行動パターンを維持するほうが気楽で安心できる。たいていの人が親、学校、さまざまな公共機関などによって服従的な態度を取るように訓練されており、確立したパターンを崩すのは大きなストレスになる。

●他人の承認を得やすい

服従的な姿勢を示せば、私心がないだの、潔いだの、努力を惜しまないだのと褒められることもめずらしくない。

●あまり責任を負う必要がない

事がうまく運ばなくても、他人に従っただけの人間が責められるおそれはまずない。たとえば、いっしょに見に行った映画がまったくお粗末なものだったとしても、批判されるいわれはない。なにしろ、「ぼくは何でもいい。君が選べよ」と言ったのだから。

●他人の援助を当てにできる

見た目が頼りないので、他人が進んで世話を焼いて保護してくれる。したがって、自主的に物事を考えたり行動したりする必要がない。自分の手に余る事態になれば、他人の気を引いて助けてもらえるからだ。

●人をコントロールできる

フリッツ・パールズの説によれば、皮肉にも強者（攻撃型の人）と弱者（服従型の人）が主導権争いをすれば、たいてい弱者が勝つという。[注14] 力で圧倒するよりも、猫なで声や泣き言、あるいは自己犠牲的な手段を使ったほうが結局は強い、というのはよくある話だ。「女の涙にはかなわない」と男たちが漏らすのをどれほど耳にしたことか。

これほど利点があれば服従型のふるまい方をなかなか変えられないのも無理はない。

服従型のふるまい方のデメリット

我々の文化では、服従型の人はしばしば「いい」人と呼ばれる。教室でおとなしく席について一日六時間の授業を受けるのがいい子で、他人の意向に「添う」のがいい大人とされている。だが、

「いい」人の代償はきわめて高くつく。[注15] それに、後で触れるが、「いい」人に好人物はめったにいない——浅ましい内面を隠すためにうわべを取りつくろっているにすぎない。

▼自分らしい生き方ができない

服従型の人は主体的にふるまわず、他人に追従する。自分だけに与えられた充実した人生を切り開く機会を逃して、他人の要望や命令に従って時間を無駄にするのだ。[注16]

▼思ったほど満足できる関係が築けない

まともな人間関係なら二人の人間が本気でかかわり合う必要がある。しかし、服従型の人は自分を抑えて他人の意志や願望に従うので、愛し愛されるために必要な真の自我をほとんど表に出さない。だから知人は大勢いても、長くつき合うような親友はできない。他人が好意をもってくれたとしても長くは続かない。

心理学の説によれば、このタイプは常に自分の言いなりになるので**相手に後ろめたい気持ちを抱かせる**傾向がある。そのため、相手は服従型の人に対して哀れみやいらだちはおろか、嫌悪感すら抱くようになるという。[注17]

また、他人に対する好意が時とともに薄れる傾向もある。これは怒りを抑えつけようとするあまり、愛情まで抑制してしまうからとも考えられる。過剰な自己犠牲や服従によって、相手に対する敵意が生まれるおそれすらある。ジョージ・バーナード・ショーは、「はじめは自分を犠牲にしてまで愛した相手でも、最後は憎むはめになる」と述べている。[注18]

自分本来の生き方を捨てて、気に入られようとしたあげく、思ったほど満足できる関係を築けないとすれば、これほど悲しいことはない。

▼自分の感情をコントロールできない

これもまた皮肉な話だ。というのは、主として自分の感情を「処理」するために、あえてこうしたふるまい方をしているからだ。服従型の人は「ネガティブな」(注)感情を抑圧する傾向がある。すでに述べたように、**感情を封印すれば、怒りばかりか愛情まで無意識に抑制する**ので、人間関係が希薄になりやすいし、封じ込められた感情が突然大爆発を起こしかねない。

また、間接的な形で感情が表に出る可能性もある。たとえば、あら探しがうまくなり、人助けを装って相手の言動にいちいちけちをつけるかもしれないし、セックスを拒否するかもしれない。あるいは、辛辣な意見を言う、相手を避ける、何も言わずに関係を絶つといったことも考えられる。こうした間接的な怒りや敵意の表現は、人間関係を疎遠にし、崩壊させる。このやり方では問題が解決されるどころか、かえって増えてしまう。

それでも感情のはけ口が見つからなければ(あるいは、ほんの一部しかはけ口を見出せなかった場合には)、心身への悪影響は免れない。**服従型のふるまい方が原因で発症するか悪化する病気**には次のようなものがある。偏頭痛、ぜん息の発作、皮膚病、胃潰瘍、関節炎、慢性疲労、高血圧

(筆者注:「ネガティブな」感情というおなじみの表現を括弧付きにしたのは、感情[たとえば、怒りや悲しみ、喜びや興奮など]に「良い」も「悪い」もないからだ)

（症）など。「怒り、憎しみ、嫉妬などを抑圧するような内気な人間」がガンになる、と決めつける説もある。[注19]

服従に関連した心理学的な問題としては、低い自己評価、強い不安、抑うつ、抑制などが挙げられる。極度に内気な人間は、強迫感や被害妄想にとらわれ、性的不能か不感症になり、自殺願望さえ抱きかねない。[注20]本当に神経症や精神病を患うか、死に至る極端な例もある。もちろん、本書の読者にはこれほど服従的な人はいないだろうが、その傾向がある人は要注意だ。一般的に、服従的な対応をすればするほど、コミュニケーションは表面的なものになり、ますます心身の健康が損なわれるのである。

攻撃型のふるまい方のメリット

他人を犠牲にしてまで自分の要求を満たそうとするのが攻撃型の人間の特徴だが、そういう人間は全人口のかなりの割合を占めている。それはなぜなのか？　少なくとも、攻撃的にふるまったほうが報われるというのが一つの理由だ。そのメリットは主に三つあり、それぞれ多少の関係がある。

●ほしいものを手に入れやすい

服従型の人より攻撃型の人のほうが富を得やすい。また、物欲を満たさなければ気がすまない。生活に四苦八苦している者にとっては、この点が魅力的に見えるのはまちがいない。

●自分を守れる可能性が高い

これまで何世紀にもわたって、攻撃型の性質は生存競争と関係があった。人々がお互いに争い敵対する自由競争の社会では、どちらかといえば攻撃型の人のほうが有利になる。十九世紀のイギリスで、チャールズ・ダーウィンの進化論を（やや歪んだ形で）普及させた生物学者トマス・ヘンリー・ハクスリーによれば、破壊的な闘争は動物の社会では一般的な現象であり、「強いもの、敏《びん》捷《しょう》なもの、狡猾なものほど生存競争に勝ち残る」という。[注21]

福祉国家では、人は高齢になって病に倒れるまで生き延びる可能性が高い。しかし、企業間競争をはじめ、産業界や官庁、そして教会のような非営利団体内の**出世争いでも、攻撃型の人のほうが成功し、勝ち残る確率がはるかに高い**（少なくとも短期的には）。それに収入もはるかに多いように思われる。

●他人をコントロールできる

攻撃型の人は、ふつうカリスマ性やあからさまな力の行使によって他人をコントロールする。他人を思いのままに動かし、自分流に事を運んで、貪欲に自分の運命を切り開こうとする。この種の力を高く評価するのはだいたい攻撃型の人である。

攻撃型のふるまい方のデメリット

▼不安が募る

多くの場合、**人が攻撃的にふるまうのは、強いからではなく弱いという自覚があるからだ。**攻撃的にふるまえば敵ができやすい。そのため、さらに攻撃されやすくなって不安に駆られるはめになる。

▼敵をつくって自滅するおそれがある

「偉大なる者には心安まる時はない」という諺は、まさに攻撃型の人にぴったりだ。我々は研修会の参加者に「攻撃的にふるまう人にいつもどう対処していますか」とよく質問するが、だいたい次のように答える人が多い。反抗する、非難する、妨害する、反撃する、手を組む、うそをつく、本心を隠す。

昔の賢人の言葉にもあるとおり、**攻撃型の態度は自らの破滅を招く傾向がある。**旧約聖書のエステル記には、ペルシア王の宰相で非常に攻撃的な権力者だったハマンの話がある。ある時期、ハマンは自分の前でひざまずかなかったという理由だけで、モルデカイを殺そうと企んだ。彼は処刑用に巨大な絞首台を作らせたが、結局、「人々はハマンをモルデカイのために作った絞首台に掛けた」[注22]。

▼自分の自由がきかなくなる

これも奇妙な話だ。なにしろ、攻撃型のふるまい方は自分や他人の生き方をコントロールする手段なのだから。前述したとおり、弱者が強者を手玉に取るケースもよくあるが、それとは別に、他人をコントロールすれば自分の自由を制限することにもなるのである。というのは、コントロールした相手の監視に時間と労力を取られるからだ。これは自主的な隷属状態と言ってもいい。自由が失われるという点では、コントロールされる側とさほど変わりがない。十六世紀に、フランシス・ベーコンはこの矛盾についてこう指摘している。「権力を求めて自由を失うとは、人間の欲望は不思議なものだ」と。[注23]

▼罪悪感にさいなまれる

攻撃型の人が他人の不幸に人一倍鈍感だとしても、自らの威圧的な行為に罪の意識を感じないほど良心や思いやりに欠ける人はめったにいない。

▼人間性が失われる

人を愛し、物を使うのが本来の人間の姿である。だが攻撃型の人は、物を愛し、人を使う傾向が強い。人を「物扱いしている」と言ってもいい。「人を物扱いすれば、自動的に自分自身をも物扱いすることになる」とジョージ・バッハとロナルド・ドイッチュは述べている。攻撃型の行為をするたびにその人の人間性は失われていく。**他人の人間性を侵せば、自分の人間性も損なわれる**ことになるのだ。

▼他人との間に心情的な距離が生まれる

攻撃型の人は自らジレンマに陥る。自分が支配できる人間を誰も尊敬せず、平等な関係をおそれるからである。その好例が十八世紀のプロシアを支配した好戦的なフリードリヒ大王だ。大王は臣下の者たちに絶対的な服従を強いたが、皮肉なことに、死の間際になって「奴隷どもを支配するのはもう飽きた」と漏らしたという。[注24] 大王と同じように、支配的な配偶者、権威主義的な親、抑圧的な教師、攻撃型のマネジャーなどにも、黙従する人間とのつき合いは物足りなくてつまらない、と思っている者は多い。

攻撃型のふるまいをすれば相手の愛情も薄れる。**結局、支配される人間の心は離れていく**のだ。アドルフ・ヒトラーもやはり孤独だった。権力の絶頂期に大衆の喝采を浴びながら、ヒトラーは自分がまったく孤独だと感じていた。ナチスの幹部だったアルベルト・シュペーアの著書には、その点に触れた次のようなヒトラーの言葉が紹介されている。

後継者に権力が移ったことを確認したら、人々はじきにそっちのほうに顔を向けるだろう、（中略）みんなが自分を捨てるであろうと、自嘲まじりにそうつけ加えながら、彼は続けた。「その後は、ときたま昔の同志のだれかれが訪れるだけだろう。しかし私は当てにはしない。ブラウン嬢のほかはだれも連れていかないよ。ブラウン嬢と私の犬以外は、だれにもわずらわされない。自分から進んで私のもとにいつまでもいる者がどうしているかね。だれも私のことなぞ気にしないだろう。だれもかれも後継者の後を追う。多分まあ年に一度、私の誕生日に来るくらいのものだ」（品田豊治訳[注25]）

攻撃型の人が必ずヒトラーのような邪悪な行為を犯すとはかぎらないし、なかには正当な動機をもっている人もいる。とはいえ、人間関係で支払う代償が高すぎる。誰かが言ったように、改革は好まれるが、改革者は嫌われる。

▼健康に深刻な害を及ぼす

たとえば、攻撃型の人ほど、冠状動脈血栓症という命にかかわる病気を患う確率が高い。

▼社会不安を招く

攻撃的な傾向が社会に広まるにつれて治安が悪化し、かつては当たり前だったちょっとした楽しみを気軽に味わえなくなっている。たとえば、公園で夜の散歩を楽しむ、持ち物を公共の場に一時放置する、家を空けて休暇に出かける、ハロウィーンでお菓子をもらいに行くといった「ごくふつうの個人的な楽しみ」を味わうには、事前に我が身を守る方法を慎重に考えておく必要がある。社会に不信感や不安感が増大すると、楽しみや自由が阻害されるのは誰にとっても同じである。

もっとも深刻な問題は戦争だ。今日、信じがたいほど威力のある水爆や生物化学兵器が、地球の全生物の生存そのものを脅かしている。重大な問題はほかにもいろいろあるが、自らの攻撃性をうまく処理する方法を身につけなければ、人間は問題を解決するどころか絶滅しかねない。

自己主張型のふるまい方のメリット

●自分に満足していい気分になる

自己主張が自己評価を高める唯一の要素ではないが、セラピストのハーバート・フェンスターヘインの「**どれほど自尊心をもてるかは自己主張的気質の度合いによって決まる**」という主張は当を得ている。[注26]

●充実した人間関係を助長する

はっきり自己主張すれば前向きなエネルギーが相手に伝わる。また、自己主張型の人は自意識や不安にとらわれず、自己を防衛したり相手をコントロールしたりする必要も感じないだけに、気楽に相手とつき合える。**自分自身に満足しているので、相手もそのぶん安心感をもてる**のだ。親密な人間関係のなかでも、自己主張型の人間同士の関係がもっとも豊かで健全だ。

親密さとは「自分の心の奥にある願望、希望、恐れ、不安、罪悪感などを大切な相手にくり返し表現する能力」と定義づけられているが、このように自己をさらけだすのがまさに自己主張型の態度である。

ただ親密さについては、見落とされがちだがもう一つ大事な特徴がある。ハワード・クラインベルとシャーロット・クラインベルは、『親密な結婚(The Intimate Marriage)』という著書で、親密さとは「人間関係においてお互いが自分の要求をどの程度満たしているかを示す尺度」である、と指摘している。[注27] 自己主張型の人間同士でなければ、お互いに要求をじゅうぶん満足させられない。

結婚生活も友情も親子関係も、自己主張型の生き方によってこの上なく豊かなものになるのである。

●不安や心配が大幅に減少する

自己主張型の対応の仕方を身につけると、それまで特定の状況で感じていた**不安や緊張が明らかに和らぐ、という調査結果が出ている。**自己主張的になればなるほど要求を満たし、自分の身を守れることがわかると、相手に傷つけられるかコントロールされるのではないか、と心配せずに人とつき合えるからだ。

●自分らしい生き方ができる

自己主張によって自分の権利と要求を守れば、望みどおりの生き方ができる可能性が大いに高まる。我々が教える自己主張は結果を重視する。他人の観察と自分自身の経験から、**自己主張型の態度を貫いたほうが要求を満足させやすい**、と私は確信している。もちろん、効果的な自己主張を行っても目的を遂げられないときもある。それでも、私は自己主張型の対応の仕方がもっとも効果的で建設的だと考えている。結果が思わしくなくても、対応の仕方を変えるにはおよばない。ジョン・ラスキンが言ったように、「卑劣な勝利よりも名誉ある敗北のほうがいい」。

自己主張型のふるまい方のデメリット

自己主張型のふるまい方には数多くのプラス面がある一方で、支払うべき代償もある。

▼生活の混乱や崩壊を招くおそれがある

服従的な人はとかく自己主張型のふるまい方のマイナス面を何でも大げさに考えがちだが、不幸な結果に終わる可能性もないとは言えない。

建設的な意見をはっきり主張したばっかりに、職を解雇された例もある。夫婦関係がおかしくなり、どちらかが離婚を求める事態に陥る場合もある。ただし、「効果的な」自己主張を行えばこういう極端な結果になることはめったにない、という事実は強調しておきたい。それどころか、自己主張が上達すれば、どちらかというと人間関係がよくなり、影響力が増して仕事もうまくいくようになる。それでも、何らかの混乱が起こる可能性がまったくないわけではない。

▼相手と対立してつらい思いをするときがある

本音のつき合いは喜びや親しみをもたらす一方で、衝突の原因にもなる。自己主張的《アサーティブ》にふるまうためには、意見の対立があってこそ有意義で対等な関係が構築できると覚悟を決めて、進んでそのリスクを負う必要がある。また、有意義な人間関係では無防備になる必要もある。そうしなければ、永続的な愛の喜びも味わえない（本音でつき合わなくても夢中になれる場合があるが、深みのある人間関係の充実感は味わえない）。とはいえ、あえて無防備の状態になると、信頼できる友人でさえ我々を傷つけるときがある。

自己主張トレーニングでは、しばしば基本的な価値観の再評価を迫る。そのため、参加者はいつの間にか対立する価値観を新たな視点で理解しようと努めるようになる。「ことなかれ主義」を貫いてきた人も、トレーニングを受けた結果、自分の姿勢が当事者双方に悪影響をもたらしかねないとわかれば、価値観の見直しという困難に取り組まざるをえない。ただ、幼いころに身につけた価値観を見直すことを怖がる人が多い。

意志さえあれば必ず変われる

服従型にしろ攻撃型にしろ、これまでの悪習を捨てて新しい効果的な人とのかかわり方を身につけるには、意志の力を働かせる必要がある。言うまでもなく、変化が必要だと頭でわかっていても、また自分らしさを失うわけではないとしても、身に染みついた習慣を変えるのは並大抵の苦労ではない。

自己主張トレーニングは、この習慣を変えるための訓練プログラムだ。このトレーニングによって、自己主張によって生じる変化をより現実的に評価し、価値観の問題を別のわかりやすい観点から見直すことができるようになる。また、学習理論などに基づいた訓練をすれば、悪習を断ち切る方法はもとより、さらに充実した生き方や人とのかかわり方がわかるようになる。

三つの型のバランス

幼いころの条件づけのせいで無意識に服従的なふるまいをする人がいるかと思えば、攻撃的な態度が習い性になっている人もいる。自己主張トレーニングの本来の目的は、どのような状況でも自己主張型の対応をするように指導するのではなく、一人一人がふるまい方を効果的に選択できるようにすることだ。

ヘンリー・エマーソン・フォスディックは「人間に従順な性質が備わっているのはどうしようもない。良くも悪くも、それが何らかの影響をおよぼしているにちがいない」と述べている。[注28] 誰の人生にも、服従型のふるまい方がふさわしい場合もあれば、攻撃型の対応が望ましい場合もある。否応なしに自己主張型のふるまいをするように仕向けるのが本書のねらいではない。

私にしても、他人に従うほうが都合がいいときもある。また、いつかは攻撃的に自分の権利を守る必要が出てくるかもしれない。

時と場合に応じて、人とのかかわり方が服従から攻撃までの間を揺れ動く可能性はあるが、**一般的に、自己主張型のふるまい方がもっともいい結果を得られる、と私は固く信じている。**

まとめ

リスニングと自己主張はいわばコミュニケーションの「陰」と「陽」だ（両極端に位置しながら相互補完的・相互依存的な関係がある）。リスニング能力を養うスキルがあるように、自己主張能力を高めるスキルもある。

人にはみな守るべき個人空間がある。またその一方で、他人や社会に働きかけたいという欲求もある。個人空間を守りながら他人に影響をおよぼす建設的な方法を指導するのが自己主張トレーニングである。

自己主張《アサーション》を理解するには、服従《サブミッション》や攻撃《アグレッション》と対比して考えるのも一つの方法だ。それぞれの対応の仕方にはメリットもデメリットもある。

自己主張トレーニングの主な目的は、主体的な生き方ができるようにすることにある。トレーニングによって、悪習を断ち切り、固定観念にとらわれたふるまい方をやめて、自分が置かれた状況にふさわしい対応ができるようになる。

次章では、特に効果的な自己主張スキルの活用法に焦点を当てる。

第九章

自己主張メッセージを伝える方法

他人がいつもあなたの邪魔をするのは、あなたがそれを防ぐ方法を知らないからだ。[注1]

――デヴィッド・シーベリー（心理学者）

この章では自分の個人空間を守る方法を紹介する。ほとんどの動物は**「闘争－逃走反応」**によって（闘うか逃げるかのどちらかの方法で）自分の生活空間や命を守るが、人間だけはもう一つ選択肢をもっている。それは言葉を使って相手に立ち向かう方法だ。とりわけ効果的なのは、以下の三つの条件を満たす自己主張《アサーション》メッセージを伝える方法である。

- **客観的に相手の行動を説明する**
- **相手の行動が自分にどういう影響をおよぼすかを具体的に明示する**
- **自分の感情をはっきり表現する**

このようなメッセージの作成過程で、思いがけず自分の未知の側面を発見することもある。

言葉による自己主張――人類の第三の選択肢

マニュエル・スミス博士によれば、およそ百万年前に、闘うか逃げるかしかない原始的な対処行動に、三つ目の選択肢を組み込めなかった人類の祖先は絶滅したらしい。それに対して、生き残った祖先たちの言語と問題処理能力が進化によって向上したおかげで、子孫である我々現代人が生まれたのだという。生活空間が脅かされると、脳のこの部分が働いて我々はコミュニケーションを図り、問題を解決することができる。こうしたスキルの有無が、すでに絶滅したか、絶滅の危機に瀕しているか、人間のお情けで生きのびているにすぎない動物と人間との大きなちがいである。

人類の祖先から受け継いだこの闘争―逃走反応は、おおざっぱに言えば攻撃《アグレッション》と服従《サブミッション》に相当する。この種の対処法は今でもたまには役立つが、不適切な場合が多いため、どちらに頼りすぎてもよくない。

スミス博士はこう述べている。

> 私のセラピーを受けにくる患者は、虫が好かないというだけで他人によく腹を立て、攻撃型の態度を取るか、他人をたえず恐れて引っ込み思案になるか、あるいは両極端な自分の反応にほとほとうんざりしている。セラピーを受けるような人のほとんどは、いろいろな形で闘争―逃走反応に依存しすぎた結果、助けを求めているのである。[注2]

遺伝的に受け継いだ闘争―逃走反応のほかに、言語による問題解決法を発達させたのは人間だけだ。この第三の選択肢を活用するときに注意したいのは、正確で効果的な言葉の使い方を知る必要があるという点だ。[注3] 外科手術と同様、自己主張にも正確さが求められる（軽はずみなセリフやとりとめのないコメントは不可）。正当な権利を主張したいなら、正当な表現法を使わなければならない。

人が自己を主張するときは、相手に対して怒っているか、いら立っているか、恐れを感じているのがふつうだ。ただでさえ正確に話すのはむずかしいのに、そうしたストレス状態にあれば、自分の意図を要領よく正確に伝えることはいっそう困難になる。自己主張を行ってしかるべき場合にどういう態度を取っているか、と聞いてみると、「あんなことをされると頭にくるんです。カッとなって自分をコントロールできません」「何かに取りつかれたようになって何もできません。自分の殻に閉じこもって黙って耐えるしかありません」などと言う人が多い。

誰かが我々の私的領域に侵入した場合、身体的なメカニズムによってふつうは言語能力が低下する。ストレスを感じると、低次の脳中枢が高次の脳機能を阻害し、血液の大部分が自動的に脳から骨格筋へ移動する。そのため、言語と問題処理を制御する脳の働きが抑制され、いつものようにうまく話せなくなるのだ。

ストレスを受けた状態で正確に話すのは確かに苦労するが、まったく不可能というわけではない。どれほど恐怖や怒りを感じていても、いかにふるまい、何を話すかを自ら選択することはできるのである。

三部構成の自己主張メッセージ

私は他人に自分の生活空間を侵されたくはない。それを防ぐために、私は自己主張メッセージを伝えて相手の行動を変えるようにしている。ただこれは、他人の生活を思いのままに操ることとはちがう。相手の自由と尊厳も守りつつ、こちらの領分を侵す行動を変えてもらうのだ。

自己主張メッセージの活用法を論じる前に、まずこの問題を直視しなければならない。私的領域を侵す者がいる場合、その行動を変えて正当な境界線を尊重させるような対策を取れば、当事者はもとより社会全体のためにもなる。その際、可能なかぎり効果的で思いやりのある手段を使えば、相手を操ったりコントロールしたりせずにすむ。

「相手を支配せずに断固たる態度を示す」のが効果的な自己主張の特徴だ。つまり、**自らの領分をしっかり守りながら、侵入者の領分も絶対侵さない**ということだ。したがって、具体的解決策を相手に示すことはない。最良の撤退法を見つけ出せるかどうかは相手次第である。だが不思議なことに、こうしたメッセージを受け取ると、相手はたいてい自らのプライドを守りながら私の要求も満たすような解決策を思いつくのだ。

私が提唱する方法は、以下の基準を満たしていなければならない。

①**相手が迷惑な行動を変える可能性が高い**。言い換えれば、自分の領分を効果的に守れる方法でなければならない。

②**相手の領分を侵す可能性が低い**。

③**相手の自尊心を傷つける可能性がほとんどない**。相手の反応はコントロールできないが、自己訓練によって誹謗中傷や罵詈《ばり》雑言《ぞうごん》を口にしないようにすることはできる。

④人間関係を損なうおそれがあまりない。もちろん、きわめて脆弱な関係であれば、どれほど気を配っても、それで関係が終わるおそれもある。とはいえ、脆弱な人間関係で服従型の態度を取るのは、自己主張と同程度か、むしろそれ以上に危険な場合が多い。非常に円満な関係なら、効果的な自己主張によってその関係は長期にわたって揺るぎないものになる。自己主張はふつう成熟した人間同士をつなぐ接着剤の役割を果たす。

⑤相手の対話への意欲を損なうおそれがあまりない。

⑥相手が守勢を強めて関係が損なわれる可能性がほとんどない。相手があまり自分を守らずにすむような言い方をする。相手のストレスが大きければ、警戒心を解くような方法を使う。

本書で提唱する「三部構成の自己主張メッセージ」はこうした基準を満たしている。三つの部分とは、

Ⓐ相手の問題行動

Ⓑその行動があなたの生活にもたらす結果

Ⓒそれに関するあなたの感情

をそれぞれ説明する部分であり、どれが欠けても自己主張はうまくいかない。慣れないうちは、〈あなたがⒶすると、Ⓑだから、私はⒸと感じる〉という決まった形式を使うほうが効果的だ。しかも、一つの文でなるべく簡潔に表現する。たとえば、ある家族で、よく夜食を作るが後片づけをしない子どもが二人いたとする。そこで母親は次のようなメッセージを送る。

Ⓐ相手の行動：あんたたちがカウンターを片づけてくれないと、
Ⓑ結果：そのぶんママの仕事が増えるから
Ⓒこちらの感情：とっても困るんだけど。

家庭を円満にする自己主張

我々のセミナーで自己主張スキルを学ぶと、たいていの参加者は自分のそれまでの対応の仕方と比べてみる。すると、ほぼ全員が「服従型の対応か攻撃型の対応」、あるいは第二章で説明したコミュニケーションを阻害するような反応を示していたと気づくのだ。トマス・ゴードン博士も、「講習会に参加する親が百人いたら、その九十九人までが、子どもの問題行動に適切な方法で対応できていないと言っても過言ではない」と述べている。[注4]

ブレンダ・ジャドソンと息子のブラッドの例を見てみよう。スクールバスが迎えに来る五分前、自分の出勤時刻の七分前に、「靴がないよ」と息子に言われてブレンダはこう応答したという。「どうしてママを困らせるの。自分の着る物をきちんと片づけておかないからこうなるのよ。ママは手伝ってあげないから、自分で汚い部屋の中をさがしなさい。すぐ見つけないとあとでひどいわよ」

ブレンダはその朝の出来事を思い出しながらこう言った。「あのときは、お説教、断定的な判断、脅しなど、コミュニケーションを妨げるような対応をしてたんです。そうこうしている間も時間が過ぎるばかりで、問題は片づきませんでした。結局、靴は見つかりましたが、スクールバスには間に合わなかったんです。私も時間がなくなってますます焦りました。ブラッドはへそを曲げて学校に行くし、私も一日中憂うつな気分でした」

そのあと、ブレンダはセミナーで学んだスキルを使えば別の接し方ができたのではないか、と反省してこう語った。「そもそも、どちらも時間がないのに言い争いをしたのがおかしいんです。手分けしてさがそうとでも言えばよかったんでしょうが。あの子が帰ってきたときも、きちんと話をして自己主張メッセージを伝えるべきでした。『朝あんたが靴を見つけられないと、ママも仕事に遅れるんじゃないかと気が気じゃないから、イライラするの』と言えばよかったんです」。

その後まもなく同じことが起きると、彼女はセミナーで話したとおりの方法を実行した。「本当にうまくいきました。以前は週に一度くらいあんな騒ぎがありました。でも自己主張メッセージを伝えるようにしてから、九カ月に一度しか起きません」とブレンダは言う。

自己主張メッセージを作成するトレーニング

一見かんたんそうに見えるが、実は三つの要素を含む効果的なメッセージを作成するのは、概して手間のかかるむずかしい作業である。というわけで、それぞれの要素をステップ1、2、3として少しくわしく検討してみよう。

「自己主張メッセージを作成する」

【ステップ1】相手の問題行動を客観的に説明する

あなたの領分に侵入してくる者がいれば、その問題行動をなるべく正確に、また客観的に説明しなければいけない。さもないと、あなたがなぜ気分を害しているかがはっきりわからないだろう。

相手が自分の行動を自覚していないのではないか、と考える人はあまりいない。実際、「バカなことを言わないでください。こっちが嫌な思いをするのは承知の上ですよ。向こうはそんなこと気にしちゃいません」という言葉を我々は何度も耳にしている。だが、必ずそうとは限らない。自覚しているものと思い込んでメッセージを送ると、相手がびっくりする場合が往々にしてある。実際にはその意識がない者が意外に多いのだ。相手にメッセージを伝えると、「まいったな、君に迷惑をかけていたとは知らなかった」とか「もっと前に気づくべきだったのに、本当に今までちっともわからなかったよ」と言われたという話をよく聞く。

もちろん、こちらが不快な思いをするとはっきり自覚している例もあるだろうが、そういう場合も、よく考えて自己主張メッセージを送れば再発を防止できるだろう。

自分の個人空間を守りたければ、相手の行動で自分の領分が侵されていると伝えなければならない。これは一筋縄ではいかない。向こうがすぐに気づくほど正確に説明できる人などめったにいないからだ。効果的な説明をするには、以下のガイドラインが参考になるだろう。

問題行動の説明ガイドライン

①あいまいな言い回しを避けて明確に述べる

自己主張メッセージのなかにも、表現が一般的で具体性に乏しく、何を言いたいのかはっきりわからないものがある。相手の行動を正確に説明しなければ、要求を満たすことなどおぼつかない。

次の例を見ていただきたい。

［明確な行動説明］

(a)**おまえが学校に行く前に私道の雪かきをしなければ……**

(b)**きみが今週三回仕事に遅刻すれば……**

(c)**（シチュエーション：車でいっしょに通勤している夫婦。妻は支度が遅い。そのため二人とも仕事に遅刻することがよくある）七時半までに出勤の用意ができないと……**

［あいまいな行動説明］

(a)おまえが自分の役目を果たさなければ……

(b)きみが我が社の規定を無視すれば……

(c)ぐずぐず朝食を食べていると……

どの例についても、前者の表現なら相手は行動をどう変える必要があるかが正確にわかる。後者では、具体的な行動を言葉で正確に表現していないため、どの行動が問題なのかがわかりにくい。

問題行動の説明ガイドライン

②行動説明に限定し、推測を排除する

相手の行動を説明しようとすると、実際の行動よりむしろ動機、態度、性格などを推測して述べる場合がよくある。次の例を比べていただきたい。

［ありのままの行動説明］

(a)（シチュエーション：私は委員会の議長）きみが今日のように発言が多すぎて、何度も人の話をさえぎれば……

(b)（シチュエーション：私は委員会の議長。相手は会議の終わりに意見発表すると約束していた）意見発表の二十分前にきみは退場したが、そんなことをすれば……

［推測が含まれた例］

(a)きみが会議であれほど他人の迷惑を考えない態度をとると……

(b)会議が退屈だからといって予定より早く席を立つと……

前者の行動は「観察できる」ものであり、聴覚と視覚が健全ならば、出席者は誰でも同じ行動に気がついたはずだ。後者は相手の胸の内を推測した表現である。自分の意見発表を待たずに会議場を二十分前に出たのは確かな事実だとしても、その情報だけでは、相手が退屈していたのか、腹を立てていたのか、人と会う約束があったのか、気分が悪くなったのか、あるいはほかの理由で早く退出したのか、はっきりわかるはずがない。メッセージに推測が入ると効果が薄れるのは勘違いが多いからだ――たとえ推測が当たっていても、相手がそれを認めるとは思えない。

自己主張理論《アサーション・セオリー》では個人の感情も個人空間の一部とみなされる。我々には他人の感情をコントロールする権利はないが、他人が我々の個人空間に侵入すれば、その行動の変更を求めることはできるのである。

問題行動の説明ガイドライン

③断定的な判断を避け、客観的な説明を心がける

自己主張メッセージでは、相手の行動が「不謹慎だ」「愚かだ」「下品だ」「よくない」「間違っている」などとほのめかすことはない。また、「底意のある」言葉、風刺、皮肉、一般論、絶対的な言葉、誇張、汚い言葉なども含まれない。それどころか、対人関係を損なう原因になりやすい「攻撃的」な要素、「評価的」な要素を排除するのが、適切な自己主張メッセージの特徴である。

人格攻撃を含む表現と比較してみよう。

［客観的な行動説明］

ⓐ女性は有能なマネジャーになれないとおっしゃるなら……

ⓑ他の受講生をさしおいてあなたが何度も発言すれば……

［人格攻撃を含む断定的な表現］

ⓐ男性至上主義のブタみたいなまねをすれば……

ⓑ頭がおかしくなっておしゃべりがやめられないなら……

「決して」「いつも」「たえず」といった絶対的な言葉を含む表現と比較してみよう。

[客観的な行動説明]

(a)迎えに来るのがたびたび遅れるようでは……

(b)あなたが私の発言中に割り込んでくると……

(c)あなたが出口を塞ぐように駐車すると……

[絶対的な言葉を使った表現]

(a)「いつも」時間通りに迎えに来れないようでは……

(b)あなたが「たえず」私の話に割り込んでくると……

(c)あなたが「必ず」出口を塞ぐように駐車すると……

汚い言葉を含む表現と比較してみよう。(意見が対立しているときに悪態をつけば、相手はよけいに感情的になって守勢を強める傾向がある)

[客観的な行動説明]

(a)夕食に遅れると電話で知らせてくれなければ……

(b)約束した時間までに車の修理ができないなら……

［汚い言葉を含む表現］

ⓐ毎晩ほっつき歩いて夕食に遅れるなら……

ⓑこのうそつきめ。四時にはできるって言ったじゃないか

いくら避けようとしても、いつの間にか、偏った判断や当てこすりがある程度話に紛れ込むものだ。我々はふつう次のように言葉を使っていると言われている。「私はしっかり者、あなたは強情っ張り、あいつはどうしようもない石頭。私は利口者、あなたは策士、あいつは詐欺師」と。

客観的に行動を説明したつもりでも、断定的な判断を示す言葉が紛れ込んでないかどうか、あとで入念に確かめてみよう。

［客観的な行動説明］

ⓐ用がすんだら缶切りを元の場所に戻さないと……

ⓑ洋服にお金を使いすぎると……

［当てこすりや断定的な判断が「紛れ込んだ」表現］

ⓐ私がわからないところに缶切りを「隠す」と……

ⓑ私たちが「苦労して稼いだ金」を「必要のない」服に無駄づかいすると……

ときには断定的な判断や攻撃的な要素を捨てきれない人もいる。そういう人に対して我々はこう問いかけることにしている。「相手の行動を変えて関係を維持するつもりがあれば、自己主張メッセージを試してみませんか、それとも、あまり見込みはありませんが相手に文句を言いますか？」と。本書の目的は、読者にどうふるまうべきかを教えるのではなく、服従・自己主張・攻撃という三つの対応の仕方のちがいを示し、それぞれの結果をある程度正確に予想することにある。

問題行動の説明ガイドライン

④行動説明はなるべく簡潔にする

自己主張メッセージに不要な言葉を使う人も多いが、私はなるべく簡潔に表現し、自分の要求を相手がはっきり理解できるように心がけている。余分な言い訳や情報をつけ加えず、本質的な事柄だけに絞ることだ。相手のいくつかの行動をまとめて一つの自己主張メッセージに盛り込む人もいるが、私はふつう一つの行動だけに焦点を合わせている。

［簡潔な行動説明］

あんたがたびたび夕食に遅れると……

［冗長な表現］

あんたがサッカーにすっかり夢中になって、家族のことを忘れ、泥まみれで帰ってきて、夕食に間に合わないと……

後者の親は子どものどういう行動を変えたいと思っているのだろうか？　スポーツに夢中になっているのが気にくわないのか、それともサッカーをしてほしくないのか？　家族のことを忘れないでほしいのか？　そもそも「家族のことを忘れない」とはどういう意味か？　夕食の時間を守ったり服を汚さなかったりするほうが大事だと言いたいのか？　**自己主張メッセージでは何を表現しないかも大事である。どうでもいい情報を必要最小限のメッセージにつけ加えてはいけない。**枝葉末節の問題や説明は省くにかぎる。全体のメッセージを一文に圧縮すべきである。

問題行動の説明ガイドライン

⑤必ず本題について自己主張を行う

自己主張を行う場合、本当に悩んでいる問題とは別の事柄に問題を「すり替える」人が多い。ときには対人関係の大問題に取り組むのを恐れるあまり、比較的無難な問題ばかりに矛先を向けることがある。たとえば、夫が妻の多額の洋服代について自己主張を行うとする。だが実は、就学前の子どもがいながら妻がフルタイムの仕事に就いたことに夫が頭を悩ませている、という場合も考えられる。だとすれば、妻が買い物を控えたとしても肝心の悩みは解消されない。おそらく夫は妻の柔軟な姿勢を評価するどころか、また別の問題を見つけて「自己主張」を実行するだろう。

それとは逆に、「些細なこと」をあれこれ言う気になれないときもよくある。「私はそんな取るに足りない問題にこだわるような『ちっぽけ』で『気むずかしい』人間じゃない」というわけだ。本当に寛大な気持ちで相手を許せるときもあるにはあるが、表面的には受け入れているように見せかけて、実はますます募るいら立ちをやっと抑えているケースが大半だ。

些細なことがいら立ちの大きな原因になるケースはめずらしくない。大西洋岸から太平洋岸までアメリカ大陸を徒歩で横断したある人物が、旅の終わりに記者たちに質問を浴びせられたときのこと。ある記者が「一番たいへんだったのはどういう点ですか？　ロッキー山脈、砂漠の暑さ、それともシカゴのような人通りの多い大都市ですか？」と質問した。するとその人物は、「どれでもありません。靴の中に砂が入るのが一番つらかったですね」と答えた。

人間関係でも、「些細なこと」が思った以上に深刻な問題に発展することがある。ヘイズン・ワーナーは「ほとんどの場合、夫婦の絆は大嵐で岩にぶつかっても壊れません。たえず小石にぶつかっているうちに、つまり、小さないざこざやどうでもいいように見える日常生活のイライラによって摩耗するのです」と書いている。[注5]ジョゼフ・サバス判事も、自ら審理した十万件に及ぶ離婚訴訟を振り返ってこう述べている。**「夫婦関係が壊れるのは、派手な口論や暴力のせいではありません。それまでさまざまな形でたえずぶつかり合ってきた結果なのです」**。他の人間関係——親子、上司と部下、友人同士、仕事仲間など——でも、だいたい同じことが言える。つまり、自己主張型の対応を怠ると、**一見些細に見える問題が大問題に発展しかねない**のである。

夜になって新聞を読みたいと思ってもどこにあるかわからない、誰かが大音量で音楽をかけているのでドアを閉めていても集中できない、食後の汚れた皿と食品のパッケージが家中に散らかっているが、誰も片づける者がいない——もしこんなことが実際に起きたら、おそらくあなたは自分の私的領域を侵されたと感じるだろう。だが残念ながら、**「こんなものは取るに足りない。気にしない」と自分に言い聞かせる人が大勢いる**のである。あるいは、**「これくらいのことで言い争いまでしたくない」と思っているのかもしれない。**

セミナーで数多くの参加者を指導してきた経験から、小さなイライラが積み重なれば、やがて大きな感情問題になりかねない、と我々は確信している。ありふれたつまらない要求でも、それが満たされなければ憤懣《ふんまん》が募り、相手を受け入れる気持ちが薄れてつき合いが苦痛になる。その結果、「大きな」問題が生じたときには、解決がはるかに困難になるのである。

この蓄積した憤懣は、**最終的に「より大きな」問題に集中する。**たとえば、本当に自分を愛してくれていればあんなまねはするはずがない、と思って相手の行動に腹を立てる人がいるかもしれない。その人が自己主張を試みて相手の行動を変えられたとしても、愛情や敬意を確かめるのが本当の目的なら、それだけでは満足できず、同じことをきりがないほど繰り返す可能性がある。「本当に私を愛していれば、そもそもこんな自己主張すら必要なかったはず」と考えていれば当然だ。こういうときは、いくら相手の行動を変えても無駄である。

無意識のうちに、人はしばしばいら立ちや怒りを数々の些細な問題から一つのより大きな問題へと移しかえる。自己主張の目標を、実際の迷惑なふるまいからより「妥当」だと思われるものにすり替えるのである。そうなると、通常の自己主張で得られるような解決策は期待できない。

自己主張の目標がすりかえられると、お互いの間にずれが生じて修正が困難になるため、全体的に関係が悪化しやすい。このように本題を回避する偽の自己主張は、めったに役に立たないどころか、むしろ友人関係、夫婦関係、それに職場での人間関係の妨げになる。

問題行動の説明ガイドライン

⑥自己主張の相手をまちがえてはいけない

ちがう相手に意見を主張することは誰にもある。いわば「八つ当たりの自己主張」だ。職場でごたごたがあれば、家に帰って言いたいことを言う。あるいは、上司に向けるべき矛先を部下に向けたり、誰かを身代わりにしたりするかもしれない。特定の生徒だけに説教していた不公平な教師に誰でも思い当たるふしがあるのではないか。自己主張の相手をまちがえては問題を解決できない。それどころか、まちがえられた人への対応がむずかしくなるし、その人が所属する集団との関係も悪くなる。

「自己主張メッセージを作成する」

【ステップ2】自分にどういう影響があるかを具体的に述べる

自己主張メッセージが効果を発揮するのは、三つの要素の中でもこの部分に負うところが大きい。

相手にある行動を自主的に変えてもらいたいと思うなら、納得のいく理由を伝えたほうが効果があるに決まっている。私の経験では、自分が他人の領分を侵しているか、正当な権利をおびやかしていると気づくと、人は進んで行動を修正するのがふつうである。

この部分の有効性は、自分の行動が確かに悪い結果を招いた、と相手が考えるかどうかにかかっている。一番説得力があると思われるのは、「目に見える具体的な影響」を伝えることだ。[注6]**「目に見える具体的な影響」**とは、余計な金がかかる、所有物が台無しになる、時間がかかる、余分な仕事が増える、失業する危険がある、仕事の能率が落ちるといった、いわば物質的・実質的な悪影響を指す。こうした事情をうまく説明すれば、たいてい相手は納得して態度を改める。私の場合、これまでこのやり方によって九十～九十五パーセントまで要求を満足させることができたと思っている。

具体的な例を見てみよう。以下はセミナーの参加者が作成した自己主張メッセージである。

〈余計な金がかかる〉

【行動説明】――車を使った後はガソリンを満タンにしてくれないと

【具体的な影響】――私がガソリン代を「余計に払わないといけない」から

【感情表現】――公平じゃない気がする

〈所有物が台無しになる〉

【行動説明】――私が貸した工具を雨ざらしにすると

【具体的な影響】――「さびてうまく使えなくなる」から

【感情表現】――困る

〈時間がかかる〉

【行動説明】——仕事の後で迎えに来るのが遅れると

【具体的な影響】——あなたの車を待つ間の「時間が無駄になる」から

【感情表現】——イライラする

〈仕事の能率が落ちる〉

【行動説明】——職場に電話してきて長話をされると

【具体的な影響】——「仕事のスケジュールが狂う」から

【感情表現】——ストレスになる

〈余分な仕事が増える〉

【行動説明】——汚れ物を洗濯かごの中に入れないと

【具体的な影響】——洗濯のときに「余分な手間がかかる」から

【感情表現】——頭にくる

この部分のメッセージを書くときによく問題になる点が五つある。

まず第一に、**自分の領分が侵されているという意識がない、と話す人がかなり大勢いる**ということだ。もちろん、そういう人たちが実際に侵害を免れているわけではない。ふつうの関係であれ重要な関係であれ、人の私的領域に土足で踏み込んでくる者は必ずいる。思い当たるふしがないのは意識から締め出したからにすぎない。本気で訓練すれば、ほとんどの人は他人の侵害行為をもっと見抜けるようになる。

二つ目は、**一般的に、こうした物質的・実質的な侵害行為はほかの行動に比べると大したことはない、と考えられている**ことだ。「確かに、息子が工具を雨ざらしにしたのも頭にきますが、本当に腹が立つのは、親に対する礼儀がほとんど感じられないという点です」と語った父親もいる。十代後半のある女性も婚約者についてこう話す。「貸してあげたレコードを傷とほこりだらけにされるのも嫌ですが、本当に嫌なのは、私を自分のものと思っていることなんです」。

自己主張トレーニングにはありがちだが、こういう人は取るに足りないような問題に頭を悩ませるより、「より重要な」問題をどうにかしたいと思っているのである。たしかに価値観にかかわる問題に比べれば、具体的な影響をもたらす問題はどうでもいいように見えるかもしれない。だが実際には軽視できないケースが少なくない。

具体的な影響について言及した自己主張メッセージは、人間関係の目に見えない部分に影響をおよぼす可能性が高い。息子が工具を戸外に置きっぱなしにしなければ、父親に対する「より礼儀にかなった態度」の明確な表明になる。また、息子が父親の訴えに従えば、父親の心中に蓄積された怒りも和らぎ、親子の絆が強まる。効果的な自己主張だけでも、ふつうはコミュニケーションが円滑になり、お互いに対する敬意と好意が深まりやすいのである。

三つ目の問題点は、**相手の行動に対していろいろ強い感情こそ抱くものの、結果として具体的な影響は受けない場合がよくあるということだ。**たとえば、ティーンエイジャーの我が子に「おまえがジーンズをはいて学芸会に行ったら、困るし（感情表現）腹が立つ（別の感情表現）」と言った親がいる。ここでは自己主張メッセージの二番目の要素「具体的な影響」が抜けているのが分かるだろう。この種のメッセージにはたいてい自分の**価値観を押しつけようとする**ねらいがあるため、相手の領分に立ち入ることになる。そして価値観の問題が絡むときは、結局、自己主張型の対応より攻撃型の対応をするはめになる。[注7]

親子関係でよくセミナーで議論になるのは、**多くの親が子どもの部屋の片づけ方に怒りと不満を感じている**という問題だ。一般的に、親は部屋をきちんと整理し、服などの自分の持ち物を管理することを重視するのに対して、子どもは活発に遊ぶ、社会生活を営む、友人とともに時間をすごす、スポーツをするといった活動を優先する。

こうした価値観にかかわる問題をはっきりさせるには、「子ども部屋は誰のものか？」と自問してみるにかぎる。我が家では、子ども部屋は子どものものであり、自主的に管理しなければならないと決めているので、どちらの側にも不満はない。ただし、全員が使う場所——居間、ダイニングルーム、キッチンなど——については、親の価値観を優先し、整理整頓を守らせている。

小学校の教師も同じようなジレンマに直面する。生徒は机を自分の個人空間とみなし、何でも好きな物を乱雑に詰め込んで片づけないからだ。この場合も、「机は誰のものか？」と考えれば問題がはっきりする。

自己主張トレーニングでは、他人の価値観に影響を与えようとしてはいけないと教えるのではなく、**価値観の問題に関するかぎり、三部構成の自己主張メッセージは使えない**と指導する（そもそも、「相手の行動が自分の生活空間におよぼす具体的な影響」については何も書けない）。

当事者以外の人間が影響を受けるときがあるのも問題だ。**肝心なのは自己主張を行うあなた自身に対する影響**であり、第三者の代わりにメッセージを送ろうとしてはいけない。いくら相手が不愉快な人物でも、あなたの領分を侵さなければ、三部構成の有効なメッセージは使えない。

最後の問題点は、**本当の理由を隠す場合がある**ということだ。ショーンとモリーという新婚夫婦の例を見てみよう。夫のショーンは、金曜日の仕事が終わると同僚とバーで一杯やるのが習慣だった。それが気に食わないモリーは、「あなたがクローバー・クラブで遅くまでお酒を飲んでいると、『家の用事が片づかない』から、嫌だわ」と訴えたという。後日モリーは私にこう打ち明けた。「あれはまずい言い方でした。嘘をついたんです。私が嫌だったのは、家の用事が片づかないからじゃなく、夫といっしょにいられないからなんです。結局、最後まで正直に言えませんでした。お酒の話なんて実はどうでもよかったんですが。それからはコミュニケーションがうまくいかず、夫婦関係が本当に悪くなりました」。

効果的な自己主張には率直で嘘のないコミュニケーションが不可欠だ。本当の理由を隠してもともらしい嘘をつけば、せっかくの自己主張メッセージが台無しになる。

我々が具体的な影響を明示することに焦点を当ててきたのは、それがきわめて重要だというだけでなく、それを回避しようとする人が多いからでもある。ほかにも多種多様の重要な自己主張があるが、詳しい説明は後の章に譲る。

自己主張のなかには、具体的な影響があるのかどうかはっきりしない、いわば「不明確な」カテゴリーに分類されるものもある。ただ、こういうケースでも、メッセージを受け取った相手はその主張を「認める」のではないかと思われる。「不明確なカテゴリー」に分類されるのはたとえば次のようなものだ。

	行動説明	影響	感情表現
(a)	きみといっしょに計画したのに、いざというときにキャンセルされると	ほかの友だちに頼むには遅すぎるから	頭にくるよ
(b)	ぼくがテレビを見ているときに大きな音を出されると	番組に集中できないから	イライラするんだ
(c)	電話の伝言は正確に受け取ってくれないと	情報がないし、大事な用でも折り返し電話できないから	どうしていいかわからんよ
(d)	七月の終わりの二週間は休暇を取ってほしいと頼んだのに、あなたが返事をしてくれないと	夏の予定が立てられないから	困るわ
(e)	週末に早起きするのはいいが、静かに朝食の支度してくれないと	予定より一、二時間早く目が覚めるから	腹が立つ

【ステップ3】自分の感情をはっきり表現する

自己主張メッセージの三つ目の構成要素は、相手の行動がもたらす影響について自分がどう感じているかを説明する部分である。たとえば、仕事をもっているある女性は、夫と相談してひとつの取り決めをした。自分が出張のときは、夫に責任をもって家事をしてもらうことにしたのだ。そうすれば帰宅後にたまった家事を片づけずにすむはずだった。ところが一週間の出張旅行から疲れて帰ってみれば、掃除も洗濯もされた形跡がなく、台所の流しには数回分の食事の汚れた皿が山積みにされていた。そこで彼女は、夫に向かってきっぱりとこう言った。「あなたが決めたとおりに掃除洗濯をしてくれないと、『とても腹が立つの』」と。

自分の感情を正直にさらけ出せば、メッセージの重要性が強調される。この種のメッセージを送れるようになると、率直な感情表現こそ、相手の心を動かし望みどおりの結果を得る決め手だとわかるだろう。

現代心理学における自己主張トレーニングの草分けは、アンドリュー・ソールターが行った心理療法の革新的なアプローチと、彼の重要な著書『条件反射療法（Conditioned Reflex Therapy）』[注8]とされている。ソールターの特に大きな功績は、率直な感情表現を重視したことだ。

自己主張トレーニングの指導者のなかで、世間一般の人は自分の感情を確認し、伝えるのに苦労する、という事実をはじめて発見したのはソールターだった。ある大学教授は我々のセミナーに参加したあと、そうした一般人の気持ちを代弁するかのように、「私の場合、頭はよく働いてくれますが、感情の働きが鈍いんです。自分がどう感じているのかよくわかりません。実際、自分の感情を知れば知るほど、かえって表現するのに苦労します」と話してくれた。

感情表現については問題点が三つある。

まず第一に、ある感情を別の感情に置き換える可能性がある。そもそも恐怖を感じているのに怒りをあらわす人もいる。たとえば、子どもが大きな音を出して親を驚かせたとしても、親はその恐怖については一言もふれずに激しく怒るかもしれない（その怒りは恐怖心から生まれたものではあるが）。我々の用語を使えば、一次的感情を**「二次的感情」**に置き換えるのである。

自己主張を効果的なものにするには、感情の置き換えを克服する必要があるが、幸いにもかんたんにやめられる方法がある。それは「相手の行動で迷惑をこうむったとき、『真っ先に』私はどう感じたか」と自問してみることだ。たいていの場合、一番はじめに抱いた感情が一次的感情――自己主張メッセージの中で表現すべき感情――になる。もう一つの方法は、自分の感情を置き換えるパターンを認識することだ。たとえば、悲しみや自分の弱さを感じたときによく怒る人は、次に怒りやストレスを感じたときに、その底に無力感や悲しみがないかを確かめよう。また、怒るかわりに泣く傾向がある人は、悲しみがこみ上げてきたら、その裏に腹が立つ要因がないかどうかをすばやく考えてみよう。

二つ目の問題点は誇張だ。感情の「強さ」を正確に表現するのも容易ではない。イライラしているだけなのに「腹が立つ」と言ってみたり、はらわたが煮えくり返るほど怒っているくせに「むしゃくしゃする」とだけしか言わないこともめずらしくはない。

いろいろ強さのちがう言葉から自分の気持ちにぴったり合うものを選んで使えば、感情表現の精度は上がる。たとえば、「落ち着かない」「心配だ」「怖い」「ゾーッとする」というような言葉が使えそうなときには、気持ちがうまく伝わるものを慎重に一つ選んだほうがいい。また、「ちょっと心配だ」「とても心配だ」という具合に、程度を示す言葉をつけ加えて強さをあらわす手もある。

自己主張メッセージで開示する感情は正直なものでなければいけない。説得力を高めようと考えて強い感情を抱いているかのように見せかけるのは、相手を操るようで感心しないし、逆効果を招くおそれもある。本物の感情に敏感な人は、誇張された感情にしばしば不審の念を抱き、メッセージにあまり反応を示さない。また、感情を控えめに表現すれば主張が十分に伝わらず、相手が行動を変える気にならない。どちらにしても自己主張の効果は大きく損なわれる。

感情表現における三つ目の問題点は、批判的な言葉を選ぶ可能性があるということだ。自分の感情をさらけ出すというより、相手の人格を中傷するような表現になりやすいのだ。たとえば、「狭いオフィスであなたがタバコを吸うと、いつも目やのどがヒリヒリして『ひどい目にあってる』んですが」という言い方はしないほうがいい。感情をあらわす言葉をかえて「狭いオフィスであなたがタバコを吸うと、いつも目やのどがヒリヒリして『つらい』んですが」と言えばよくなる。

どうやって自分の感情を知るか

「どうすれば自分の感情を確認できるのか」とよく聞かれるが、それには三つのやり方が有効だとわかっている。

一つは、**素直に自分の感情に耳を傾けてみる**こと。ジョン・パウエルは「何の理屈もつけずに自分の本当の気持ちを認める心構えができていれば、自然にわかるだろう」と述べている。[注9]

もう一つは、**体の声に耳を傾ける**ことだ。頭が痛いとか筋肉が緊張するときは、たいていコミュニケーションの主要経路、つまり体を通じて感情が何かを訴えようとしている。それがわかってきたころ、私は受け取るメッセージはもちろん、自分の体がたえずメッセージを発信しているという事実にも驚いた。内容が気に入らなければ何週間も無視するときがあるが、それでも体は休みなく何かを語り続けている。メッセージをまた受け取る気になれば、いつでも豊かな感情生活を取り戻せる。残念ながら、あまり長い間無視するとメッセージを聞き取る力は衰える。

三つ目の方法は、実際に**感じている気持ちを表に出す**ことだ。自分自身にそっと言い聞かせてもいいし、他人に話してもいい。あるいは、笑う、泣く、叫ぶ、踊る、セックスをするなど、行為で表現してもかまわない。感情を表に出せば出すほど、感情に敏感になるものだ。

ネガティブな感情はスッキリ排除

積極的な感情表現によって得られるメリットは大きい。前に述べたように、自己主張メッセージのなかで自らの感情を開示すれば、ことの重大さが伝わって、相手は真剣に迷惑行為を改めようとする可能性があるし、相手に対するポジティブな感情も解き放たれる。経験からいっても、いったん相手に対して「ネガティブな」感情を吐き出せれば、開放的な気分になり、長い間封印されていた「ポジティブな」感情が顔を出す可能性がある。

前向きに感情を表現する人ほど、心身ともに健康になりやすい。アンドリュー・ソールターによれば、ほとんどの人は「溜め込んだ感情」に苦しんでいる、という。[注10]便秘が体によくないのは言うまでもないが、溜め込んだ「ネガティブな」感情もたえず排出される必要がある。さもないと、心身の健康も対人関係も損なわれるだろう。

自己主張メッセージの作成は成長の旅

セミナーの指導員も参加者も一様に興味をそそられるのは、**神経を集中させて自己主張メッセージを作成している最中に、自分のさまざまな未知の側面を発見する**場合があるということだ。

おそらく自分に対する見方がもっとも大きく変わるのは、相手の行動の具体的な影響を表現しようとするときだろう。このときには、価値観の問題にかかわったり、相手の領分を侵害したりするような不適切なメッセージを意識的に取り除いていかなければならない。その結果、自分の領分をうまく守れるようになると同時に、相手の個人空間、価値観、生活などを尊重し受け入れやすくなる。**自分の縄張りが守られることで、縄張りを守ろうとする相手の気持ちも理解できるようになるのだ。**「こういうメッセージを書けるようになったおかげで、これまで以上に『自分らしい』生き方ができるようになったし、他人の生き方も尊重するようになりました」と語った人もいる。

自己主張メッセージの作成に伴う自己発見の旅は、刺激的で実りも多い。とはいえ、メッセージの作成は一筋縄ではいかない。相手の行動を正確に表現できる言葉を探し、自分の感情を見極めるのは容易なことではない。ストレスを感じながら相手に感情を開示し、自らを無防備の状態に置くのはもっとむずかしい。また悔しいことに、せっかく作ったメッセージも、具体的な影響が表現されていないか、相手の領分を侵す内容になっているとわかれば破棄せざるをえない。

幸いなことに、わずかながらこの選別過程を通過したメッセージは、相手の行動を変えられる可能性が高い。また、**誠実な自己主張によって相手とかかわれば、結びつきが強化され、より対等で充実した関係を構築できる。**我々のセミナーで自己主張トレーニングを受けた参加者のほぼ全員が、この自己発見と成長の旅は経験する価値があると認めている。

まとめ

ほとんどの生物はさまざまな方法で自分の縄張りを守っているが、その方法は基本的に二つのカテゴリー――闘争か逃走――に分類される。もう一つの選択肢――言葉による自己主張――をもつのは人間だけだ。

言葉による自己主張にも、効果的な方法と効果のない方法がある。特に有効なのは、三つの要素からなる自己主張メッセージだ。三つの要素とは、客観的に相手の行動を説明する部分、相手の行動がおよぼす具体的な影響を明示する部分、そして自分の感情を表現する部分を指す。

自己主張メッセージを作成する過程で、自己の未知の側面を数多く発見する場合もよくある。

第十章

自己主張に対する防衛反応

当事者がお互いの話に傾注せず、それぞれ自分の殻に閉じこもって自己正当化を図ると、対話が困難になる。[注1]
——R・L・ハウ（神学者、教育者）

不意打ち

次のような場面を想像していただきたい。自分の領分に誰かが侵入し、あなたは明らかに迷惑している。こういうときには激しく抗議するのがふつうだが、あなたは前章で学んだスキルを使って自己主張《アサーション》メッセージを伝える。皮肉、批判、非難、誇張などは一切排除する。メッセージの作成中に「ネガティブな」感情をある程度発散し、最後には相手が要求をのむという自信もあったので、伝える声にも「とげ」がなく、ボディー・ランゲージにも敵意はあらわれていない。このように丁重な対応を心がけたにもかかわらず、相手に口汚くののしられたとすればどうだろう。

ベスはメッセージの「書き方」を学んだものの、まだすべてのプロセスを習得したわけではなかった。セミナーでは最後まで待つようにと注意を受けていたが、ベスはメッセージを試してみようと思った。彼女はそのときの出来事をこう話している。

「三人の友達と満員のレストランで食事していたときのことです。隣のテーブルの女性がタバコを吸いはじめ、煙がこっちのほうに漂ってきていました。私はアレルギー体質なので、目が痛くなるし、のどや鼻もおかしくなりました。そこではっきり自分の気持ちを伝えようと思って、角が立たないように冷静にこう言ったんです。『そこでタバコを吸われると困るんですが。私はアレルギーがあるので、タバコの煙で何時間も体の調子がおかしくなることがあるんです』とね。非難するようなメッセージじゃなかったから、てっきりやめてくれるものと思っていました。でも信じられないことに、その人は、タバコをやめろなんて言うのは厚かましい、こっちにも吸う権利がある、店のどこにも禁煙の表示はない、と言ったんです。私も嫌煙権があると反論しました。どうやらこれがカチンときたようで、『近ごろの若い子（私は三十代前半ですが）はこれだからイヤなのよ。みんなこれまでのやり方を毛嫌いしているんだから』とまで言われました。『アレルギーで煙が苦手だからやめてください、と頼んでいるだけです』と私が主張すると、今度は、礼儀知らずだの厚かましいだのとけなすばかりで、結局タバコをやめてくれませんでした」

初心者にとっては、この種の反応はまったく想定外だ。なにしろ悪いのは向こうなのだから。ふつうなら相手を口汚くののしってもおかしくないところだが、ベスは理性を失わず、客観的に話している。ところが、彼女の控え目な態度や心遣いをありがたいとも思わずに、相手は激しく食ってかかったのである。

こういう反応が返ってくると、初心者はたいがい不意をつかれた気分になる。アメリカが真珠湾で奇襲攻撃を受けたように、心の準備ができていないのだ。だが、これは人間の行動には「よくあること」だ。自己主張には防衛反応がつきものなのである。

自己主張メッセージを効果的に伝えるには、**相手の防衛反応を予想し、それに対処する方法を習得する必要がある**。このスキルを習得するには、後述する六段階のプロセスに従うことが望ましい。自己主張がうまくいかなければ、どの段階でつまずいたのかをこれでチェックできる。

人間には自己防衛的性向がある

自己防衛的性向はあらゆる人の生活に大きな影響をおよぼし、[注2]建設的な決断や行動を妨げる場合が多い。親友といっしょにいるときですら、何となく反発されそうな気がして発言に用心深くなる。こうした傾向は生活のさまざまな面で見られるため、人が自己主張メッセージに防衛反応を示しても、いまさら驚くには当たらない。グレゴリー・ボームは次のように書いている。

率直な話し合いには常に強さが求められるが、とりわけそれが必要なのは、特別な言葉が自分に伝えられる場合だ。特別な言葉とは、我々のアイデンティティが問われるような言葉、自分の破壊的で浅はかな側面を暴露するような言葉である。（中略）我々はこの特別な言葉に常におびえているため、つい身構えたくなる。それに耳を傾けたが最後、打ちのめされて立ち直れないのではないか、と思いがちだ。（中略）心を開いて真実を受け入れようと思っても、そのとおりにできるという保証はない。それどころか、人は反応したり行動したり新しい生き方をしたりすることに大きなためらいを感じるものだ。[注3]

我々は自己主張に対して予想される防衛反応を、特別に**「プッシュバック現象」**と呼んでいる。

自分のテリトリーから立ち退くように要求する自己主張メッセージですら「プッシュ（圧力）」と受け取られ、決まったように「プッシュバック（反発）」が起こる。

どれほど表現に工夫しようと、自己主張メッセージが歓迎されることはめったにない。自分が他人の領分を侵し、明らかに迷惑をかけたと知って喜ぶ者がいるだろうか？　他人の生活に悪影響を与えたとわかれば気分が悪いに決まっている。したがって、非の打ち所がないメッセージでも、相手の防衛反応を誘発しかねない。我々はセミナーの参加者にこう注意をうながしている。「うまく表現できたメッセージでも、受け取った相手がほめてくれると期待してはいけません。攻撃してくるか、何らかの防衛反応を示すと覚悟しておいてください」と。

防衛反応の悪循環

社会心理学者のジャック・ギブ博士は、八年にわたってさまざまな場面の会話を録音し、人間の自己防衛的性向を調査した。その結果、**一方が保身的な姿勢を示せば、他方も同じように反応しやすい**ということがわかった。[注4] **会話が進むにつれて、保身的な姿勢が強まって悪循環が生じ、お互いがますます攻撃的・破壊的になる**ケースがよくあるという。

このような悪循環が顕著に見られるのは、一方が他方に対して自己主張を行うときだ。メッセージの受け手は必死に自分を守ろうとするため、その内容を曲解し、敵意に満ちた反応を示しやすい。

その反応によって、今度はメッセージの送り手が防衛反応を示し、激しい言葉で反撃することになる。いったん悪循環に陥って激しい非難の応酬が始まると、自己主張の目的をはたせないまま、関係が損なわれ、お互いの自尊心も傷つきかねない。

最近、私が聞いた話を例にとってみよう。

エヴェレット：「君が工具を外に置きっぱなしにすると、さびるから頭にくるんだ」

シャーリーン：「あなたがちゃんと修理してくれたら、なにも私がこんなもの扱わなくてもすんだのよ」

エヴェレット：「今週は忙しくてそれどころじゃないのはわかってるだろ。こっちは毎晩仕事を持ち帰ってやってるんだ」

シャーリーン：（皮肉な調子で）「日曜の午後と月曜の夜は暇じゃないのかしら。ずっとサッカーを見てるけど」

エヴェレット：「でも少なくともおれは家事そっちのけでくだらんメロドラマなんか見ない。あんなものを見るのはバカしかいないよ」

これはまだほんの序の口だ。このあと、すぐに言い争いが激化する。エヴェレットがシャーリーンの母親について何か不満を漏らすと、シャーリーンはエヴェレットのセックスの弱さをこきおろし、最後は物を投げ合って「台所の流し以外に」投げる物がなくなったという。

エヴェレットはこう語る。「その夜のことは尾を引きました。二日後に一応仲直りはしましたが、長い間けんかの原因も思い出せませんでした」

自己主張の六つのステップ

防衛反応が予想されるときは、ただ漫然とメッセージを伝えるだけでは思いどおりの結果は得られない。私の同僚やセミナーの参加者たちを見ても、また私自身の経験からいっても、段階をふんで自己主張を行ったほうが成功率が高い。その段階とは、

①準備する
②メッセージを送る
③沈黙して間をとる
④防衛反応に〝反映〟型リスニングで対応する
⑤必要に応じてステップ②〜④を繰り返す
⑥解決策に焦点を当てる

という六つのステップだ。

①準備する

自己主張メッセージを伝える準備が、自己主張の成否を左右する場合がある。準備の第一段階は、事前に**メッセージを書いてみること**だ。これには重要な効用が二つある。一つは、胸の中のモヤモヤをある程度発散できること。もう一つは、うまくできれば自信がもてるということだ。そのメッセージが簡潔で妥当なものであり、相手を非難せずに自分の要望を満たせる、と思えるようになるのだ。初心者がアドリブでやろうとしても、そううまくはいかない。

メッセージの妥当性を検証することも準備の一部である。私は四つの点について検証している。まず、ⓐ「私は相手の領分を侵していないだろうか?」と自問してみる。相手の行動がおよぼす具体的な影響をメッセージに書いていれば、あまりその心配はない。

次は、それがはたしてⓑ「持続的な懸案事項[注5]」に関する自己主張なのか、と考えてみる。はじめての相手にまでまともに立ち向かうのはあまり感心しない。この検証によって対人関係の災いのもと──小言を言うこと──を回避できる。

さらに、ⓒ相手との間に基本的な信頼関係ができているかどうかも自らに問いかける。信頼関係ができるまえに自己主張を行えば、相手との関係にもモチベーションにも深刻な悪影響が出る可能性が高い。

最後に、ⓓ自己主張によって要望がかなう見込みがあるかどうかを検証する。

はじめて試すときは有利な条件で行うのが自己主張トレーニングの鉄則だ。成功体験を積み重ねていけば、徐々に難易度の高い自己主張に取り組むことができる。この四つの検証で数多くのメッセージが除外されるだろうが、残ったものは相手の行動を変えるだけでなく、相手との関係を強化する可能性も高い。

多くの場合、自己主張の準備は会話のリハーサルにもなる。たとえば、アメリカの大統領は記者会見の前に報道官や政策顧問と会うが、こうした人々は、前もって予想されるありとあらゆる質問を大統領に浴びせかける。このリハーサルのおかげで、大統領は厳しい質問にも一定の反応ができるようになり、実際の記者会見でそつのない受け答えができるのだ。トルーマン、ケネディ、ジョンソン、ニクソン、フォード、カーターといった大統領はときどきこのような準備をした。それをどう呼んでいたかはともかく、彼らはみな、自己主張トレーニングのなかでも特に有効な「行動リハーサル」というテクニックを使っていたのである。

行動リハーサルでは、まず伝えたいメッセージを書き上げ、練習相手にはじめは保身的な反応を示すように指示し、少し手本も見せる。最初のリハーサルでは、練習相手の好きなようにやってもらう。大事なのは、必ず自己主張と〝反映〟型リスニングを交互に行うことだ。あとで本番の相手の予想される反応を教えてもかまわない。練習相手がその通りにできるに越したことはないが、必ずしもその必要はない。無理な注文はしないことだ。プロセスに従って行えば当初の目標は達成できるはずである。

場所も慎重に選びたい。できれば邪魔が入らない静かな所。公の場所は避けたほうがいい。（ただし、セミナーのクラスや家族などの集団で、メンバーの間に確かな信頼関係があり、集団全体にかかわる問題について経験者が自己主張を行う場合には、公の場が望ましいときもある）当事者のどちらかに有利な場所を選ぶのか、それとも「中立的な」場所を選ぶのかを決めよう。はじめてのときは、「こちらの土俵」にしたほうがいいだろう。あとで邪魔は入らないと確信がもてれば、他の場所を選んでもいい。

タイミングも大事だ。相手が家族なら、夕食前の一番あわただしい時間帯（全員が疲れているうえに、腹を空かせてイライラしている時間帯）はなるべく避けたい。

自己主張六つのステップ

②メッセージを送る

準備がすべて整ったら、いよいよメッセージを送る番だ。メッセージをどう伝えるかも自己主張の成否に影響する。

私はいわゆる「世間話」は省いて、いきなり本題に入るが、高圧的な態度を取らずに真剣な気持ちを伝えたいと思っている。そこで次のように、少し前置きの言葉をかける場合もある。

ボブ：「今日はぼくのために時間を取ってくれてありがとう」（場合によっては、ポーズを置いて相手が話をするのを待つ）

サリー：「忙しいけど、私も会いたかったのよ」

ボブ：「本当に感謝している。これで今悩んでいる問題を解決できるよ。サリー、実は君が……すると、ぼくは……だから……と感じるんだ」

この直接的なアプローチとは裏腹に、雑談から入ると真剣味が薄れるきらいがある。たとえば私がサリーの息子がリトルリーグで優勝投手になった話をすれば、サリーは私の意見をそれほど真剣に受け止めず、早急な対応が必要だとも思わないだろう。

非言語的要素も言葉づかいに劣らず重要だ。自己主張型メッセージを言葉でじゅうぶん伝えている間に、ボディー・ランゲージがその効果を高める働きをする。あなたが本気で意見を主張し、断固たる態度で要求を満たすつもりだということも、相手に敬意を払っているということも、ボディー・ランゲージを通して伝わるのである。

同じ言葉を口にしても、ボディー・ランゲージによって相手に伝わる印象がちがってくる。たとえば、クララとボーイフレンドのドンはデートの約束をした。ドンは車で夜七時にクララを迎えに行くことになっていた。ところが、ドンがクララの家に到着したのは八時十五分。遅れるという電話連絡も玄関での釈明もなかった。そこでクララがドンに対して次のように言ったとすればどうだろう。

［クララの口頭メッセージ］

「ええと、たしか七時の約束なのに、あのー、八時十五分に迎えに来てもらっても、そのー、とても困るんだけど。一度着替えたら部屋のペンキ塗りを続けるというわけにもいかないし」

［クララのボディー・ランゲージ］

静かな声。ためらいがちな話し方。「あのー」「そのー」「ぁー」「えー」などの多用。視線を合わせない。うつむいた姿勢で身につけたアクセサリーをいじり回す。ドンから百五十センチほど離れて立つ

こうした服従型のボディー・ランゲージでは、クララの言い分が真剣に受け止められたとは考えにくい。

次の例のように、攻撃型の対応をしていたとすれば、ボディー・ランゲージもまったくちがうものになっていたはずだ。

［クララの口頭メッセージ］

「七時の約束なのに、『あなた』が『はーちー時・じゅうーごー分！』に来ると、こっちはとっても困るのよ。着替えた後じゃ部屋のペンキ塗りをやってしまうわけにもいかないでしょ」

［クララのボディー・ランゲージ］

けたたましい大声。早口。「あなた」という言葉を非難するような調子で強めに言う。あざ笑うように唇をゆがめながら、ドンが来た時間をわざと長く引っ張って発音する。ドンから五、六十センチほど離れて立ち、人差し指を相手の胸に突きつけながら話す。敵意に満ちた視線をじっと相手に向ける。ドンが謝って釈明すると、あきれたように目を白黒させる。

もちろん、この種のボディー・ランゲージは相手の協調性を助長するものではないし、自己主張の目的にも反する。むしろドンがその腹いせに、相変わらず待ち合わせに遅れて来るか、あてつけに非常識なほど早い時間に来るかもしれない。あるいは大人しく言うことに従うが、クララと距離を置いてつき合うようになるおそれもある。

クララが自己主張型の対応をした場合、ボディー・ランゲージはおそらく次のようになっていたのではないか。

［クララの口頭メッセージ］

「七時の約束なのに八時十五分に迎えに来てもらったらとても困るの。一度着替えると部屋のペンキ塗りを仕上げるわけにもいかないから」

［クララのボディー・ランゲージ］

穏やかだが真剣な声。両足をしっかり踏ん張り、ドンから一メートルほど離れて立つ。

じっと視線を合わせるが、目に敵意はない。やや身を乗り出し、この問題に対する意欲的な姿勢を示す。

自己主張メッセージが効果を発揮する場合には、言語とボディー・ランゲージが協調し、補完し合っているものだ。

以下に自己主張型のボディー・ランゲージとはどういうものかを少しまとめてみる。

◎姿勢

相手と正面から向き合う。真っすぐに立つか座る。少し身を乗り出し、相手と適当な距離を取る。頭を真っすぐに保つ。両足でしっかり立つ（座っているときも両足を床に下ろす）。腕や脚を組まずに「オープンな」体勢を保つ。

◎アイコンタクト

相手の目を直視する。しっかり視線を合わせれば真剣な気持ちが伝わりやすいが、威圧的な凝視は避ける。ときどき目をそらせば、攻撃的にならずにすむ。

◎顔の表情

顔の表情もメッセージに合わせる。相手の行動に怒って抗議している最中に、無意識にほほえむか恥ずかしげに笑う人がよくいるが、それではメッセージの意味があいまいになる。鏡を見ながら練習するか、リハーサルの相手役からフィードバックをもらって、表情をチェックする。

◎ジェスチャー

彫像のようにカチカチにかたくなってはいけない。適当に身ぶり手振りを交えるとメッセージを強調できるが、逆効果になるときもある。特に、大げさなジェスチャーやジェスチャーの使いすぎは、どんなものでも相手の気を散らす可能性が高い。テーブルをドンドンたたいたり人差し指を突きつけたりすれば、相手は守勢を強めるおそれがある。一方、肩をすくめる、口を隠しながら話す、そわそわする、アクセサリーをいじる、足を組みかえる、歩き回るといった仕草を見せれば、メッセージのインパクトが著しく弱まる。

◎声

ささやくような声や単調な話し方では、効果はあまり期待できない。自己主張トレーニングの先駆者ロバート・アルベルティとマイケル・エモンズは、こう述べている。

声はコミュニケーションのもっとも重要な手段の一つである。実際に何かを強調したいと思うときに、あなたは声の調子を変えているだろうか？　声の大きさはどうだろう？　普段はやっと聞き取れるくらいの小声で話しているのではないか？　その気になれば大声を出せるだろうか？　あるいは、いつも怒っていると誤解されるほど大声で話しているのだろうか？　自分の声をコントロールできれば、自己主張能力を高めるための強力な手段を手に入れたことになる。[注6]

私が自己主張を行うときは、だいたい静かな声ではっきり話すようにしている。なぜそう冷静になれるのかとよく聞かれるが、それには二つ理由がある。私の場合、メッセージを作成する段階で、感情をかなり発散させている——したがって、感情がうっ積することがあまりない——というのが一つ。もう一つは、成功体験が豊富なので、自分の主張を相手に受け入れてもらう自信があるからだ。

◎息

じゅうぶん息を吸うことも案外大事である。肺の中に空気がなくなると胸がしぼみ、あまり自己主張型の態度には見えないし、気力も出ない（自己主張を行うには気力はいくらあってもいい）。また、不安が増大して自己主張力が阻害されかねない。それに、自己主張にふさわしい声を出すためにも胸いっぱいに空気を吸い込む必要がある。

一般的に、人は不安になるとある程度息を止める傾向がある。だが、両足で床を踏みしめ、前屈み（呼吸しにくい姿勢）にならず、**胸いっぱいに息を吸うようになると、自己主張にふさわしいボディー・ランゲージが飛躍的に増える**ケースが多い。

ボディー・ランゲージは相手ばかりか、自分にも影響をおよぼす。私も胸を張って、背筋を伸ばし、両足で床を踏みしめ、胸いっぱいに息を吸い込むと、自己主張の気力がみなぎるのがわかる。そういうときは、あまり不安になったり落ち込んだりせずに、やる気と自信が出てくるものだ。

自己主張六つのステップ

③沈黙して間をとる

適切なボディー・ランゲージとともに簡潔なメッセージを伝えたら、少し間をとろう。何も言わずに黙るのだ。そうすれば、何を考えるかはともかく、相手に考える余裕ができる。相手はまず自分を守ろうとするのがふつうだ。言い訳をする場合もあれば、攻撃したり自分の殻に閉じこもったりするときもある。防衛反応が起きるのは当たり前であり、起きないほうがおかしい。何も言わずにそういう気持ちを表現させてやれば、やがて相手はこちらの要求を聞き入れる気になる。その後のやりとりでも、**沈黙して間をとると、相手はお互いに満足できる解決策を自分で考え出すことができる。**

セミナーに参加したカナダのある大学の学長が、私にこう漏らしたことがある。「あなたの説によれば、こっちが満足するような解決策を向こうが思いつくはずですが、私の場合、そんなことは一度も起きませんでした」と。私はそのときの状況をロールプレイで再現するように提案した。その結果、相手が自発的に解決策を見つけられるだけの間をとっていないということがわかった。その点を指摘してもう一度練習してもらうと、今度はうまくいった。その後、彼はメッセージを伝えたあとに黙って間をとることがいかに重要かを、実際の人間関係でも実感できたという。

自己主張六つのステップ

④防衛反応に〝反映〟型リスニングで対応する

メッセージを伝えたあとに黙って間をとると、必ずと言っていいほど相手は防衛反応を示す。その場合、自己主張を繰り返す、メッセージの説明をする、攻撃型の態度を取るといった対応をしがちだが、「ギアの切りかえ」をして、予想される**防衛反応に〝反映〟型リスニングで対応することが何より肝心だ。**図10－1が示すように、ふつうは自己主張が完結するまで何度かギアの切りかえが必要になる。

ここで〝反映〟型リスニングを行う利点は四つある。

まず、**相手の保身的な姿勢が弱まる。**敬意をもってフィードバックすれば、相手の警戒心が薄れるため、防衛反応の悪循環が断ち切られて建設的な会話がまたできるようになるのだ。この効力は特筆に値する。自分の目で見るまでは信じられない、という人が多いにちがいない。我々のセミナーでは、ビデオテープでその劇的な効果を見ることもできるし、他の参加者の経験談を聞くこともできるが、本書の読者はそういうわけにはいかない。活字を読んで納得できなければ、実際に自分でスキルを試してみるしかない。

二つ目の利点。**リスニングから得られる情報のおかげで、自己主張を続ける必要がなくなる**場合もある。たとえば、私の息子は高校生で車の運転免許をもっているが、未成年者なので夜九時まで

［図10-1］自己主張プロセスにおいて、自己主張と〝反映〟型リスニングの「ギアの切りかえ」で相手の防衛反応の度合いがどう変化するかを示した図表。折れ線の左側が話し手の、右側が聞き手の反応を示す。（トマス・ゴードン博士の図表を参考にした）

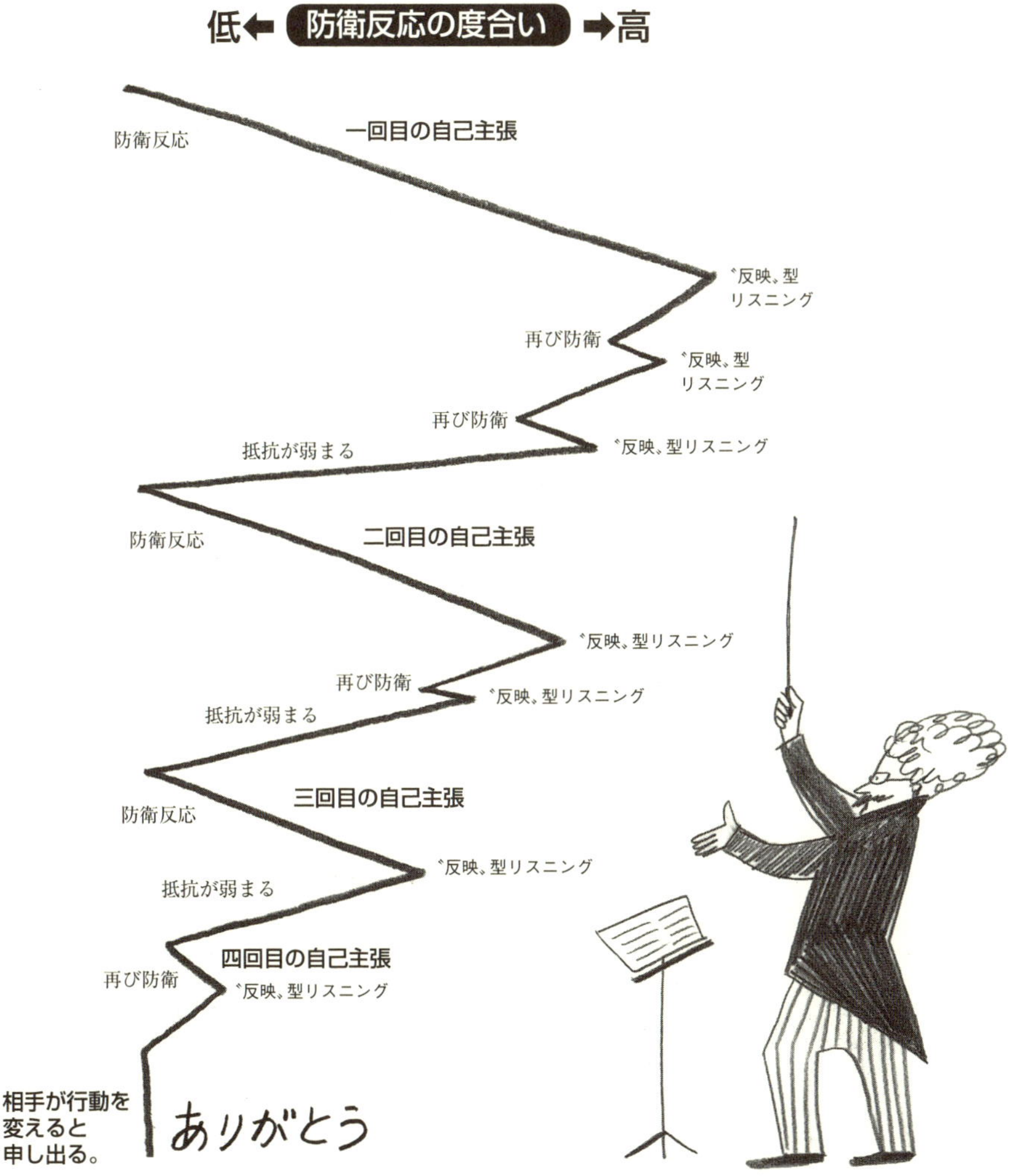

に家に帰る義務があった。バスケットの練習から九時半に息子が帰宅したとき、私ははっきりそれを指摘した。すると息子は、法律によれば学校の課外活動で遅くなる場合は例外だ、と教えてくれたのである。違法でなければ帰宅時間が遅れても私はかまわないので、それ以上追及する理由はなかった。

三つ目の利点は、**相手が強く望んでいるものがあなたの要求と相容れないとわかる**場合があることだ。そういうときは、方針を変えて共同で問題解決に当たってもいい。こういう例がある。ある大学の学生寮のカウンセラーが、管理人に対して「床と流しが汚れたままになっていると、不潔な環境で仕事をしなくちゃいけないから落ち着かないんですが」と言った。管理人の反論を聞くと、予算の削減で掃除を受け持つ区域が以前の倍になったという事情がわかった。また管理人には残業できない理由もあったため、自己主張よりも協力して問題を解決したほうがいい（第十四章参照）、とカウンセラーは気がついた。その結果、二人はお互いの要求を満足させる方法を見つけたという。

四つ目の利点は、**あなたやあなたとのつき合いを相手がどう見ているかを知る手がかりが大量に得られやすい**ということだ。守勢にまわった相手の言葉は、実際よりもはるかに過激な印象を与える可能性があるものの、無視できない重要な手がかりだ。自己主張を行わなければ、この種の情報はあまり表に出なかったはずだ。この情報に素直に耳を傾ければ、関係を改善するためのさまざまなヒントが得られるだろう。（ただし、〝反映〟型リスニング以外の方法でこういう情報を引き出そうとしてはいけない）

いずれにせよ、自己主張のあとで〝反映〟型リスニングを行えば、ほとんどの場合、相手の保身的な姿勢が弱まる結果になるのである。

ここでいくつかの典型的な防衛反応とその対処法を紹介しておこう。

◎敵意に満ちた反応に対処する

どれほど優れたメッセージでも、相手は敵意のある攻撃と受け取る場合が多い。メッセージに耳を傾けるどころか、「ほとんどの人はそのときまさに反撃の機会をうかがっている」[注7]。その反撃には、あなたを守勢に追い込み、ダメージを与えるような言葉が使われる。ふつうは自己主張で指摘された問題に対処せず、自分は安全圏にいながらあなたに大きなダメージを与えられるような点を問題にするのだ。[注8]

第一線の現場監督をしているジョーンは、マイクの作業能率が悪いので組立てラインの他の人に影響が出ている、と面と向かってはっきり言った。マイクはそれに対して敵意に満ちた態度を見せるが、ジョーンは〝反映〟型リスニングで対応する。

ジョーン：「あなたの作業能率はいつもの月より三十パーセントも落ち込んでるわ。これ

では部署全体の生産性が落ちるし私の給料も減らされるから、困るのよ」

マイク：「おれ以外の連中はちゃんと働いているって言うんだな。男をみんな目の敵にしてるんだから、あんたにはほんとにまいるよ」

ジョーン：「能率が悪いと言ったのは、本音を隠す口実だと思っているのね。あなたが男だから私が怒っていると」

マイク：「そのとおり。あんたらウーマンリブの連中は、人をやっつけることしか考えないようなイヤな女ばかりじゃないか」

ジョーン：（自分をウーマンリブの運動家とは考えていない）「今どきの女性はほんとに押しが強いから、うんざりしているのね」

マイク：「ああ。母親らしく家にいて子どもの世話でもしたらどうなんだ」

ジョーン：「私が働かないで子どもの世話をしたほうがいいと思ってるの？」

マイク：「そうだよ。学校から帰っても母親が家にいなかったら、子どもは一体どうなるんだ？」

ジョーン：「マイク、あなたの成績がいつもの月より三十パーセントも悪いと困るのよ。部署全体の生産性が落ちるし私の給料も減らされるから」

このやりとりでマイクの発言にジョーンがどう反応しているかを検討してみよう。

まず第一に、とりわけ**感情を重視しながら、マイクの本音をくみとってフィードバックに反映**させている。彼女は三回続けて〝反映〟型のフィードバックをしているが、回数には意味がない。一回ですむときもあれば、五、六回やってようやく相手の保身的な姿勢が緩み、また自己主張メッセージを伝えるチャンスが出てくるときもある。

第二に、女性らしさ、性格、ウーマンリブ、子どもの世話などの議論を避けて、**脇道にそれないようにしている**。どんな話題であれ、一つでもマイクの誘いに乗れば「不毛な」言い争いになるし、何か意見を言えば話が本題からそれて肝心の要求が満たされない、と彼女にはわかっていたからだ。議論に引きずり込まれるのを頑なに拒んだため、彼女のセリフは自己主張メッセージと〝反映〟型のフィードバックにかぎられている。

第三に、**敬意をもって相手に接している**。個人攻撃を受けているときにも、批判的な言葉を使っていない。その口調はへりくだってもいないし嫌みでもない。姿勢や顔の表情には真剣な気持ちがあらわれていたものの、決して攻撃型のものではなかった。困難であっても、彼女はマイクのものの見方を本気で理解しようと努力していた。

最後に、**再び自己主張を行っている**。最初とほとんど同じ言葉を最後にくり返しているのは、ご多分にもれず、マイクもはじめのメッセージをまともに聞いていない、とわかっていたからだ。この自己主張を計画したときから、苦労は覚悟の上だった。また、批判的な言葉が無意識に紛れ込むおそれがあると自覚していたので、念のために同じメッセージをくり返したのである。

このあとマイクがまた守りを固めると、ジョーンは〝反映〟型リスニングで対応し、もう一度同じメッセージを伝えた。このプロセスがさらに数回繰り返されたあと、マイクがジョーンの要望を満たす解決策を思いつく。ジョーンは彼に感謝し、週に一度話し合って、思惑どおり事が運んでいるかどうか確認しようと提案した。その一週間後、マイクの成績は年間を通じて最高レベルに達していた。

「ジョーンがマイクにあんな好き勝手なことを言わせておくのはよくない」という意見もあった。ところが、本人は意気揚々としていたのである。なにしろ、自己主張によって自分の要求を満足させたばかりか、とりわけ扱いにくい部下との関係も改善されたのだから。「自分がいい気分になれたという点が特によかったと思います。その週はずっと、いわばハイの状態になってました」とジョーンは言う。

◎反問に対処する

自己主張メッセージに対する防衛反応はほかにもいろいろある。[注9]「反問」もその一つだ。聞き手が困る質問をすれば話をそらすことができる、と相手は思っているのかもしれない。何はともあれ、あなたが質問に答えている間はあれこれ言われる心配はないし、解決策を考えずにすむ。こんな場合、私は一つのルールに従うことにしている。その反問には答えず、〝反映〟型リスニングで対応するのだ。どんな質問でも、次の例のように自分の言葉に置き換えて相手に投げ返すことができる。

ゲイル：「ママは子どものころいつも皿洗いをしてた？」
母親：「自分でしなかったことをやらせている、って思ってるのね」

自己主張を行う場合、余分な情報はほとんど必要がない。必要があれば、客観的な表現で具体的かつ簡潔に伝えるべきだ。そのあとは、何も言わずに間をとって、相手が次の段階に進めるようにしよう。

◎議論を回避する

場合によっては「議論」を吹っかけられることもある。「正当な根拠がない」ときでも機転を利かせ、言語能力を駆使して議論に勝とうとするような人がいるのだ。こういう人は、ひたすら明確な理解を求める非常に客観的な人間と見せかけて、自らの迷惑行為をやめようとはしない。議論は勝つか負けるかの勝負だ。向こうが勝てばこっちが負けるし、こっちが勝てば向こうが負ける。いずれにしろ、自己主張はそっちのけで、要求は満たされず、お互いに負けたくないので関係も損なわれる。議論を拒否して〝反映〟型リスニングに徹すれば、要求を満足させられると同時に、お互いの関係も強化できるだろう。

◎泣き落としに対処する

もっぱら涙で対抗する人もいる。泣き落としでその場をしのごうとするのはよくある手だ。この方法はあいにく抜群の効き目があるが、私には通用しない。私はその涙も悲しみも本物だと思っている。自分の過ちを指摘されて（あるいは、締め切りに間に合わなかったなどの理由で）相手が悲しい気分になっている、という事実を私はまずフィードバックに反映させる。それから穏やかに、だがきっぱりともう一度自己主張を行っている。相手の動揺があまりに激しいようであれば、後日改めて話し合いを続けるように提案する。そのときまでに相手の心の動揺がおさまっていれば、二回目の自己主張を行って一気に問題を解決するのだ。

◎引きこもりを阻止する

身の危険を感じると甲羅に閉じこもる亀のように、自分の殻に引きこもって対抗する人もいる。こういうタイプの人は、自己主張のあとでじっと黙り込んでしまうおそれがある。ボディー・ランゲージに不満や失意があらわれる場合もあるが、たいてい無表情なので感情を読み取りにくい。もっとも、相手が不自然に黙り込めば、居心地の悪い思いをしながら自分を守っているとわかる。こういう場合、私はしばらく口を閉ざし、相手のボディー・ランゲージから気持ちを読み取ってフィードバックを返してから、再び自己主張を行う。それでも相手が何も言わないときは、たとえば「その件については話したくないんですね。私の要求通り、約束の時間に車を届けていただけるんですね。念のために来週の日曜に連絡します」と言ったりする。あくまでもこの種の自己主張の目的は相手の行動を変えることにある、という点は心得ておきたい。なにも相手を楽しませる必要はないのである。

ここまで見てきたのは、典型的な防衛反応とその対処法だ。もちろん防衛反応はこれ以外にもたくさんあるが、ありがたいことに、**基本的な対処法は変わらない。すなわち、（特に感情を重視して）〝反映〟型リスニングを行い、再び自己主張メッセージを伝えるというやり方だ。**

◎相手が非を認める気持ちをくみとる

防衛反応への対処に追われて、相手がやっと自分の非を認めるような発言をしても気づかないときがある。表現が遠回しであいまいなため、いつ気が変わったのかわかりにくいのだ。自分を弁護するような発言の最中にちょっとほのめかす場合もある。あなたがそれに気づいてフィードバックに反映させれば、時間の節約になるし、お互いのストレスも減るだろう。

「いやー、ほんとに迷惑をかけたよ。今後はそんなことがないように……」というセリフが素直に言える人はまずいないと思ったほうがいい。こういうときは、きわめて用心深くなるのが当たり前だ。相手が非を認めるか解決策を提示するとしても、まったく気づかないほどカモフラージュされている可能性がある。その種のほんのわずかなニュアンスのちがいを察知すること（そしてそれを相手にフィードバックすること）も、重要な自己主張スキルの一つである。そのあとは、沈黙し、相手に考える時間を与えることだ。このスキルに習熟すれば、望みどおりの結果をはるかに迅速に得られる。

⑤必要に応じてステップ②〜④を繰り返す

ここまでのプロセスを一通り終えたら、必要に応じて

②メッセージを送る

③沈黙して待つ

④相手の防衛反応に〝反映〟型リスニングで応じる

の三つのステップを繰り返す。**相手は自分を守るのに必死で、おそらくあなたの立場から問題を把握できていない。**そこでまた同じことをするのだ。多くの場合、相手が事情を本当に理解し、満足のいく解決策を提示するには、このプロセスを五回から十回繰り返す必要がある。

自己主張がうまくいくかどうかは、自己主張と〝反映〟型リスニングのリズムによって決まる。この二つのスキルの切り替えほど教えにくいものはない。ほとんどの人が自己主張のあとでリスニングをすることを忘れてしまうからだ。相手の防衛反応に対して批判的な発言をするので、言い争いになり、せっかくの自己主張が攻撃型のやりとりになるのである。かといって、聞き役に甘んじて再び自己主張をしなければ、結局相手を慰めるだけで自分の要求は満たされないままになる。自己主張を成功させるには「ねばり強さ」が不可欠だ。**失敗するのは、たいてい最初の防衛反応であきらめてしまうからだ。相手の行動を変えるには、通常三回から十回（一連のステップをくり返して）自己主張メッセージを伝える必要がある。**

何度かくり返しているうちに、一時的に膠着状態に陥るかもしれない。相手はあなたのメッセー

ジを逐一覚えていたとしても、まだ本当に理解していない可能性がある。そこで「感情を強める」（声の調子やボディー・ランゲージによって強い感情を伝える）必要が生じる。

感情を強めるといっても計画的に相手を操るわけではない。防衛反応を何回か見せられると、おそらく感情のボルテージが自然に上がるだろう。怒りや不満が募るにつれて、それを相手にぶちける危険性も増す。**感情が高ぶっているときには、前に使った言葉をまた使うにかぎる**（そうすれば、メッセージが非難中傷や見当違いの発言になる心配はない）。感情が高ぶるにしたがって不純な要素が紛れ込む可能性が高まるだけに、なおさら冷静なときに作成したメッセージを使う必要があるのだ。

いくら腹が立っても、敵意も見せず、攻撃型の態度も取らずに誠意をもった対応ができるものだ。大切なのは演技をしないことだ——感情表現は実際より大げさでも控えめでもいけない。お互いに感情が高ぶれば、相手の話に耳を傾けるのも困難になる。だが、こういうときこそ、〝反映〟型リスニングが必要なのである。アレン・フランクによれば、**「成熟した大人の特徴の一つは、感情と理性の働きがバランスの取れた関係にあり、理性を失わずに感情表現ができることだ」**という。[注10]自己主張を行えば、こうした絶妙なバランスを維持することができる。感情をじゅうぶん表現しながら、当事者がお互いの領分を守り、関係を保つことができるのである。

自己主張がいつもうまくいくとはかぎらない。リスニングを忘れる、上手にメッセージを伝えられない、感情に注意を向けるのを忘れるなど、失敗はつきものだ。失敗が多すぎる場合はともかく、あきらめずに続ければ、効果が期待できるだろう。

相手が何の防衛反応も示さず、即座に要求を受け入れるとき（あっという間に一件落着という場合）もたまにある。防衛反応を想定したトレーニングに慣れた人は、こういうときの対処に戸惑う傾向があるが、解決策を確認したうえで「ありがとう」と言えばじゅうぶんだ。

自己主張六つのステップ

⑥解決策に焦点を当てる

相手を窮地に追い込まないという点も、自己主張メッセージが功を奏する理由のひとつである。私が解決策を提示しても、相手は何も答える義務はない。自分でも何か満足できるアイデアを思いつくかもしれない。相手が自分で解決策を見つければ、譲歩の産物ではなく自分の案として提示できるため、失った尊厳を取り戻せる。激しいやりとりをしたあとでも、相手が満足のいく解決策を提示すると、お互いに気分がよくなるものだ。和解が成立すれば、お互いの関係はさらに強固なものになる。

ここでは以下の点に注意しよう。

ⓐ相手が提示する解決策が満足のいくものかどうかを確認する

柔軟な姿勢でなるべく選択肢の幅を広げておく必要があるが、相手の提案に不満があればはっきりそう伝える。提案を拒否したあと、しばらく相手に考える余裕を与えたほうがいい。その間に相手は別の策を考えつくか、また自分を守ろうとするだろう。いずれにしろ、望ましい結果を得ようと思えば、沈黙して間をとる必要がある。

(b)相手が快く要求を受け入れるかどうかは問題ではない

自己主張によって相手の行動は変わっても、考え方を変えたり（そうなる場合もあるが）、生き方を悔い改めたりするところまでは期待できない。相手がブツブツ言おうが微笑みを浮かべようが、迷惑行為をやめてくれるだけでありがたいと思えばいい。

(c)解決策を言い換えて相手に伝える

これによって確実に共通理解が得られるし、相手の心に解決策を刻みつけられる。

(d)相手に感謝の気持ちを伝える

このプロセスは非常に困難な作業が続くため、基本的な礼儀を忘れるおそれがある。

(e)解決策の効果をお互いに確かめる機会を設ける

どれほどすばらしい提案でも、うまくいかずに手直しが必要になるときがある。あるいは、わざと実行する気がないような解決策を相手が提示するときもある。解決策の効果を確認するように打ち合わせておけば、あなたが本気であり、ごまかしは通用しないと相手も気づくだろう。

まとめ

自己主張メッセージを受け取った相手は、防衛反応を示す可能性が高い。当事者の一方が保身的な姿勢を示せば、他方も同じような反応を示す傾向がある。その傾向が強まって悪循環が生じると、結局お互いが攻撃的になったり疎遠になったりする。

予想される防衛反応に前向きに対処しながら自分の要求を満たすには、以下の六つのステップに従って自己主張を実践する必要がある。

①準備する
②メッセージを送る
③沈黙して間をとる
④防衛反応に〝反映〟型リスニングで対応する
⑤必要に応じてステップ②～④を繰り返す
⑥解決策に焦点を当てる

第十一章

自己主張の選択肢を増やす

自己主張を身につける過程は外国語の学習に似ている。まずは単語やフレーズ、基本的な文法を憶えていく。あるとき子どもの語彙で会話ができるようになり、学びつづければ流暢に話せるようになる。新しい技術を習得するにつれて、外国語を自由に操れるようになる[注1]。(宮田貴子訳)
——ハーバート・フェンスターヘイン(精神科医)、ジーン・ベア(作家)

無意識から生まれた多様な自己主張《アサーション》

自己主張の方法にもいろいろある。前章までは三つの構成要素、

Ⓐ相手の問題行動
Ⓑその行動があなたの生活にもたらす結果
Ⓒそれに関するあなたの感情

をもつ自己主張メッセージについて説明した。

本章ではこの基本を踏まえたうえで、自己主張に関するさらに十二の方法を概説する。実のところ、こうした「方法」はどれも方法と呼ぶにはふさわしくないほど型にはまらないやり方だ。そのほとんどは、ふつうの人間が自分や他人の行動を観察して見つけたものであり、その行動も意識的なパターンに従わない自然なものだったと思われる。その自然な行動がなぜ対人関係に好ましい影響をおよぼすのかを調べているうちに、特定のパターンがあるということがわかった。それを記録したものがガイドラインとなり、教えたものが方法となって一般に普及したのである。

本章で取り上げる方法は、どれも大勢の人々が経験し、記録してきたものだ。ここでは要点を紹介するにとどめるが、くわしく知りたい方は巻末の原注を参考にしていただきたい。

こうした方法をじゅうぶん学んで練習を重ねれば、ガイドラインをあまり意識せずにより自由に表現できるようになる。

さらなる十二の自己主張法

❶「自然な」自己主張

「自然な」自己主張とは、特定の作為的な方法に従わず、また攻撃的にもならずに自らの言い分を主張するやり方だ。お互いにあまりストレスを感じていない場合や、自己主張によってあまり相手の反発を招くおそれがない場合には、この方法がうってつけだ。

私はもっぱらこの方法で自己主張メッセージを伝えている。

たとえば、

「ジム、今週の日曜日に来客があるから、土曜日に芝刈りをしてくれるとありがたいんだがな」

「玄関はスッキリさせておきたいから、手すりに上着をかけないでおいて」

「しっかり計画を立てたいから、毎週金曜日にワークショップの登録状況を報告してほしいんだが」

「ちょっと手を貸してくれないか。一人じゃ重くて動かせないんだ」

前ページの例はどれも型どおりの自己主張メッセージではなく、私の要求と私的領域を自然な形で相手に知らせようとしたにすぎない。たとえ「自然な」自己主張であっても、ネガティブな表現はある程度避けられる。ここには非難中傷や罵詈雑言の類はもちろん、コミュニケーションの妨げになる反応もない。

「自然な」自己主張は、リスニングと自己主張の一連のトレーニングによって一段と効力を増し、さらに良い結果を生む、ということがわかっている。**トレーニングの影響が無意識のうちに発言にあらわれて、「自然な」自己主張が効果的になる**可能性が高まるのである。

人が他の自己主張の「方法」を意識せずにタイミングよく適用できるのは、長年の積み重ねがあるからだ。したがって、練習を重ねれば、「自然な」自己主張もはるかにバラエティーに富んだ豊かなものになるはずである。

さらなる十二の自己主張法

❷自己開示

シドニー・ジュラードは次のように書いている。

誰もが一瞬ごとに、「あるがままの姿を他人に見せようか、それとも、ちがう人間と思われるように本来の自分を隠しておこうか?」という選択に迫られる。この選択はいつの時代にも問題になったが、歴史を通じて人間は仮面の背後に真実の自己を隠してきた。

(中略)

我々は批判や拒絶から自分を守るために、他人の前では真実の自己を隠している。この保身的な姿勢は非常に高くつく。他人が我々の本当の姿を知らなければ誤解が生じるからだ。とりわけ家族や友人に誤解されると、「孤独な群衆」に加わることになる。さらに悪いことに、うまくうわべを取りつくろっているうちに、真実の自己を見失う危険性があるのだ。[注2]

「自己開示」とは他人の面前で本当の自分をさらけ出すこと、つまり、自らの内面を包み隠さず、考えや感情を正直に相手に打ち明けることだ。真の自己主張にはある程度の自己開示がつきものだが、もっとあけすけな、親しい相手にすべてを告白して赦《ゆる》しを請うようなものもある。T・S・エリオットはこう書いている。

たった一人でいいのだ、とにかくなにもかも告白できるような相手が、一生にただ一人あればいいのだ……いいかね、すべてをだよ、法律上の犯罪に限らぬ、また陋劣《ろうれつ》、醜悪、卑怯、そういった行為に限らない。ただちょっとした道化役を演じてしまったという、いわば格好のつかない場合(だれにもそういう経験はあるはずだ)、もしそういったことまで打ち明けられる相手がいるなら、その男はその相手を愛しているのだよ。そしてその愛がその男を救ってくれることになる。[注3]（松原正訳）

本当の意見や価値観の表現だけが自己開示ではない。自己開示とは基本的に「感情の表出」である——もっと正確に言えば、言葉とボディー・ランゲージによる直接的な感情表現だ。「生の感情をむき出しにすること」と言ってもいい。たとえば、イスラエルのダビデ王が、凱旋した兵士を前にして喜びのあまり踊ったのも、ヨブが天に向かって拳を振り上げ、途方もない苦難を与えた神に対して怒りをあらわにして叫んだのも、また映画『明日に向って撃て！』の主人公たちが、お互いに対する愛情を素直に表現したのもそうだ。

このように人が生の感情をむき出しにするのはめずらしいし、むずかしい。ロロ・メイは「ごくふつうの正直なコミュニケーションが、人間の行為のなかでもっとも勇気を必要とする」[注4]と述べている。自己主張型の人の目標は、あからさまな感情表現ではなく、しかるべき誠意を示すことだ。

古代パレスチナの教父、聖バシリウスは、心の動揺はどんなものでも秘密にしたり不用意に打ち明けたりすべきではなく、「信頼できる」同胞に告白すべきである、[注5]と語ったが、この教訓は今日でも通用する。

理想を言えば、自己開示は、

- **適任者に**（共感をもって理解できる人に）
- **適度に**（自分の好きなだけ）

・**適当な理由で**（故意に相手を苦しめたり「自慢」したりしないように）
・**適当なときに**（相手があまりストレスを感じていないときやしかるべき時刻を選んで）
・**適当な場所で**（話しやすい場所で）

行うべきである。こうしたガイドラインに縛られすぎると自発性が損なわれるおそれがあるが、まったく無視すれば生きていくのはむずかしいだろう。

極端に自分をさらけ出す人もまれにいるとはいえ、心と言葉の間に何重もの壁をつくっている人がほとんどだ。だからこそ、我々はふだん天気の話をしたり勉強や仕事の調子を尋ねたりしても、肝心な話――お互いをどう思っているかなど――はしないのだ。ジョン・パウエルは、**感情を必要以上に隠せば取り返しがつかない悲劇が生じる**という例を次のように記している。

父が死んだのは一月の風が吹きすさぶ寒い日だった。私は小さな病室で父を腕に抱いていた。そのとき不意に父の目が大きく開いたかと思うと、それまで見たことがないような畏敬の色が浮かんだ。きっと死の天使が迎えに来たにちがいない、と私は思った。そのあと、がっくりと後ろに倒れた父の頭を私はそっと枕に寝かせた。私は父の目を閉じて、ベッドのそばに座って祈っていた母に「終わったよ。パパは死んだ」と知らせた。

するとは母はびっくりするようなことを言った。父の死の直後になぜそんな話をしたのか私には知る由もない。母は「あの人はおまえをとても誇りに思っていた。ほんとに愛していたのよ」と言ったのである。

自分自身の反応から、私は何となくこの言葉が重要だとわかった。それはまさに突然のひらめきのようなものであり、それまで考えてもみなかったことだった。だが、失ってはじめて父がわかってきたような気がして心が痛んだのも確かである。

医者が父の死を確認している間、私はすみの壁にもたれてそっと泣いていた。看護婦が近づいて私の背中を抱いて慰めてくれた。そのときは涙を流すだけで何も話せなかったが、私はこう言いたかったのだ。「父が死んだから泣いているわけじゃない。ぼくを誇りに思っていると一度も言ってくれなかったから泣いているんだ。愛していると言ってくれたこともない。もちろん、わかっていると思ってたんだ。父がぼくをどれほど頼りにし、どれほど気にかけていたか、そんなことぐらい言わなくてもわかっているとね。でも、一度も言ってくれなかった」と。[注6]

さらなる十二の自己主張法

❸具体的事実に基づく評価

相手が個人であれ集団であれ、自己主張を自分の要求や権利を踏みにじる者への対抗手段としか考えていない人が多い。だがそれはとんでもないまちがいだ。相手に対する評価をこだわりなく前向きに表現するのも本来の自己主張である。

言葉でその気持ちを伝える場合、よく使われる方法が三つある。
一つは**「お世辞」**だが、口先だけのお世辞は誠意がない。「二心のあるおべっか使い」は嫌われるものだ。[注7]
二つ目は**「人格評価的な称賛」**だ。これは相手や相手の行動を好意的に評価する表現、つまり、「エリック、あなたはなんて良い子なの」というようなほめ方だ。その際、「見事だ」「すばらしい」「最高だ」といった誇張したほめ言葉がよく使われる。この種の称賛、とりわけ相手を丸ごと評価するようなほめ方はあまり建設的ではない。それに、第二章で説明したコミュニケーションの障害の一つでもある。ハイム・ギノット博士は、この方法を避けるべき理由を次のように要約している。

> 人格を評価するようなほめ方は、不安、依存心、保身的な姿勢などの原因になり、自主独立の精神や自制心の育成を妨げる。こうした性質を育むには、外部の判断にとらわれず、自らのやる気と自己評価を信頼する必要がある。[注8]

一つめの「お世辞」と同じく、この「人格評価的称賛」もあまり良い方法とはいえない。

三つ目の**「具体的事実に基づく評価」**は、あなたが相手の「具体的な行動」を評価していると知らせる方法だ。この場合には誇張したほめ言葉は使われない。これは人格評価的な称賛とはちがって、概して相手にいい影響を与え、お互いの関係を強化する。

著名なチェロ奏者パブロ・カザルスのエピソードは、この両者のちがいをよくあらわしている。

チェロ奏者のグレゴール・ピアティゴルスキーが若いころにはじめてカザルスに会ったときのことだ。演奏を求められたピアティゴルスキーは、緊張のあまり、てっきり自分が不様な演奏をしたものと思い込む……そのためソナタの途中で演奏をやめた。ところがカザルスは「ブラボー！　すばらしい」と称賛したのだ。ピアティゴルスキーによれば、「私は何がなんだかわけがわからずに帰りました。ひどい演奏だったと自分でわかっていましたから、なぜカザルスほどの巨匠があんな演奏をほめて私に恥をかかせる必要があったのか、と思い悩みました」という。

その数年後に再会したとき、ピアティゴルスキーはそのときの気持ちをカザルスに打ち明けた。するとカザルスは腹立たしげに急いでチェロを手に取り、ベートーベンのソナタの一節を演奏しながらこう言った。「いいですか、あなたはこんなふうに弾きませんでしたか？　こんな指使いははじめて見ました。それにあなたは、その一節で上げ弓を使ったのではありませんか、ほらこんな具合に」カザルスは気に入った弾き方を一つ一つ解説しながら、結局ソナタを終わりまで演奏した。ピアティゴルスキーはその夜の出来事についてこう語っている。「別れるころには、私はこの偉大な芸術家に友情を感じていました」[注9]

どちらの夜も、カザルスの「目的」――若い音楽家の優れた技量を認めること――に変わりはない。ちがっていたのはその「方法」と「結果」だ。最初の夜、カザルスは人格評価的な称賛をして、「見事だ」「すばらしい」といった言葉を使っている。そのため、相手が当惑し、恥ずかしい思いをしただけでなく、怒っていたとも考えられる。それに対して、再会したときは**演奏法を具体的に指摘して評価**している。ピアティゴルスキーは芸術的才能をはっきり評価されたことで深く感動したのである。

具体的事実に基づく評価では、三部構成の自己主張メッセージのうち、①「相手の行動」と②「その結果」が常に明示される。人格や性格を評価するのではなく、実際の仕事、行動、業績などを正確に述べるのがこの方法の目的だからだ。たとえば、「君が今拭いてくれた窓はすっかりピカピカになったな」という具合に。

あとは、その行動について自分がどういう③「感情」を抱き、どう「評価」しているかも伝えればメッセージの基本は完成だ。「感謝している」「ありがたい」といった言葉ばかり使う人もいるが、できれば他の感情をあらわす言葉も試してみよう。ただ言葉であらわすだけでなく、声でそれを「実証」することも重要だ。

さらに、相手の行動によってあなたの生活に好ましい「影響」がもたらされたとすれば、それも伝える。たとえば、「私の代わりに買い物に行ってくれたおかげで、プレゼンテーションの準備にじゅうぶん時間を使えたから、ずいぶん助かったわ」という具合に。

こうした要素を一文にまとめることだ。そうすればインパクトが強くなるし、人格を評価するような言葉が混入する心配もあまりない。はじめは「あなたが○○すると、△△だから、私は××と感じる」という決まり文句に当てはめるとやりやすい。

たとえば、

「もし提出が遅れていたら、この案は考慮してもらえなかったかもしれないから、きみが残ってタイプしてくれて本当にありがたかった」

「ぼくが病気の間、きみが毎週手紙を書いてくれたから、あまりさびしいとは感じなかった」

「日曜日に必ずあなたが朝食をつくってくれるから、とても愛されていると感じるわ」

というふうに。

この決まり文句は堅苦しいように見えるが、二つの点で有効だ。第一に、我々の社会にありがちな、人格評価的なほめ方と縁を切るのに役に立つ。第二に、頭の整理ができて、相手の行動とそれに対する自分の反応についてより明確に考えられるようになる。

決まり文句に慣れてきたら、もう少し自然な表現を使ってみるといいだろう。たとえば、

「きみが買ってくれたネクタイはとてもいいね」

「きみにやってもらったあのレポートのレイアウトは気に入ったよ」

「病院にお見舞いに来てくれるなんてとても感激だわ」

「このグループの先月の生産記録はほんとにすごいな」

といった言い方だ。

人生の大きな出来事や継続中の活動に対して具体的事実に基づく評価を行うときもあるが、我々

は個人の些細な行動に心を動かされやすい。イギリスの詩人ウィリアム・ワーズワースは、「善人の人生の最良の部分」は、「世に知られずに忘れられる、やさしさと愛に満ちた些細な行為」から成り立っていると述べている。こうしたごく些細な事柄がもっと注目されてしかるべきだ。強くポジティブな気持ちでものを見れば、取るに足りない事実などあるはずがない。

具体的事実を評価するメッセージを伝えたら、「沈黙」して相手に考える時間や反応する余裕を与えよう。

説得力のあるメッセージならただちに受け入れられることもあるが、いくら慎重に言葉を選んでも、相手がほめ言葉を割り引いて考え、「別に大したことじゃないよ」「運が良かっただけさ」と受け流す場合も少なくない。友人のエド・リスベによれば、「信じがたいことに、どれほど言葉巧みにほめても防衛反応を引き起こしてしまう」という。メッセージを受け入れてもらうには、相手の自己防衛的な発言に耳を傾け、その真意をくみとってフィードバックし、再びメッセージを伝える覚悟がなければいけない。

人間が社会で生きるために不可欠なこの比類のない評価法[注10]は、自己評価やモチベーションを高めるのはもとより、好ましい行動を助長し、人間関係を強化する。

さらなる十二の自己主張法

❹関係を強化する自己主張

相手の行動がお互いの「関係」に悪影響をおよぼすような場合には、いわゆる「関係を強化する自己主張」を適用したほうがいい。これは「目に見える具体的な影響がない」という点で、これまで論じてきた「自己主張」とは大きく異なる。影響があっても、はっきりそれとわかるようなもの（所有物を傷つけられる、金を使わされるなど）ではない。

夫婦関係がおおむね円満だったにもかかわらず、ベッキーという若い女性には一つ気がかりな点があった。お互いの関係について彼女が何か不満を口にするたびに、夫がまともに取り合わず、冗談を言って話をはぐらかすのだ。明確な影響がないため、通常の自己主張メッセージは使えない。そこでベッキーは、関係を強化する自己主張を使うことにして、あらかじめメッセージを書いておいた。そしてその数週間後、夫が話をそらそうとしたときにこう言った。「せっかく大切な問題を話し合おうとしているのに冗談で紛らわされると、話も何もできないから頭にくるのよ」

この種のメッセージを伝えたあとも、〝反映〟型リスニングと自己主張を繰り返す必要があるが、影響がはっきりしないだけに、相手が要求を受け入れる可能性は低い。「本当に私を愛しているなら、はっきりした影響があろうとなかろうと、私がいら立つような行動を変えてくれるはずです。

目に見えないところが肝心なんです」と腹を立てながら言う人がよくいる。この意見に賛同する人も多いだろう。しかし、私が人間関係を長年観察してきてわかったのは、**自分の行動が他人に悪影響をおよぼしているとはっきり自覚できなければ、人はなかなか行動を変えない**、ということだ。人間のこういう傾向が気にくわないとしても、相手に愛情がないわけではない、それどころか、人間らしい反応を見せている、とわかっていれば気が楽だ。

自己主張と〝反映〟型リスニングを何度か繰り返すうちに相手が要求を受け入れればいいが、そうでなければこう言ってみるのも一つの手だ。「私の言い分や気持ちをどうしてもあなたにわかってもらう必要があるんです。もう一度聞いて、私が何を言いたいのか、どう感じているのか言ってみてくれませんか。正確に理解していただいたと確信できたら、少なくとも今はこの問題を棚上げにしておきましょう。それでよろしいですか?」と。それからメッセージをもう一度伝える。相手が理解したとわかれば、「ありがとう。そのとおりです」と言い、しばらくひとりになってそのやりとりについて考えるようにする。相手もその間に少しは反省する時間がもてるだろう。

自分では自己主張を実践しているつもりでも、実は相手の領分を侵している場合が少なくない。関係を強化する自己主張と価値観を押しつけようとする試みは、紙一重の差しかない。

ときには相手の価値観に影響を与えたほうがいい場合もあるが、たとえ相手が子どもでも自分の価値観を「押しつける」べきではない、と私は考えている。[注11] それは精神的な侵害行為と言ってもおかしくない。だから私は、子どもの学業成績、交友関係、宗教的信条、政治活動、服装といった問題に関してはこの方法を使っていない。子どもだけでなく、妻や友人の価値観について議論したいときも、自己開示か第十三章で概説する問題解決法に頼っている。価値観を押しつければ、お互いの関係や相手の自我にダメージを与える危険性があるのだ。

関係を強化する自己主張は、自己主張のなかでももっともむずかしい部類に入ると言ってもいい。実際に試す前に、第九章のこのスキルと関係がある部分（283～305ページ）と第十章を読み返していただきたい。また、問題解決のスキルと併せて議論されやすいため、第十三章も参照されたい。

さらなる十二の自己主張法

❺選択的不注意

ときどきセミナーの参加者から、「攻撃的で侮辱的な発言をするような人に、どうすれば自己主張型の対応ができるのですか？」という疑問の声が出る。アルフィーは、妻のペグからいつも「おデブさん」と呼ばれる、と不満を漏らしていた。自分の名前で呼ばれず、「おデブさん、今日の仕事はどうだった？」などと言われるという。

大事なのは、くり返し自分の悪口を言わせておいてはいけないということだ。傷つかないにしても、**侮辱的な発言を常に黙認するような受け身の態度はためにならない**。自己主張型の対応をしなければ、自尊心が傷つくばかりか、健康や人間関係が損なわれ、他人からも軽視されるなど、いろいろな面で弊害が出る。

悪口を言わせておくのは相手のためにもならない。前に述べたように、攻撃型の態度は本人にとっても害になる可能性があるからだ。自分だけでなく相手のためにも、そしてお互いのこれからの関係のためにも、侮辱的な発言をそのまま我慢してはいけない。成功率が高い対策を一つ紹介しよう。

まずはじめに、侮辱するようなことを言うと話し合いをしない、と相手に伝える。それを簡潔な言い回しで具体的に表現する。次に**「選択的不注意」**という手を使う。つまり、侮辱的なことを言われた場合、相手のコメントを一切無視するのだ。質問に答えず、反論も攻撃もしない。うなずく、視線を合わせる、ほほえむ、相手の話に集中するといった〝向き合い〟スキルも使ってはいけない。断固として会話に参加せず、相手がつけ上がるのを阻止する。その理由を聞かれたら、もう一度メッセージを伝える。ただし、聞き方に問題があれば、その質問も無視してしばらく口を閉ざす。

相手が話し方を改めれば、注意を向けて会話に参加する。この間も、なるべく礼儀正しい分別のあるふるまいを心がけることだ。

実際にアルフィーがどういうやり方をしたかみてみよう。

ペグ：「おデブさん、今日の仕事はどうだった？」

アルフィー：「『おデブさん』なんて言われると腹が立つから、そんな呼び方をしたらきみとは話さない」

ペグ：「まあ、この半年でどのくらい太ったか自分でわかってるの、おデブさん」
アルフィー：（選択的不注意：黙って自分がしていることに集中する）
ペグ：「いやだ、あなたのためを思って言ってるのに、考えすぎてるんじゃないの。私はただ助けようとしているだけなのに」
アルフィー：（簡潔な自己主張メッセージをくり返して）「『おデブさん』なんて言われると腹が立つから、そんな呼び方をしたらきみとは話さない」
ペグ：（長い沈黙）
アルフィー：（話題を変えて）「サムはとってもはりきってるじゃないか。バスケットのチームを作るんだってな。なんにしても熱中できるものができてよかったよ」
ペグ：「そうね、あの子ほんとにバスケットが好きだから」

数時間後

ペグ：「今夜はテレビで何をみる、おデブさん？」
アルフィー：（選択的不注意：沈黙）
ペグ：「私は公共放送の新しいシリーズがみたいんだけど。例の医学で偉大な業績を残した人を取り上げた番組よ」

アルフィー：「ぼくもそれでいいよ」

翌朝

アルフィー：ペグ：「今夜はスマイズ家のパーティーだけど、何時に家を出る、おデブさん？」

アルフィー：ペグ：（選択的不注意：沈黙）

ペグ：「あれ、あなたまだそれを続ける気？」

アルフィー：（簡潔な自己主張メッセージをくり返して）「だから言ったじゃないか。『おデブさん』なんて言われると腹が立つから、そんな呼び方をしたらきみとは話さない、ってね」

ペグ：「わかったわ、あやまります。私が悪かったわ。何回あやまればいいのかしら？」

アルフィー：「もうあんな呼び方はしないんだね」

ペグ：「そうよ。でも、そうしたら、歯止めがきかずにあなたどんどん太るんじゃないか心配だわ」

アルフィー：（話題を変えて）「さて、ぼちぼち仕事に行かなくちゃ。パーティーに出かけるのは七時半にしようか」

ペグ：「いいわ」

最後のやりとりが功を奏して、それ以後ペグは侮辱的な話し方はしていないという。こうして、選択的不注意と、壊れたレコードのように何度か同じ言葉を繰り返す手法を組み合わせた結果、長い間夫婦の口論のもとになっていた行動が変わった。

アルフィーの行為は心理学では**「消去」**（条件づけでつくられた反応を強化せずに消去すること）と呼ばれている。我々がそう言うと、アルフィーは笑ってこう言った。「そんな大げさなものじゃなくて、昔ながらの常套手段ですよ。いや、当たり前なのにあまり使われていない方法なのかもしれませんね」

さらなる十二の自己主張法

❻引きこもり

ときには一時的にあるいは持続的に自分の殻に引きこもるしかない場合もある。

一時的な引きこもり

新婚時代に、私も妻のドットも極端に消耗し、ストレスを感じるような出来事が立て続けに起こったことがある。セミナーでボロボロになって帰宅していた私は、いつもドットに温かくいやしてもらっていた。ところが私がもっとも彼女の思いやりを求めていた時期に、彼女も自分のことで神経をすり減らし、私の世話をするどころか逆に愛情と思いやりを必死に求めていたのである。にもかかわらず、私は何もしてやれなかった。お互いに要求を満足させられないから腹が立ってけんかになる。しかし身も心もあまりにボロボロの状態になっていたので、方法はわかっていても前向きの議論などできないのだ。夫婦関係にすっかり自信を失った私と妻は、友人のセラピスト、マーティン・セルドマン博士に助言を求めた。

私たちは博士の指示に従い、お互いに自分の殻に引きこもることにした。すると博士の言うとおり、やがて心にエネルギーが再び充満してきた。いろいろ方法を試してみたが、同じ部屋にいながらそれぞれ別々のことをしている場合が多かった。自分の殻に引きこもるといっても、お互いに敵意を抱いていたわけではない——円満な夫婦関係を築くにはひとりになって頭を冷やす必要がある、と申し合わせて行動したにすぎない。

それ以来、一時的な引きこもりは夫婦の生活になくてはならない方法になり、ときどきお互いを「閉め出して」いる。今では危機を予想するように心がけ、**神経がすり減ってしまう「前に」、予防的措置として計画的に引きこもる**ようにしている。それによって、ひとりですごす時間はより充実し、他人とすごす時間もより豊かなものになっている。

持続的な引きこもり

対人関係を次のように五つのタイプに分けて考えれば役に立つ場合がある。

ⓐ**非常に有益な関係**（人生にとって大きなプラスになる）
ⓑ**やや有益な関係**（個人的成長や人生の喜びにある程度寄与する）
ⓒ**毒にも薬にもならない関係**（ためになることは何もない）
ⓓ**やや有害な関係**（自我や人生の喜びが少々損なわれる）
ⓔ**きわめて有害な関係**（非常に厳しい敵対関係か神経がすり減るような関係で、身も心もボロボロになる）

ときには特定の関係が薬にも毒にもなることがある。

我々はみな有害な対人関係にしばしば悩まされる。相手は隣人、知人、親友、我が子や親など、さまざまだ。夫婦が助け合うどころか、お互いに神経をすり減らしている痛ましい姿を目にすることもまれではない。

長期にわたって当事者の心身を消耗させる有害な関係に対して、何か打つ手はあるのだろうか？　私はまずその人との関係が自分にとって本当に大切なのかどうかを見極めるようにしている。**重要でないと判断すれば、すかさず永久に関係を断つ。**ほかに環境の良い場所があるのに、好きこのんで有害な環境に住む者がいないように、ほかの人と好ましい関係を築くことができるのに、わざわざ有害な関係を続ける理由はない。

大切な関係だと判断したものについては、自己主張スキルなどを使ってつき合い方を修正し、関係の改善に努めている。とりわけある人物との関係では、改善に長い時間がかかり、ときにはつらい思いをしたものだ（つらいといっても、悪い意味ではなく主に発展に伴うつらさだ）。それが今では苦労した甲斐があって円満な関係になっている。

また、長年にわたって必死に関係改善の努力を続け、コミュニケーション・スキルにも習熟していたにもかかわらず、うまくいかなかったケースもある。うまく改善できなければ、私はその関係を終わらせることにしている。害があればきっぱり縁を切ったほうが賢明だろう。程度の差はあれ、**有害な関係を改善するか終わらせる勇気がなければ、すべての人間関係に悪影響がおよぶだけでなく、自我さえ損なわれかねない。**

さらなる十二の自己主張法

❼相手を傷つけずに率直な意見を述べる

これは、相手の考え、観点、行動計画などに必ずしも**同意できないときに、相手を傷つけることなく率直な意見を述べる方法**だ。

ジョージ・プリンスを中心とするシネクティックス社のグループは、アイデアが会議でろくに説明も理解もされないまま「つぶされる」ケースが多いということに注目した。そうなれば提案者の自尊心が傷つくだけでなく、集団全体の信頼感や創造性にも悪影響が出るおそれがある。これまで多くのマネジャーが、自主性や意欲をそがずに部下の意見を批判する方法がないものか、と頭を悩ませてきた。彼らが知りたかったのは、一見非現実的なアイデアが出されたときの対応の仕方であり、**部下を傷つけずに別の妙案を考え出すように仕向ける**方法だ。

シネクティックス社のグループが考案した次の三つのステップからなるプロセスは、家庭、学校、職場、ボランティア団体など、さまざまな場面で適用できる。

【ステップ1】アイデアを聞いて理解する

これはかなり訓練が必要である。アイデアにはたいてい一長一短があるにもかかわらず、人は欠点ばかりあげつらい、長所をまったく無視するきらいがあるからだ。プリンスはこう述べている。「欠点ばかり気になるのは普遍的な傾向なのでどうしようもない。ただ、その**欠点を絶対口にしてはいけない**。ひとまず、わずかでも価値がある部分に全力（思考力、感情、直感など）を傾注しよう。否定的な見方を一時保留して、そのアイデアの潜在的な可能性に目を向け、創造性に富んだ新たなアイデアを生み出す努力をすることだ」と。[注12]

また、「相手の提案には『何の』とりえもない」と思うときは、もっとくわしい話を聞くようにしたほうがいいという。「長所があるはずだと考えていても、欠点に気を取られすぎて聞き取るのは容易ではない。慣れてくれば、実際にどんな提案にも良いところがあるとわかる。それを聞いて理解し、活用することができるようになるものだ。異論を唱えて保身的な姿勢やこう着状態を招くより、こうした対応によって思い切った建設的な議論をうながすことだ」とプリンスは述べている。[注13]

アイデアのすべての側面（長所と短所）を把握したら、次のステップに進む。

【ステップ2】そのアイデアの長所と思われる部分について自分の意見を述べる

どの点を評価しているかを伝え、それを補強するためのデータやアイデアを何でも提供する。それと同時に、相手の人格やアイデアをけなすつもりはない、という立場を鮮明にする。

【ステップ3】そのアイデアの短所を指摘する

慎重に言葉を選び、気になる点をなるべく正確に述べる。断定的な言葉や大ざっぱな一般論は避ける。さらに、「**欠点を立証するというより、解決策を見出す手助けをするように心がけ**、できれば欠点を矯正してやるべきである」[注14]。

プラスとマイナスの両面を指摘された場合、その言葉にうそがなくても相手はプラス面を割り引いて考えやすい。私の友人に、相手が「だまされた」と感じないように、最初から「両面」をはっきり伝えればこの傾向が弱まる、ということを発見した男がいる。彼はちょくちょく「このアイデアは本当に気に入っている。ほとんど何も言うことはないが、いくつか心配な点があるので、私の考えを全部話したいと思う」という言い方をするらしい。

こうした多面的なアプローチによって、職場の会議、講習会、家族の会話などの雰囲気が変わり、より創造的な交流がうながされる可能性がある。この方法はわかりやすいが、それを自在に使いこなすにはかなり訓練が必要だ。

さらなる十二の自己主張法

❽代わりの案を提示する

人はふつう「今すぐそんなことはやめてください」などと言って他人の迷惑行為をやめさせようとする。だが**代替案を示さなければ、相手は「面目を保つ」ことができずに追いつめられたような気分になり**、かえって攻撃的にふるまいやすい。[注15]

指示や命令よりもむしろ選択肢をいくつか提示し、好きなものを選ばせるのも一つの方法だ。二つか三つしか選択肢を思いつかず、どれも相手にとって望ましいとは思えないものであってもかまわない。相手を主体性のある自律的な人間として認めているという気持ちがはっきり伝わればじゅうぶんだ。それだけでも不要な攻撃を防止する効果がある。

例を挙げてみよう。グループで勉強している学生たちが騒ぎ出し、ほかの学生の邪魔になっていた。教師が「静かにしなさい。みんなひとりで勉強しなさい」と注意してもいいところだが、この授業の担当教師は守るべきルールを伝えたあと、次のように選択肢を提示した。「ほかの人の邪魔をしないように教室では静かにしなければいけません。静かな声で話しながらいっしょに勉強するか、みんなひとりで勉強するか、どっちにする？」

❾自然の成り行きと必然的な結果

心理学者のルドルフ・ドレイカースは、罰、ほうび、説教といった手段に頼らずに子どもの自制心の発達をうながす方法を奨励している。

彼は処罰に強く反対している。罰を与えると極端に服従的な行動を取るようになる子どももいる。俗に言うように、罰の効き目があるのは罰を与える必要がない人間だけだ。素直に言うことをきかない者を罰すれば、しばしば権力争いが起き、非行が「増える」。ドイツの哲学者ニーチェは、**「罰は人間を頑なにし、無感覚にする。罰によって疎外感が強まり、反抗心が強固なものになる」**と述べている。[注16]

ドレイカースによれば、罰と同様、「ほうび」を与えても効果はない。彼は主に三つの問題点を指摘している。第一に、ほうびは受け取る側の人格を傷つけやすい。ほうびは目下の者の善行に対して与えられるため、相手に敬意を払っていないという証拠になるからだ。また信頼していないという証拠にもなる。信頼していれば、ほうびで買収する必要などない。第二に、責任感が薄れ、自主的な行為から生まれる満足感が失われる。そして第三に、長い目で見ればほうびは効果がない。「こんどは何をもらえるのか？」という点に関心が集まれば、魅力的なほうびがすぐに種切れになる。情けないことに、エスカレートしていく相手の要求に見合うほうびが必ずしもあるわけではない。

ドレイカースはこう断定している。「子どものものの見方に悪影響をおよぼす点では、ほうびも罰も変わりがない。うっかりほうびでつろうとすれば、子どもの基本的な生きる喜びを否定するようなものだ」と。[注17]

往々にして人は行儀の悪い子どもにお説教をしようとする。だがドレイカースは、子どもの本当の気持ちもわからずに理を説くのは無駄だと主張する。ご存じのとおり、親がしつこく説教しても子どもはすぐ慣れて、「聞く耳」をもたなくなるものだ。

ドレイカースの説は大人同士の関係にも当てはまる。

理を説くのもほうびや罰を与えるのもだめなら、どうすればいいのか？　建設的な方法として代わりによく使われるのは、**「自然の成り行き」**と**「必然的な結果」**を利用する方法だ。

「自然の成り行き」とは、誰も干渉せずに出来事を自然の流れに任せた結果であり、厳しい現実そのものである。この方法の基本は「無為」にある――何も手を貸さず、ただ相手に自分がまいた種を自分で刈り取らせる。本当に危険なときには身を守ってやるべきだ（子どもが車道に飛び出すようなときなど）が、差し迫った危険がなければ、自らの行動が招いた当然の結果を隠すのは本人のためにはならない。

それに対して「必然的な結果」とは、事前に取り決めた行為か、その取り決めが適用された結果である。たとえば、子どもがミルクをこぼせば、必ずふかなければならない。約束の面談に何度も遅刻すれば、時間を延長してもらえないし、面談の時間が残っていなければ、日を改めて依頼しなければならない。遅刻者が多少いても、会議は予定時刻に開始される。いずれにしても、その結果は行動と論理的な因果関係があるのだ。

「自然の成り行き」と「必然的な結果」の間には大きなちがいがある。情け容赦のない厳しい現実を反映しているだけに、自然の成り行きに任せれば必ず効果がある。それに対して、必然的な結果を利用すれば、相手の反発を招き、裏目に出る場合もあるのだ。

さらなる十二の自己主張法

⑩行動をやめさせる、感情を受け入れる

ときには非常に怒って敵対行動を取る人もいる。[注18] これは子どもにありがちとはいえ、プロのホッケーを観戦すればわかるように、子どもに限った話ではない。怒りを爆発させた相手に対する自己主張は、次のような迅速なやり方が望ましい。

(1)行動をやめさせ、
(2)感情的に巻き込まれず、
(3)感情を受け入れ、
(4)(場合によっては)他の行動を提案する

実際の例を見てみよう。

五歳になるブラッドが幼い弟のアルバートをたたいていた。それを見た母親がこう言った。「たたくのを今すぐやめなさい。なぐりたいほど腹が立ってるのね。怒ってもいいけど、弟をなぐってはだめよ。ほら、このクッションをたたいてごらん。気持ちが少しスーッとするから」

ブラッドは弟をたたくのをやめた。そのかわりにクッションをたたき、大声でわめきながら、自分のおもちゃを壊した弟に対する怒りを吐き出した。母親は部屋にいてその声を聞いていたが、何も言わなかった。怒りを発散させると、ブラッドはまた気分よく遊べるようになったという。

ブラッドの母親は、私にこう話してくれた。「何カ月か前だったら、あの子が怒りをむき出しにするのを許してなかったと思います。お説教をして、『そんなことをして恥ずかしいと思わないの。弟にあやまりなさい』と言ったにちがいありません。でも、**無理に気持ちを抑えつけると心に怒りがたまって**、今度弟が何かすればあふれ出すだけだ、とわかったんです」

それぞれのステップについてもっとくわしく説明しよう。

(1)行動をやめさせる

言葉ではうまくいかず、体で制止するしかない場合もある。ブラッドが注意を無視してアルバートをなぐり続けていれば、母親はブラッドの手をしっかりつかんで(ただし、必要以上に強くつかんではいけない)、くり返し注意をしなければならなかったはずだ。

幼い子どもにとって感情をコントロールすることは特にむずかしいので、親が手を貸す必要がある。手強い感情を適切に処理する方法を親が教えれば、子どもが破壊的な行動をやめるだけでなく、「自分の感情を怖がる必要はない。親の言うとおりにすれば心配ない」という暗黙のメッセージが伝わる。

(2) 感情的に巻き込まれない

感情をコントロールするのは困難だが、三つのことを頭に入れておけば役に立つ。

一つは、怒りなどのいわゆるネガティブな感情を抱くときが誰にでもあると了解すること。イエスでさえ言葉でもボディー・ランゲージでも怒りをあらわにすることがあり、ホセアのような預言者までが神の「激しい怒り」[注19]について語ったとすれば、ふつうの人間が怒りを感じるのは当然ではないだろうか。心理学では、一般的に感情は善悪で分けられるものではなく「存在する」だけだ、と考えられている。私自身は、**子どもの感情を「悪い」と決めつけないほうが、客観的に問題に対処できる。**

二つ目は、感情を表に出すことが感情処理の最適な方法であり、それによって感情のままに行動する可能性が「低くなる」と肝に銘じること。

三つ目は、感情的に深入りしない、ときっぱり決意することだ。はじめのうちなら、意志の力でそこから引き下がることができる。だがあとになればなるほど、心の動きが激しさを増して手に負えなくなる。禁煙や禁酒（私の場合は禁チョコアイス）のときと同様、意志の働きが鈍るのだ。

(3)感情を受け入れる

「しつけ上の問題」は通常二つの問題――怒りの感情と怒りの行動――に分けられるが、どちらの問題にも同じ方法で対処する人が多い。寛大な（服従型の）親は、子どもの行動も感情も容認しやすい。権威主義的な（攻撃型の）親は、行動も感情もコントロールしようとする。

だが、こうした困難な問題に対して自己主張を行うときは、行動と感情にそれぞれ別の方法で対処することだ。怒りの行動は歯止めをかけざるをえないとしても、**怒りの感情は表現させ、受け入れてやるに越したことはない。**それで子どもは気分が落ち着き、もっと前向きの姿勢で問題に対処できるようになる。

(4)他の行動を提案する

本気で怒っていると思われるときは、怒りを発散させたほうがいい結果になりやすい。破壊的な行動を阻止するかわりに、言葉の面でも行動の面でも別のはけ口を用意してやることが大切だ。子どもが年長になってこのやり方に慣れてくれば、自分なりの無難な発散法を考えさせてもいい。

さらなる十二の自己主張法

⓫「ノー」と言う

重要な「イエス」への道は、たいてい明確な「ノー」からはじまる。我が国の基礎を築いた先祖たちは、必死に勝ち取った自由を守るためには、断固たる「ノー」がある程度必要だと気づき、圧倒的に禁止事項の多い連邦憲法修正第1～10条（権利章典、the Bill of Rights）を起草した。以下のとおり、これは重大な「ノー」が十条のうち八条も含まれた法律である。

「合衆国議会は……する法律を制定してはならない」
「人民が武器を保有し、また携帯する権利は、これを侵してはならない」
「何人の家屋にも兵士を舎営させてはならない」
「……の安全を保障されるという人民の権利は、これを侵してはならない」
「何人も、……の責を負わされることはない」
「陪審によって認定された事実は、……によるほか、……再審理されることはない」
「過大な額の保釈金を要求してはならない」
「一定の権利を列挙したことを根拠に、……と解釈してはならない」

個人的自由を認めるためには、政府の権力を大幅に制限せざるをえなかったのである。

個人生活でも、かけがえのない「イエス」は断固たる「ノー」によって守るしかない。たとえば、本書を執筆することに私が「イエス」と言いたければ、家族の要求に「ノー」と言わざるをえないし、時間を取られる他人とのつき合いもきっぱり断るしかない。ちょっとひとりきりになりたいと思うときも同様だ。

たいへん重要な言葉であるにもかかわらず、世間には「ノー」と言えない人があまりにも多い。その証拠に、断り方の指南書がかつて二冊同時にベストセラーになったこともある。[注20] 誰の周囲にも、要求ばかりする人、数多くの要求を突きつける人が大勢いるものだ。この単純な言葉を言いたいときに言えなければ、自分の思いどおりの生き方ができなくなる。とはいえ、これほど面と向かって言いにくい言葉はない、と世間では思われている。

なかなか「ノー」と言えない人は、断り方がいろいろあるとは思ってもみないだろうが、いくつか紹介してみよう。

自己流の「ノー」

自然に身についた自分なりの断り方。

〝反映〟型リスニングと「ノー」の組み合わせ

要求の中身と感情をくみとってフィードバックしたあとで、「ノー」と言う断り方。私の友人によくこの手を使う女性がいる。たとえば、「私にヨット・レースのクルーになってほしいのね。できればそうしたいけど、先約があるから今週はどうしてもだめなのよ」という具合に。

理由つきの「ノー」

「ノー」と言ったあとで非常に「短く」「理由」をつけ足すやり方。うそや言い訳は禁物。たとえば、ブリッジに誘われたとすれば、「せっかくだけど、やめておくわ。私ブリッジは好きじゃないの」と断る。

先送りの「ノー」

今回は要求に応えられないけれど、また今度、という断り方。長年のオーディオ・マニアのアールは、トムがはじめてオーディオセットを買うときには手伝うと約束した。ある土曜日の朝、予定どおり庭仕事に取りかかろうとしていると、トムから電話があり、約束どおり手伝ってほしいと頼まれた。そこでアールは「今日は都合が悪いんだ。でも来週の土曜なら時間が取れるよ」と答えた。

これが先送りの「ノー」だ。

壊れたレコード法

相手が何を言おうと、まるで**壊れたレコードのように短い断りの文句を繰り返す**断り方。「ノー」という返事を認めようとしない」、極度に攻撃的であったり他人を操ろうとしたりする人への対処法として有効。押しの強いセールスマンに不要なものを買わされやすい服従型の人には、この方法がしばしば役に立つ。それとは逆の、きわめて攻撃的で抑えがきかず、他人をののしり侮辱的な行動をする人にとっても役に立つ。自分の感情をたえず抑制しながら相手の要求を断り続けるには、この方法がうってつけだ。実地に試すときは次の五つのガイドラインが参考になるだろう。


ⓐまったく同じ簡潔なセリフだけを使う。

ⓑ相手が何か発言するたびに同じセリフを繰り返す。相手の話につられて横道にそれないこと。

ⓒ落ち着いた静かな声で言う。

ⓓあまり「身を入れて」話を聞かないようにする。ただし、露骨に無視するような態度は避ける。(関心のある素振りを見せれば相手の話にますます熱が入る)

ⓔたびたび沈黙する。(黙っていれば相手は何を言っても無駄だとわかる)

我々のセミナーに参加したメグ・ノブロックは、いつも美容師に言いくるめられてしまうという悩みを抱えていた。希望とはちがう最新のヘアスタイルをしつこく勧められて納得できないまま承諾するが、ほとんど気に入らなかったらしい。ところが、壊れたレコード法を学んだおかげで次のような対応ができたという。

美容師：「今度は少し脱色しましょうか？」

メグ：「いいえ、色はそのままのほうがいいわ。どうしても脱色はしたくないの。形をちょっと整えるだけにして」

美容師：「脱色すると、お顔の印象がずいぶん優しくなりますよ」

メグ：「どうしても脱色はしたくないの」

美容師：「自然なこげ茶色よりすてきだ、ときっとみなさんおっしゃいますよ」

メグ：「どうしても脱色はしたくないの」

美容師：「この間研修でニューヨークに行ったんですが、今は軽めの脱色が流行していますね」

メグ：「どうしても脱色はしたくないの」

美容師：「お顔の周りだけでもしてはいかがですか？」

メグ：「どうしても脱色はしたくないの」

美容師：「ほんとうにカットだけでよろしいんですか？」
メグ：「どうしても脱色はしたくないの」
美容師：「わかりました。今日は脱色はやめてカットだけにしましょう」

セールスマンに対してもこの手が使えるかもしれない。この方法は穏便に断ろうとするはじめの段階ではたいへん効果的だが、大きな長所が深刻な欠点にもなっている。つまり、相手の発言にほとんど耳を貸さずにすむかわりに、あまり対話が発展しないのだ。したがって、できれば——特に親しい友人や隣人、それに進行中の仕事での人間関係などについては——別のやり方を使ったほうがいい。

あけすけな「ノー」

理由も留保もつけず、また質問にも答えずに、単刀直入に「ノー」と言う断り方。手厳しいやり方ではあるものの、あなたにはその権利がある。時間をかけて道理を説くより、ぶっきらぼうでも率直に「ノー」と言ったほうがいい場合が多い。自己主張型の人にはあまり縁がない方法だが、場合によっては使っても悪くはない。

演出的な「ノー」

劇的な演出によって拒絶の意志を強調するやり方。マハトマ・ガンジーの「塩の行進」はこの好例だ。ガンジーはこの劇的な方法でインドにおける大英帝国の帝国主義的圧政に抗議した。またマルティン・ルターは、教会の深刻な腐敗を批判するため、劇的効果をねらってドイツのウィッテンベルクにある城教会の扉に九十五カ条の論題を提示した。

どの断り方を選ぼうと、効果があるかどうかは主に自分の決意次第だ。ジョナサン・ワイスは子に対する親の強固な意志を「絶対的なノー」と表現したが、その言葉は大人同士の関係にも当てはまる。ワイスはこう述べている。

> それが何であれ、幼い子どもは親に絶対にだめだ言われたことをしないのは確かである。かつて私は知人の精神分析医からこういう事実を聞いた。一般に精神分析医は我が子に甘く、たいていの行動は大目に見るらしい。しかし、精神科医の子どもは、患者がいるときに診察室に入るようなまねだけは絶対しないという。べつに叱られると思ったからではなく、親が絶対的な線引きをしていたからだ。親が明確に境界線を示して、絶対にしてはい

けない行為を教えれば、子どもはその前で踏みとどまるものだ。[注21]

ワイスが指摘するように、私的領域の境界線をはっきり知らせるには、「ノー」と言う方法は特に効果がある。断固たる決意をもって伝えれば、きっと相手はあなたの領分を尊重するだろう。

「ノー」は英語のなかでもとりわけ重要な言葉だ。もちろん、使いすぎる場合もあれば、使い方が足りない場合もある。あらさがしをする人や否定的なことばかり言う人もいれば、「ノー」と言えずに思い悩む人もいる。しかし、こういう落とし穴に用心しながら前向きの「ノー」を使えば、人生がもっと豊かなものになるだろう。[注22] 二千年前に、イエスも「『はい』は『はい』、『いいえ』は『いいえ』とだけ言え。それ以外の言葉は不幸を招く」と説いている。[注23]

さらなる十二の自己主張法

⓬環境を改善する

対人関係の問題には、環境が原因で生じるものもある。心理学者のトマス・ゴードンは、自己主張を行うよりも環境を変えたほうがいい場合がある、と述べている。[注24] 環境は人為的に「悪化させられる」ものだ。幼い子どもが大事な持ち物をよく壊すなら、手の届かないところに置けばいい。秘書たちがおしゃべりしすぎると思うなら、オフィスの配置換えをしてお互いが顔を合わせる機会を減らせばいい。

環境は人為的に「改善される」ものでもある。たとえば、幼い子を連れて車で長旅をするときは、おもちゃやゲームを与えて静かにさせる。暴れるのが好きな双子の男の子がいれば、地下室の床にレスリングマットを敷き、そこで思う存分暴れさせる。ある国際企業の経営者は、車のキーをどこにしまっておくかという問題でちょくちょく妻と口論していたが、セミナーで環境を変えることについて学んだあと、余分にキーを購入し、問題を解決した。

ほとんどの場合、環境を改善すれば要求を満足させやすくなり、対人関係の摩擦も減らせる。環境の改善はひとりでできるときもあれば、他人の意見や同意が必要になるときもある。複数の人がアイデアを考え出す場合にはブレインストーミング（第十四章参照）が役に立つ。

調子に乗りすぎるのは禁物

服従型の態度を取りがちな人が自己主張スキルを学ぶと、調子に乗りすぎて自己主張型どころか攻撃型になる場合がよくある。

突然態度を変えると、家族はもとより友人も職場の同僚も接し方に困る。ゆっくり変わってもたいへんなのに、急に人が変わったようになれば人間関係がぎくしゃくしかねない。なかには、自己主張型のライフスタイルを身につけるまで、一時的に攻撃型になる必要がある人もいるようだ。この行きすぎの時期は長くは続かないとはいえ、関係者全員の心を深く傷つけるおそれがある。効果的なコーチングと自己訓練によって、多くの場合、こうした事態は避けられるだろう。

自己主張してばかりの「第四のタイプ」

自己主張を実践していても気持ちが攻撃的な人もいる。そういう人には協力して双方が満足する関係を築こうという気はない。このタイプについて私は同僚といつも話し合っていた。おおむねつき合いやすく、自己主張スキルを使っていると一見自己主張型に見える人でも、些細な事柄にこだわり、何から何まで「ちょっとしたこと」で自己を主張する人もいるのである。

最終的に我々は、対人関係のアプローチの仕方には第四のタイプがあるという結論に達した。服従型でも自己主張型でも攻撃型でもない人、いわば「口うるさい人」が実際にいるのである。いつも厳しい注文をつけるような人とはいっしょにいたくないし、働きたくもない。こういう人は攻撃型のサブグループに分類してもいいのではないか、と私は思っている。

自己主張型のオーラ

ご存じのように、教壇に立ったかと思うと、何も言わないのに注目と尊敬を集める教師がいるのに対し、大声で叫んでも注目されない教師もいる。前者にはいわゆる「自己主張型のオーラ」があるが、後者にはそれがない。

自己主張型のオーラはそもそもボディー・ランゲージに由来し、自己主張型になればなるほど出てくる。自己主張型の人は、外見も行動も力強く、自信にあふれて魅力的だ。意識的に努力しなくても、確固たる自分だけの世界と健全な自尊心があるということがそれとなくわかり、自分だけでなく他人の権利や尊厳も大事にする姿勢が伝わるものだ。

自己主張的にふるまうには、最初はかなり努力が必要だが、そのうち楽にできるようになる。

まとめ

自己主張能力を高める方法はいろいろあるが、この章で紹介した方法は以下のとおり。

- 「自然な」自己主張
- 自己開示
- 具体的事実に基づく評価
- 関係を強化する自己主張
- 選択的不注意
- 引きこもり
- 相手を傷つけずに率直な意見を述べる
- 代わりの案を提示する
- 自然の成り行きと必然的な結果
- 行動をやめさせる、感情を受け入れる
- 「ノー」と言う
- 環境を改善する

自己主張スキルを学んでも調子に乗りすぎず、相手を思いやって「手加減」して使えば、対人関係が楽になる。自己主張能力が高まるに従って、自然に「自己主張型のオーラ」が生じ、意識的な努力をしなくても望みどおりの結果を得られるようになるものだ。

第四部

対立解消《コンフリクト・マネジメント》スキル

限りある人間の世界では、対立は創造性と必然的な関係がある。対立がなければ、個人的にも社会的にも大きな変化や進歩は生じない。その一方で、ますます激しさを増す対立（現代の戦争のように）は、それによって人間が守ろうとしたものを破壊しかねない。そこで対立・マネジメントがきわめて重要になる。これは必要な対立を認めたり、場合によっては奨励したりしながら、変化に不可欠な最小限度の状態にとどめて破壊的な影響を極力食い止め、できるだけ迅速かつ前向きに解決するためにあらゆる手を尽くす作業である[注1]。

——ハーヴィー・サイフェルト（社会学者）／ハワード・クラインベル（牧師、カウンセラー）

第十二章

対立《コンフリクト》の防止とコントロール

それぞれ目的がちがうため、対立の解消と対立のコントロールは分けて考えることができる。一口に対立・マネジメントといっても、当事者自身か第三者が対立を「解消」し、当初の意見の相違や対立感情を消滅させる場合もあれば、ただ「コントロール」するだけにとどめて、好みのちがいや敵意はともかく、その弊害を減らそうと努める場合もあるのだ[注1]。

――リチャード・ウォルトン（経営コンサルタント）

対立は避けられない

人間に対立や争いはつきものだ。先日の夜、私は妻と二人で、この数年の間に切り抜けた対立をふりかえって驚いた。どちらかと言うと穏やかな生き方をしているにもかかわらず、職場や家庭、それに私たちが暮らす三千五百人ほどの小さな地域で、私たちは激しい対立にたびたび遭遇していたのである。

次に私たちは社会的な対立についても考えた。結婚の三分の一は離婚に終わり、多くの家庭では「ジェネレーション・ギャップ」と呼ばれる親子間の断絶があるらしい。教師はストライキをし、学校の予算は削減され、地方教会は内輪もめで分裂している。

午後六時半にテレビをつけてニュース番組を見れば、居ながらにして世界中の対立を知ることができる。経営陣対労働者、都市部対郊外、白人対黒人、中絶賛成派対中絶反対派、異性愛者対同性愛者、環境保護団体対原子力産業といった国内の対立や争い。クーデター、侵略、誘拐、暗殺、経済制裁、軍備増強、交渉決裂といった国際的な紛争や衝突——その多くは我々に何らかの形で影響をおよぼす。

いまさら驚くまでもなく、こうした数々の対立や争いは経験から予想できたはずである。なにしろ、意見、価値観、要望、習慣などに食い違いが生じるのは日常茶飯事なのだから。第四代大統領ジェームズ・マディソンは、カール・マルクスよりずっと前に「内紛の原因でもっとも月並みで解決しにくいのは、多種多様の不平等な財産分与である」と述べたが、[注2]それは現代社会でも同じである。

それ以上に日常的なもめ事の原因となるのは、我々が神ではなく人間であるという事実だ。身勝手な言動、裏切り、うそ偽り、怒りなど、関係を悪化させるどころか破壊しかねない要因を我々は完全に超越することはできない。フローレンス・オールショーンが言うように、「一時的にできても、結局だめになる」[注3]。我々人間は、せいぜい「『対立の果てに』真の平和を築くこと」しか望めないのである。[注4]

対立は関係を破壊する

私は争いがきらいだ。争わずにすむ良い方法があればいいと思っているが、実際にはそんなものはない。

関係がぎくしゃくするならまだしも、最悪の場合には関係が壊れるので、人と争うのはどうしても好きになれない。いったん争いが起きると、収拾は容易ではない。たちの悪い論争は拡大する傾向があり、当初の争点が無意味になるか、忘れ去られたあとも依然として続くケースが多い。対立は、巻き込んだものを何もかも破壊するまでエスカレートしやすいのである。

対立のメリット

対立が生じるのは危険な状態だ。少なくとも感情的な面では、可能性よりも危険性を感じる人が多い。そうはいっても、対立に重要なメリットがないわけではない。

社会学では、意見の食い違いを率直にぶつけ合わないかぎり愛情は長続きしない、と考えられている。社会学者のギブソン・ウィンターはこう指摘している。

一般に、現代の家族は感情をあまり抑圧せず、もっと率直に意見をぶつけ合う必要がある。（中略）ときには明らかに対立したほうがいい場合もある。むやみに敵対感情を表に出しては何の得にもならないが、それが必要なときもあるのだ。（中略）**衝突しなければ親密な間柄にはなれない。**（中略）**愛と対立は切っても切り離せない関係にある**[注5]

この説を裏づけるような興味深い実験もいくつかある。ウィスコンシン大学のハリー・ハーロウ博士が行った一連の実験は有名だ。博士は数世代にわたってサルを育て、争いを嫌うサルの母親に育てられたサルは交尾を拒む、という事実を明らかにした。[注6]もう一人の著名な学者コンラート・ローレンツは、攻撃性を隠さない鳥や動物が「もっとも固い友情」で結ばれるという事実を発見した。[注7]また、ハーバード大学のエリク・エリクソンなどの人間関係を研究する学者も、親密な関係が築けないのは「論争や有益な争いに関与する能力がない」のが原因だとしている。

さらに、スタンリー・クーパースミスの研究によれば、家庭内にある種のあつれきが存在し、意見のちがいを率直にぶつけ合うほうが、何物にも代えがたい性質――高い自己評価――をもつ健全な子どもが育ちやすいという。[注8]

対立には、停滞を防ぎ、興味や好奇心を刺激し、創造性を助長するというメリットもある。哲学者のジョン・デューイは、「意見の衝突は思考の刺激剤だ。それによって、我々は観察し、回想し、発明する。ショックを受けると、我々は従順な殻を脱ぎ捨てて、感覚をとぎすませ、知恵をしぼる。意見の衝突は反省と創意工夫の『必須条件』である」と書いている。[注9]

経済史学者によれば、科学技術の進歩は労働賃金の引き上げを目指した組合闘争に負うところが多分にあるという。賃金の引き上げがしばしば労働力の削減と設備投資の増加を招いたからだ。[注10] 一九三〇年代から一九四〇年代のはじめにかけて、アメリカの石炭産業で高度な機械化が起きたのは、当時炭鉱において労働組合の活動が盛んだったからだという説もある。[注11]

キリスト教の教会やアメリカ合衆国を含む我が国の制度や組織も、対立の最中にできたものがかなりある。また組織の再生にも意見の対立は不可欠だ。ハーバード・ビジネススクールのリチャード・ウォルトン教授は、対立が企業などの組織に建設的な効果をもたらす可能性がある、という事実に注目してこう指摘している。

対人関係に適度の対立があれば、次のような建設的な結果をもたらす可能性がある。第一に、社会的に必要な仕事をするためのモチベーションや気力が高まる。第二に、多様な意見にふれ、要求のちがいを強く意識するにつれて、個人的にも社会的にも革新的な力が増す。第三に、当事者のそれぞれが自分の立場をさらによく理解するようになる。というのは、対立があれば自分の見解をはっきり述べ、その裏づけとなる論拠をすべて提示せざるをえないからだ。第四に、各自が自分のアイデンティティをより意識するようになる。第五に、当事者自身の内的な葛藤を解消する手段になる。注12

以上でおわかりのように、対立はどうしても避けられない。良くても関係を悪化させ、悪くすれば破壊するが、重要なメリットもある（特にうまく処理された場合には）。では、リスクを最小限に抑えながらメリットを最大限に引き出すには、対立をどう管理すればいいのだろうか？

シェリフの実験

一九五四年の夏、中流家庭の心身ともに健康な十一、二歳の少年たちが、二週間におよぶ実験的なキャンプに参加した。彼らは一見ごくふつうの活動に参加したつもりでいたが、行動科学の研究者がその行動を観察しているとは知らなかった。

実験は三段階に分けて行われた。まず、およそ一週間で二組のグループにそれぞれ一体感が生まれるように仕向ける。キャンプ地に来るまでのバスも寝泊まりするバンガローもグループ別にしたほか、グループごとに料理、水泳場の整備、野営の準備といった諸々の共同作業を行った。その結果、それぞれに「連帯感」(団結心)が生まれた。

第二段階では、相手を犠牲にして目的を遂げるしかない状況をつくって競争心をあおり、グループ間に対立が生まれるようにする。野球、タッチフットボール、綱引きなど、さまざまな競争をさせて勝った側だけに魅力的な賞品を与えるようにしたところ、スポーツマン精神が徐々に失われ、敵意が芽生えはじめた。やがて悪口、脅迫、つかみ合い、お互いのバンガローへの襲撃などが起きるようになった。

第三段階では、何らかの対策を講じて対立状態を緩和し、それ以上余計な争いが起きないようにする。楽しいイベントで顔を合わせるだけではもめ事は減らなかった。どちらのグループも、映画会、食事会、花火大会などがあればともに行動するものの、仲良くなるどころか、かえって喧嘩をはじめる始末だった。

ようやく**争いがおさまったのは、上位の目標(両者が協力しなければ達成できない目標)に向かってお互いに全力を尽くそうと決めたとき**だ。キャンプ地で使う水は、一マイルほど離れたタンクからパイプで送られていた。研究者たちがこの給水設備に細工をして水を止めると、両方のグループは協力してトラブルの原因を探り、設備を修理した。また、合同で資金を調達し、評判の映画を見に行ったこともある。キャンプのトラックがキャンプ地から遠く離れたところで故障したときは、両方のグループが力を合わせてトラックを引っ張った。もちろん、少年たちはこうした状況が研究者たちの仕組んだものとは知るよしもない。

お互いの敵意はすぐには消えなかったものの、次第にいざこざが減少し、やがて親しい交流がはじまった。合同で活動計画を作りはじめてから、グループの垣根を超えて友情が芽生えていたのである。キャンプから帰るときは同じバスに乗りたいと要求し、サービスエリアではかつての敵に飲み物をおごってやる光景も見られた。[注13]

対立の発生条件

ムザファ・シェリフを中心とするオクラホマ大学の研究者によってこの実験が行われたあと、ロバート・ブレークとジェーン・ムートンは、一般企業から百五十以上のほぼ同質のグループを集めて実験を行った。大人を使ったこの一連の実験の結果、条件次第で無益で非生産的な対立が生じる場合もあるし、対立を緩和し、防止できる場合もあるということがわかった。[注14]

人類学者のルース・ベネディクトによれば、対立が生まれやすい社会と生まれにくい社会があるという。一九四一年にブリンマーカレッジで行った講演で、ベネディクトは、激しい対立を引き起こすと考えられる文化的特質と、対立を防止もしくはコントロールする傾向がある文化的特質についてくわしく説明している。[注15]

複数の人間が少しでもいっしょにいれば、何らかの争いや対立が起きても不思議はない。ただ、シェリフの実験をはじめ、ベネディクトやアブラハム・マズローの学問的な分析からわかるのは、条件、行動パターン、組織風土などによって、対立の発生の仕方が異なるということだ。

「現実的な対立」と「非現実的な対立」

現在の社会学では、「現実的な対立」と「非現実的な対立」を注意深く区別している。現実的な対立とは、要求、目的、手段、価値観、利害などの対立だ。一方、非現実的な対立とは、無知、思い違い、歴史的な伝統や偏見、欠陥のある組織構造、片方だけが得をする競争、敵意、ストレス解消の欲求などから生じる対立である。

現実的な対立については、次の第十三、十四章で取り上げる方法を使えばうまく処理できる。ただ非現実的な対立は、根拠のない緊張をもたらし、いたずらに対人関係の崩壊を招く場合が多い。この種の無益な対立は、個人であれ集団や組織であれ、防止するかコントロールする必要があるが、それには有効な方法がいろいろある。

個人レベルの対立解消法《コンフリクト・マネジメント》

対立を根絶するのは無理でも、以下の方法によって個人的に多くの無用な争いを防げる。

◎コミュニケーションを妨げるような反応をしない

特に相手が何かを強く要求しているときは要注意。命令（威圧的な態度）、脅し、批判的な評価、悪口など、コミュニケーションを妨げるような反応を示せば、トラブルを自ら招き寄せるようなものだ。

◎〝反映〟型リスニングを行う

強い要求や深刻な問題を抱えている相手に対して驚くほど効果的。相手が「ネガティブな」感情を発散させたり、大きな対立に発展しかねない問題を解決したりするのに役立つ。

◎自己主張スキルを適用する

口論を最小限にとどめながら要求を満足させたいときに有効。自己主張を使えば、相手が感情的になってごたごたが起きる事態を避けられる。たとえば、「今日は家で例の本の一章分を書くつもりなんだ。だから、なるべく静かにしてくれるとありがたいんだが」などと前もって伝えておけば、問題が起きる心配はない。自己主張とリスニング・スキルはどちらも対立の二大要因（思い違いと情報不足）の除去に役立つ。

◎態度に気をつける

相手によっては、特定の言葉、目つき、行動などがいざこざの「引き金」になる。こうした態度はおそらく今の関係とはほとんどかかわりがなく、おそらく幼いころの経験に根差している。

観察力の鋭い人が空を見て嵐の兆しを「読み取る」ことができるように、意識すれば自分や相手の行動のなかに嵐の兆候を見出すことができる。天気についてはほとんどなすすべはないが、対人関係で早いうちに危険を察知すると、効果的な予防策を講じる余裕ができる。

◎自分のストレスは自分で解消する

ふつうに暮らしていてもストレスはたまる。他人に八つ当たりしてこうしたストレスを発散させることもできる。たとえば、私があなたに大声で悪態をつけば、私のストレスは解消する（もっとも、その反対にあなたのストレスは増大するだろう）。だが、やろうと思えば自分の部屋で一人きりで怒鳴るか、中立的な立場の第三者に話を聞いてもらい、感情を吐き出すこともできるのだ。激しい運動やスポーツ競技などでも、相手にストレスを与えずに自分のストレスを処理できる。近ごろ私はますますこの方法の重要性を確信している。

◎家族や友人に心の支えを求める

どうすればやさしさと思いやりに満ちた対人関係を築けるかは誰でも知っている。一般に、愛されている人ほど、他人と争う必要を感じないものだ。

◎寛容な心で他人を受け入れる

他人をどれほど許容し、受け入れられるかは、生い立ちである程度決まるし、遺伝的な要因が関与しているとも考えられる。とはいえ、今以上に寛容な心を養おうと思えばできるのである。自己主張型の能力を高める、身近な人間に心の支えを求める、効果的なコミュニケーション・スキルを習得する、論理療法[注16]の考え方を取り入れるなど、やり方はいろいろある。

◎問題を管理する

ロジャー・フィッシャーは著書の中で、世界平和を達成するには『軍備管理』に劣らず『問題管理』も重要になる、と指摘している。[注17]この考え方は、国際紛争だけでなく対人関係の対立をコントロールする際にも役に立つ。問題管理の要領は以下のとおり。

- 現実の問題に即座に対処するより、まず対処法を確立する。
- 一度に一つの問題に対処する。
- 要素が複雑に絡む大きな問題は、小単位に分けて対処する。

・当事者全員が満足できるように、一番解決しやすいと思われる問題からはじめる。
・最終的には根本的な問題に触れることが重要である。
・次々と争いが起きる場合、誰かが機転を利かせて根本的な問題を指摘する必要がある、とジョージ・バッハは述べている。
・思想信条の争いにしない。
・お互いの「要求」を満たす方法を見つけるように努力する。価値観の問題に関するかぎり、フィッシャーが指摘するように、我々が求める解決策は相手の信条にも合致する（少なくともきちんと理解して適用すれば）、と伝えたほうがいい。お互いに信条を保持したまま問題を解決できると主張すれば、相手もその気になりやすい。

◎相手が安心して話ができるように誘導する

相手がなかなか感情や意見を表現できないなら、誘い水を向けて話を引き出し、どんな話をしても大丈夫だと安心させる。対立しているときには、捨てぜりふの一つも（ほとんどが捨てぜりふという可能性もあるが）言いたくなるのがふつうであり、「あなたがどう思っていらっしゃるのかお聞きしたいのですが」などと話をうながすのは必ずしもかんたんではない。微妙な問題について相手がちがう意見を述べると、どうしても我々はむきになって反論するか、こき下ろしたり怒って非難したりするきらいがある。だから相手の口を開かせるだけでなく、**何を言われても反撃しない、と請け合う**必要があるのだ。これは至難の業だが、とりわけ服従型の相手には非常に有効な方法である。

◎対立の全体的な結果とコストを慎重に評価する

対立のコストを見積もるのはむずかしい。というのは、感情的なやりとりは予測がつかず、抑えが効かなくなる場合がよくあるからだ。かといって、無用の争いをすればどうなるかを考えようともしないのは愚かである。

集団・組織レベルの対立解消法

社会的な取り決め、手続き、構造などのなかには、無益な対立を生むものもあれば、それを最小限にとどめておくものもある。家族、集団、企業、個人などにおける人間関係で、どういう配慮があれば無用の論争を未然に防げるかを見てみよう。

◎構造に柔軟性をもたせる

組織（あるいは人間関係）においてどれほど対立が生じるかは、その組織（人間関係）の「構造」とかかわりがある。ユージン・リトワックは、**中央集権的な官僚組織ほど対立が生じる可能性が高い**、と主張している。[注18] また、広範囲にわたる調査を行って組織や機関の柔軟性の度合いを分析したレンシス・リッカートによれば、柔軟性に乏しい組織や機関ほどコミュニケーションが円滑にいかず、建設的な対立解消ができないという。[注19]

◎しかるべきリーダーを選ぶ

リーダーの個性と仕事の流儀も大事だ。保身的な姿勢があまり見られず、[注20]進んで部下に手を差し伸べるマネジャーがいる組織ほど、無用なもめ事が起きにくい。立場の弱い者よりも、権力やカリスマ性があるか効果的なコミュニケーション・スキルを身につけた者のほうが、対立解消に大きな影響力を発揮する傾向がある。

◎協力が必要な環境をつくる

競争がおしなべて不健全だとは言えないが、調査の結果、一方だけが得をするウィン・ルーズ方式の競争は無用な対立を生み、論争を効果的に解決する力を弱める、ということが明らかになっている。それに対して、目標達成に協力が不可欠な場合には、組織内に真の調和が生まれやすい。[注21]

◎関係者に配慮したシステムを用意する

車道に通行規則が存在しなければどうなるか考えていただきたい。右も左もなく車が行き交えば、交通事故やいざこざが激増するのは目に見えている。欧米社会ではめずらしい一夫多妻制（複婚）は、明確な対策と手続きがあれば無用な対立を未然に防げる、という事実をはっきり示している。

ロバート・ブラッドは次のように書いている。

一夫多妻制では、どうしても妻たちの間で激しい嫉妬と対立が生まれる危険性がある。したがって、対立を防ぐための措置が一夫多妻型の社会で考えられてきたのは驚くには当たらない。たとえば次のようなものだ。

①それぞれの妻子を別々の小屋に住まわせる。

②第一夫人に第二夫人以下を管轄する権限を与える——こうすれば第一夫人の地位が脅かされる心配がないばかりか、メイド代わりに使えば夫を独占できない埋め合わせにもなる。

③夫はえこひいきをせずに、妻たちを平等に扱う——多くの場合、夫は厳密なスケジュールに従って、順番に妻たちと夜をすごさなければならない。

とりわけ③は我々の目下の目的にとっては重要だ。[注22]

◎変化の度合いを考慮する

急激に変化する社会では、家族などの組織もある程度変わらざるをえないし、ときには大きな変更を迫られる。さもないと、周囲の文化に適応できなくなるからだ。その反面、急激に変わるか、変わる際に不適切なコミュニケーションの方法を使えば、無益で深刻な対立を招くおそれがある。

◎将来の不満を未然に防ぐ仕組みを確立する

ケネス・ボールディングは、組織集団間の対立を交渉で解決する際に重要なのは、協定を結ぶより将来の不平不満に対処する仕組みをつくることだ、と主張している。彼によれば、労使交渉に大きな進展が見られたのは、目の前の問題の解決ばかりに焦点を当てるのをやめ、先々の不満を未然に防ぐ仕組みづくりを重視したときだという。[注23]

◎「感情的疫病」を予防する

「感情的疫病」という言葉をはじめて使ったのは心理学者のウィルヘルム・ライヒだが、私は多少広い意味で使っている。この病に冒された者は人を惹きつける知的で行動的な人物に見えても、**何の罪もない相手にひどい仕打ちをする。**健康で愛情に満ちた人や建設的な仕事に没頭している人に出会うと、手段を選ばず、邪魔したり破滅させたりする傾向があるのだ。今から千九百年前に、群衆がイエスの代わりに盗賊を放免するよう訴えたのも、この「感情的疫病」にかかっていたからだ。[注24]

この疫病もやはり隔離して治療しなければならない。私自身はこの種の人物を採用するつもりもないし、個人的なつき合いも遠慮したいと思っているが、困ったことに、最初はなかなか正体を見抜けない。見つければ解雇したり、関係をきっぱり断ち切ったりする必要がある。ただ、こんな人間が身内にいれば、そうかんたんにはいかない。

◎対立解消の訓練をする

対立解消は説明してもらっただけではほとんど役に立たない。ストレスのかかる状況でうまく使いこなすには、リスニング、自己主張、協調型問題解決法などを含む訓練プログラムの一環として、対立に対処するためのスキルをさらに深く学ぶ必要がある。最終的には、その訓練も対立をうまく活用するための手段の一つにすぎない。対立を防止・解消するための取り決めや手続き、コミュニケーションの適切な方法、不平不満を処理する仕組み――こういったものと効果的な訓練が相まって、包括的な対立解消が可能になるのである。

対立解消法の落とし穴

対立のなかには、建設的な方向で防止できるものもあれば、当事者全員が納得するようにうまく収拾できるものもある。しかし多くの場合は、なるべく早い時期に手を打って解決する必要がある。へたなやり方をすれば長引くだけで、ろくな結果にはならない。対立をすべて回避しようとする人は、上記の方法を誤用しやすい。また、不愉快なもめ事から逃れるために、否認、忌避、服従、支配といった手段を使うような人もいる。

まとめ

人間の生活には対立がつきものだ。それによって人間関係がぎくしゃくするならまだしも、最悪の場合には崩壊しかねない——ただし、プラスになるものもある。

対立には「現実的な対立」と「非現実的な対立」の二種類があり、それぞれはまったく異なる。「現実的な対立」とは、要求、目的、価値観などの対立。「非現実的な対立」とは、無知、誤解、歴史的な伝統や偏見、欠陥のある組織構造、行き場をなくした敵意、ストレス解消の欲求などから生まれる対立を指す。この章で概説した方法を活用すれば、非現実的な対立はかなり防止できるし、コントロールできる。ただし、否認や忌避、あるいは服従や支配といった手段で抑制しようとすれば、対立を長引かせるだけで、亀裂の修復はかえってむずかしくなる。

次章では、現実的な対立の感情面に対処する確実な方法を紹介する。また第十四章では、実質的な意見の食い違いを解消し、当事者双方の要求を満足させるような方法を提示したい。

第十三章

対立《コンフリクト》の感情的要素

ようするに、私の心が恐怖、怒り、自己防衛本能などにとらわれているかぎり、誰に対しても心を開いて率直に話し合える状態ではないということだ。胸にわだかまった感情を吐き出してすっきりしなければ、話し合う気になれるはずがないのである[注1]。

——ジョン・パウエル（神学者）

まず感情に焦点を当てる

対立は感情的な側面と実質的な側面に分けて考えれば対処しやすい。対立の感情的要素には、怒り、不信、自己防衛意識、軽蔑、恨み、恐怖、拒絶反応などがある。感情が強ければ「感情的な側面から先に対処する」に越したことはない。気持ちがおさまれば、実質的な問題に前向きに取り組めるようになるからだ。実質的な問題とは、相容れない要求や、方針、手続き、役割、資源の使い方などに関する意見の食い違いを意味する。

この二つの側面はお互いに関係があり、実質的な対立が感情的な対立（怒りや不信など）を招いたり、感情的な対立のせいで実質的な問題が増加したりすることもある。切り離すのがむずかしいほど絡み合っている場合も少なくない。

一般的な対立解消法では、初めに具体的な問題を「理性的に」検討することが重要だとされている。だが私の経験では、これはふつう後回しにすべきである。**感情が高ぶっている場合には、理性的に問題を解決するよりも、感情的側面をきちんと検証するのが先決だ。**この作業が終わって気が静まれば、次の段階――意見が食い違う実質的な問題を（もしあれば）理性的かつ創造的に検討する段階――に進んでもかまわない。

感情が高ぶっているときに理性的なアプローチをしてもうまくいかないのは、冷静なときとは別人のようになるからだ。怒りや恐怖に駆られると、体内でアドレナリンの分泌量が増えて二割ほど抵抗力が増す。肝臓が糖を血流に大量に供給し、心臓や肺からさらに酸素を要求する。血管が拡張し、思考を司る大脳皮質中枢の機能が落ちる。またすでに述べたように、ストレスを受けると、血液の大部分が体の末端に送られるため、問題解決能力にかかわる脳の部位への血液供給量が著しく減少する。経営コンサルタントのジョージ・オディオーンの言葉を借りれば、「こういう状態に陥ると、口論の準備はじゅうぶんできていても、問題を解決する態勢はまったく整っていない[注2]」。

対立を解決するには、まず感情的な側面から取り組むべきである。それが「対立解決法」と私が呼ぶ方法の目標だ（我々がこれを「対立解決法」と呼んでいるからといって、これ以外に効果的な方法がないというわけではない。スタッフの誰かがつけた呼び名を長年そのまま使っているにすぎない）。

対立解決法《コンフリクト・マネジメント》の3つのステップ

対立解決法は対立を管理するための一連のかんたんな「ルール」だと考えていい。対立は野放しにすると手に負えない危険なものになる、ということは昔からわかっている。だからこそ、大柄のプロレスラー同士がマットで闘っても、ルールによってある種の暴力は禁止されている。また、ヘビー級のボクサーが安心してリングに上がれるのは、ルールで定められた禁止事項をレフリーが守らせるとわかっているからだ。政党が政権争いをする際にも特定の法律に従う義務があるし、国と国とが戦争をはじめるときですら、一定の交戦規定がある。ところが、きわめて重要であるにもかかわらず、対立がほとんど野放しにされている分野もある。たとえば、夫婦げんかには、当事者たちや結婚生活を守るための決まったルールがない。

この章で紹介する対立解消法は、対人関係の**対立を建設的なものにするための単純で実用的なルール**である。次に紹介する三つのステップに従えば、建設的に――組織的で弊害のない、成長をうながすような方法で――対立に対処できるようになる。

「対立解消法」ステップ1

敬意をもって相手に接する

言い争いの最中に相手に敬意を払えとはどういう意味か？　心理学者のクラーク・ムスタカスは次のように述べている。

> 創造的な論争では、当事者はお互いの妥当性をじゅうぶん認識している。どちらの側も、真実をありのままに伝えることを常に念頭に置いている。この点ではどちらにも遜色はない。好意的な雰囲気に包まれた誠実な関係であれば、こうした論争によって、お互いに独自性を維持しながら、真のコミュニケーションを通じて確実に成長できるし、純粋で遠慮のない人間関係の重要性を理解できる。[注3]

哲学者マルティン・ブーバーは、中東の社会的・宗教的・政治的混乱状態のなかで自らの対話哲学を実践しようとした。険悪な対立状態の渦中で体現しようとした他者とのかかわり方を、彼は次のように記している。

> ある対象について基本的に異なる見解をもつ二人の人間が、お互いに**自分の立場の正当性を納得させることができるかどうかは**、人間の営みに関するかぎり、それぞれが相手をありのままに受け入れるかどうか、つまり、影響を与えたいという願望があるにもかかわらず、**相手の個性や独自性を無条件に受容し支持するかどうかにすべてかかっている**。
>
> 厳然たる人間の個性化、他者の基本的な異質性は、論争の前提条件であるとともに、お互いに確認し合うものでもある。
>
> 相手に影響を与えたいといっても、自分の「正しい考え」を吹き込んで相手を変えようとするのではない。それは、紛れもない真実と相手が認める（また、それゆえに相手の心に定着するにちがいない）考えを影響力を行使して相手の心に植えつけ、個性化にふさわしい形で大きく育てる努力を意味するのである。[注4]

相手に対して**敬意を払っているかどうかは**、**具体的な態度によって伝わる**ものだ。話の聞き方、目つき、声の調子、言葉の選び方、話の展開の仕方などからわかるのである。

残念ながら、意見や価値観が食い違うか要求が対立すれば、相手の考え方だけでなく人間性まで軽視しがちになる。私も論争になると、尊敬する人に向かってさげすむような発言をする傾向があり、「バカ言うんじゃない。こんなまぬけな考え方を聞いたのは久しぶりだよ」とけなしたり、「実にすばらしいアイデアだ。でも、それを実現するにはフォートノックス（合衆国の金塊貯蔵所）の金を全部使う必要があるな」と皮肉ったりすることがある。また、その人を攻撃して自尊心を傷つけるときもある。不用意な発言が多いとはいえ、こうした侮辱的な言葉は円滑なコミュニケーションを阻害し、癒しがたい傷をあとに残す。

怒りを爆発させたあとで、「本気で言ったんじゃありません。ついカッとなってしまっただけで、ほんとはあんなこと言うつもりじゃなかったんです」と弁解したところで、「あんなことを言うのは、内心そう思っている証拠だ。おかげでおまえの本音がわかったよ」と思われるのが落ちだ。

発言では判然としなくても、**相手を軽んじる姿勢はボディー・ランゲージでなんとなく伝わり**、顔の表情、声の調子、身ぶり手振りなどから読み取れる。そうなるとコミュニケーションにまた支障を来し、長期にわたってぎくしゃくした関係になりかねない。

対立では、我々はどうしても相争う方向に引きずられ、相手を侮ったり固定観念で見たりするきらいがある。こうなると話し合いにならず、どちらかが一方的に話すか、話がかみ合わなくなる。

多くの場合、**相手を軽視せず、自分と対等な敬意に値する人間として接するには、意志の力と道義的な力が要求される。**

「対立解消法」ステップ2

相手の立場を理解するまで話を傾聴する

条件がそろっていても、コミュニケーションはなかなかうまくいかない。まして対立が生じて感情的になれば、とりわけ誤解が生じやすい。論争が白熱すると、論点がかみ合っていないのに気づかないか、基本的に意見が同じなのにそれに気づかない、というのはよくある話だ。対立の最中に意志の疎通が正確に行われることなど不可能に近い。

それを可能にするいい方法がある。それはカール・ロジャーズが提唱する次のようなルールを実行することだ。「**まず相手の考えと感情を十分にくみとって正確に言い換えて**から自分の意見を主張する」[注5]

シカゴ南部のコミュニティーセンターに勤務するユージン・ジェンドリンを中心とするスタッフが発表した「会話の手引き」では、この種のリスニング法をこう説明している。

相手の話に耳を傾け、考えや気持ちを正確にくみとって自分の言葉で順次言い換えてください。その言葉に自分の考えや気持ちを混ぜたり、相手が言わないことまでつけ加えたりしてはいけません。(中略)

正確に理解していると証明するために、相手が何を本当に伝えたいのかを正確にあらわす文章を一つか二つ作ってください。ふつうは自分の言葉でかまいませんが、問題の核心にふれるようなところはその人の言葉をそのまま使ってください。[注6]

リスニングの目的は、相手のアイデアや提案の「内容」、そのなかに込められた「真意」と「感情」などを理解することにある。言い換えれば、相手の身になって相手の話を「相手の観点から考える」ということだ。

これはたんなるオウム返しのリスニング法とはちがう。リチャード・カボット博士が言うように、**「その魅力を感じられるほど身になじむまで**、つまり、心に響く何らかの真実がそこにはあると実感するまで、我々は反対意見を理解できない」[注7]。マルティン・ブーバーが「反対側の立場に立ってみる」と言ったのも同じ趣旨だ。

対立する相手の主張を正確に理解して要約するのは至難の業だ。人はふつう自分の立場から相手のメッセージを受け取り、少し歪めた形で要約をフィードバックするからだ。たとえば、次の親子の会話を見てみよう。

マーシャ：「家事を手伝ってと頼んでも、宿題があるからできないといつも断られるから頭にくるわ」

エミリー：（母親の発言を自分なりに要約しながら）「宿題のことは忘れて手伝いをしろって言うのね」

エミリーは母親の言葉を正しく要約しているように見えるが、実はその真意を歪めている。ここまでの話をそばで聞いていればよくわかる。マーシャが不満だったのは、どちらかを選ぶしかない状況になるまで、エミリーが家の手伝いも宿題も後回しにすることだ。次のように言えば、マーシャの真意をもっと正確に要約できる。

エミリー：「ママが怒っているのは、私が宿題を口実にして手伝いをしないと思ってるからね」

こう言ったからといって、エミリーは自分が宿題を口実にしていると「思い込む」必要はない。彼女の役割は母親のメッセージを理解することであり、それに同意するにはおよばない。自分の意見を主張するチャンスはすぐにやって来る。

「感情」をくみとってフィードバックすることには特に注意したい。相手の感情を聞き取るだけでなく、それを理解して受け入れる必要がある。**相手が故意に痛烈な非難を浴びせてあなたを傷つけているように思えるときなど、ついかっとなって反撃したい気になるだろう。だがその衝動を抑え、**相手の感情を共感的に受け止めてフィードバックを返すように努めれば、意外なほど早く相手は落ち着くものだ。

「お気持ちはわかります」というセリフは使わないにかぎる。そんな言葉を信じる者はめったにいない。この時点では説明や弁解はもちろん、どんな発言もしてはいけない。自分の気持ちをなるべく抑えて、相手の意見、提案、感情などを（相手の観点から）理解し、簡潔な言葉でフィードバックを返すことだ。そのあとは黙って考える時間を与える。そうすれば、相手はその言葉が基本的に正しいと認めたうえで少し説明をつけ足すか、どこかに間違いがあれば訂正できる。相手が自分の発言を補足するか、あなたの言葉を訂正すれば、それを相手が満足するまで要約する。話がきちんと伝わったと相手が感じたら、あなたは自分の意見を主張し、感情を表現する「権利」を「獲得」したことになるのである。

「対立解消法」ステップ3

自分の意見、要望、感情などを述べる

人間として相手に敬意を払い、その意見や感情に理解を示したあとは、自分の言い分を相手に伝える番だ。この段階では、以下の五つのガイドラインが役に立つ。

まず**「簡潔に」自分の意見を述べること**。とりわけ対立しているときは、短く的確なメッセージを伝えたほうがコミュニケーションはうまくいく。

第二に、**底意のある言葉は、事態を悪化させかねないので避ける**。フィリップ・ロスのある小説で、登場人物が次のように語る場面がある。「情けない。英語は意志を伝達するためにあるんだ。撃つか撃たれるか、生きるか死ぬかの激しいやりとりだけが会話じゃない。言葉はたんなる爆弾や弾丸じゃない……それどころか、いろんな意味を含むささやかな贈り物なのだ[注8]」

第三に、**本当に言いたいことを本気で言う**。対立しているときは、重大な問題に触れないか、そ

れとはまったく別の話をする場合がよくあるし、ともすると発言が大げさになる。隠したほうがいいときもないとは言えないが、事実をありのままに述べるに越したことはない。

第四に、**感情を開示する**。あなたは相手から不当に非難されて怒りや恨みなどを感じているか、議論されている問題についてさまざまな思いを抱いているかもしれない。相手に対する疎ましい気持ちを前向きに表現するのは容易ではないが、対立を解消したければ避けて通るわけにはいかない。すでに身につけた自己主張スキルがここで役に立つ場合もある。感情的な問題が片づかないかぎり、おそらく実質的な問題を解決することはできないだろう。話し手になろうが聞き手に回ろうが、とにかく感情に神経を集中することだ。

最後に、このステップ3そのものが不要になるケースもある。一方が腹を立てて怒りをぶちまけても、相手が冷静にそれを受け入れて丁重に対応すれば、対立状態が終わる可能性があるからだ。「たまに」ステップ3が不要になるときがあるとしても、通常はそういうわけにはいかない。自分の感情や意見を開示しようとせず、もっぱら相手の話に耳を傾けるだけでは正しいやり方とは言えない。これをくりかえせば人間関係が損なわれる。

対立解消の具体例

メグとドンのケース

対立の解消には、以上述べてきた三つのステップがあることから、対立解消法をワン・ツー・スリー・プロセスと呼ぶ人もいる。

我々のセミナーに参加したメグは、はじめてこの方法を使って婚約者のドンと話し合った。二人は宗教についてよく口論していたが、ある日、雲行きが怪しくなったのを感じて、メグは学んだばかりのスキルを試してみようと思い立った。以下の対話はそのときの議論をメグがあとで書き出してくれたものだ。（はじめのうちは対立解消法を「使っていない」）

ドン：「よく教会の仕事を手伝ってるけど、ほかにしたいことはないのか？」

メグ：「私の行ってる教会はほんとにすばらしいのよ。だから恩返しをしたいの。それに、手伝いをすると気分もいいし」

ドン：「うちの教会のほうが絶対いいな。カトリックの教会なら何もしなくてもいろんなサービスが受けられるんだ」

メグ：「他にはどういう点がいいの？」

ドン：「それだけでじゅうぶんさ。きみの教会を見ろよ。二百もの家族がせっせと手伝っているのに赤字のままだ。ぼくはあんなふうに時間をむだにしたくないね。おまけにプロテスタントの教会じゃ、やりたくもない仕事を押しつけられるんだろ」（この話題についてしばらく話す）

メグ：「どうやらこの点では意見がまったくちがうみたいね。この間コミュニケーション・スキルのセミナーに参加したんだけど、こんなときに役立ついい方法を教わったわ。こっちの意見を主張しながら相手の意見も聞いて理解する方法よ。たとえば、あなたが話すときは私はじっと聞いて、話が終わったらそれを私の言葉で言い換えるの。そうすれば、あなたの話をよく理解できたかどうかわかるでしょ。その後は立場を変えてやるんだけど、試してみる？」

ドン：（笑いながら）「ぼくをへこませるつもりだな。まあ、いい、やってみろよ」

メグ：「あなたは教会のボランティア活動なんかに大事な余暇を使いたくないと思っているのね」

ドン：「そうだよ。特に……」

メグ：「ちょっと待って、次はこっちの番。たとえそれが教会のボランティア活動でも、自分が楽しいと思えば私は自由にするわ。時間の無駄じゃなくて立派な奉仕活動だと思っていればなおさらよ」

ドン：「きみが手伝ってるのは、義務感からじゃなく自発的なものだと言いたいんだな」

メグ：（うなずいて肯定の意思をあらわす）

ドン：「カトリック教会がいいのは、寄付を強制されないし、始終手伝いにかり出されないからだ。それに、最近は教会もずいぶん変わって、金曜日に魚を食べろとはもう言わなくなったしな」

メグ：「何も要求されないし、良い方向に変化してきたから、カトリック教会のほうがいいと思うのね」

ドン：（うなずいて肯定する）

メグ：「どうして私がプロテスタント教会のほうが好きかというと、親しい仲間といっしょに働くのが楽しいいし、礼拝がすばらしいからよ。音楽もいいし、説教もためになるわ」

ドン：「音楽と説教が気に入っているんだね。確かに、カトリック教会よりましかもしれないけど、どうせぼくはそんなものを聞かずに空想ばかりするだろうな。教会にいるだけで敬虔な気持ちになれるから、それでじゅうぶんさ」

メグ：「どうやら求めるものがちがうから、二人とも今の教会で満足しているという感じね」

メグはこのやりとりを次のように評価している。

「この話し合いにはとても満足しています。こういう話をすると、たいていひどい言い争いになるんです。意見がまったく合わないときに、ドンが私の言い分を聴いてくれたのはこれがはじめてだと思います。私も勉強になりました。スキルを知らなければ、きっと偉そうに説教じみたことを言ったにちがいありません。おかげでスムーズにコミュニケーションができました。この問題については何度も話し合ったことがありますが、やっとドンの考え方がわかりました」

古代ローマ・アントニーのケース

本書で紹介しているスキルはとても現代的なものと思っている人が多い。だが実はそうではないのだ。ソクラテスやイエスの時代以前に、非凡なコミュニケーション能力の持ち主は似たような方法を使っていたのである。何世紀も前からすでに基本的な方法は実践されてきたが、緊迫した危機的状況で対立解消法が適用された例を一つ紹介しよう。

十六世紀の終わりに、ウィリアム・シェークスピアは『ジュリアス・シーザー』という戯曲を書き、紀元前四十四年のシーザーの死にまつわる対立と陰謀を描いた。シーザーの暗殺に加担したブルータスは、広場に集まったローマ市民を前にして、自分が決起したのは市民とローマの偉大な栄光のためにほかならない、と言葉巧みに説得し、シーザーやシーザーに忠誠を誓っていたマーク・アントニーへの憎しみをかき立てる。

その少しあとで、アントニーが演壇に登って演説しようとすると、群衆から「シーザーはやっぱり暴君だったんだ」「あいつがいなくなって救われたんだ、ローマは」といったヤジが飛ぶ。アントニーは運が良ければその夜を乗り切れるとわかっていた。このときの演説は生死にかかわっていたのである。これが優れた演説として世に知られるようになったのも、市民の心情を理解していたアントニーが、三つのステップに配慮したからだ。

まず、敬意を払って市民に「友よ、ローマ人諸君よ、わが同胞よ、どうか、耳を貸してくれ」と訴えている。

次に、市民の声に耳を傾けながらその立場を理解し、自由に意見を述べる権利を認めている。群衆の心をつかんだブルータスの演説の一部を簡潔にまとめると同時に、アントニーは群衆のヤジにも反応を示してこう述べている。「高潔なるブルータスは諸君に告げた。シーザーは、王たらんとする野望を抱いていたと。もしもそれが事実ならば、それは確かに、痛ましい罪であったというほかはない。そして確かにシーザーは、痛ましくもその報いを受けた」彼はこの調子で市民の気持ちをくみとりながら要約していったのである。

そして、自分が市民の観点から状況を理解しているということが群衆に伝わったと確信できた時点で、ステップ3に進んでいる。

彼は慎重に言葉を選びながら、次のように自らの見解を述べて重大な証拠を提示する。「彼は、私の友人だった。常に公正、誠実を尽くしてくれた。だがブルータスはいう。彼は野望を抱いていたと。そして確かにブルータスは、公明正大の士である。シーザーはおびただしい捕虜をローマに連れ帰った。その身代金を、シーザーはいささかも私することなく、すべて国庫に納めて公の富となした。これが、野望を抱いた者のすることだったのだろうか？（中略）諸君はみな目にしたはずだ。あのルパカリアの祭りの当日、私は彼に、王冠を三度捧げた。ところがシーザーは、三度これを拒んだではないか。これがはたして、野望に燃える者のすることか？」（『ジュリアス・シーザー』安西徹雄訳）こう言って、アントニーは全財産をローマ市民に贈ると記されたシーザーの遺言状の中身を群衆に伝えたのである。

紀元前四十四年三月十五日に起きたこの危機を、アントニーが現実に切り抜けられる可能性は低かった。彼が助かったのは、対立解消法の三つのステップに従ったからだ。シェークスピアがこれを「方法」として知らなかったとしても、アントニーが危機を乗り切るにはこれ以外に手はないとわかっていたはずである。こうしてアントニーは眼前の群衆の怒りを静め、彼らが事実を客観的に受け入れる心の準備ができたところで、自分の主張を述べた。三つのステップに従ったおかげで、アントニーはその日を切り抜けられたばかりか、やがてローマ帝国の支配者になったのである。[注9]

対立解消法の使いどころ

対立解消法の使いどころは四つある。

一つは、自分だけが使う場合。相手に敬意を払いながら話を傾聴し、慎重な表現で簡潔にフィードバックを返せば、相手の気が静まり、より生産的な話し合いができる。

二つ目は、争いに巻き込まれているかその気配を感じたときに、相手に方法をかんたんに説明し、いっしょに試してもらう。

教師のバートは、ジムという生徒に手を焼いていた。対立解消法を学んだあと、今度もめたらこの方法を試そうと思っていたが、すぐにその機会は訪れた。バートはそのときの様子を次のように説明している。

ジムが他のクラスの子と殴り合いの喧嘩をはじめ、学校の備品を壊したときのことです。以前はこんな問題をあの子と話し合ってもなにもならないような気がしていましたが、今回は対立解消法を試してみるつもりでした。

私はほかの生徒たちを図書室に連れて行き、ジムだけを私の部屋に呼んで待機させました。部屋に入ると、例によってジムは今にも「食ってかかる」ような表情をしていました。私は彼の隣に腰を下ろし、一分ほど黙ったあとでこう言ったのです。「**ジム、話し合う前に約束しようじゃないか。お互いに相手の話をよく聞いて、どういう話だったかをまず相手に伝える。それから自分の意見を言うようにするんだ。**そして自分の意見はいつもかんたんな言葉で正直に言うんだ」

私はそう言うと、またしばらく黙っていました。それからジムを見て、「どうだい、やってみるか?」と尋ねながら握手を求めるように片手を伸ばしました。するとジムはその手を握り、「いいよ」と答えたのです。

その結果どうなったかというと、今では以前とは比較にならないほどお互いに理解し合い、好意をもっています。それに、感情のもつれがなくなり、ある程度問題を解決できてから、もう一カ月以上も何の問題も起きていません。

三つ目は、平穏なときに導入し、いざというときに備える。家族会議、クラスの話し合い、職場のミーティングなどでこの方法の必要性を説く。どんな集団でも対立は必ず生じるが、感情的な問題を処理して前向きに解決できる効果的な対処法がある、と説明する。説明だけでなく、ロールプレイをしたり、資料を配ったりしながらこの方法のメリットについて話し合う。

予想外に多くの反対意見が出るかもしれない。そうなっても、すぐに反論せず丁重な態度でその意見に耳を傾けて理解を示すことだ。「そのあとなら」簡潔に自分の意見を主張してもかまわない。

こういう場合、私はよく次のような言い方をする。「今までのやり方には不満がある。きみもそう思っているはずだ。この方法が役に立つかどうか少し試してみたい。役に立たなければやめればいい。やってみる気があるかい？」

最後は、第三者の立場で対立の解決に力を貸す場合。当事者の同意が得られれば、第三者として中立的な立場で一連のプロセスが滞りなく実施されるように気を配る。細心の注意を要する状況では、当事者のかわりに第三者がそれぞれの発言に対してフィードバックを返すように決めてもいい。言葉は同じでも、中立的な人間が双方の言い分を要約したほうが曲解されるおそれがない。

ただ、通常は当事者全員に対立解消法の三つのステップを説明し、それに従うという合意を取りつけるのが第三者の役割だ。そのあとは、主に成り行きを監視しながら一連のプロセスを推し進めるが、重要な問題については当事者の発言を要約する場合もある。第三者は対立から距離を置き、当事者がストレスを受けながらもコミュニケーションをとり、自力で将来の対立に対処できるように手を貸すべきである。

対立解消法を実践するための準備

十年以上もの間、夫婦やビジネスマンを対象に「公正な論争トレーニング」を行ってきた心理学者のジョージ・バッハによれば、**論争において生産的な結果を得るためには、事前にお互いの合意を得ておくことが不可欠だ**という。バッハは次のように主張している。

公正な論争は、不平不満をもつ側の主導で実施される。彼は相手に公正な論争への参加を要請し、その「論争相手」の同意のもとに論争の時間と場所を設定する。

この「約束」を取りつけるプロセスは不可欠だ。(中略)

このプロセスがなければ、一方が不意打ちを食らうはめになるため、急激にお互いの関係が悪化し、取り返しがつかない状態になりかねない。それゆえ、公正な論争は必ずお互

いに合意し、諸々の条件を取り決めたうえで行われるのである。[注10]

一般に、人と言い争うような事態に陥るのは衝動に駆られている場合が多い。タイミングがいいのかどうか、相手が同意するかどうかなど確かめもせず、条件を決めて生産的な論争をしようという余裕もない。いったん怒りに火がつくと、ふだんはもめ事を敬遠しがちな人でさえ、何の見境もなく争いに突入する可能性が高い。

論争をはじめる前に確認すべき点をいくつかあげてみよう。

◎お互いに言い争うだけの心的エネルギーがあるか？

たとえば、相手が離婚でつらい思いをしているなら、別の機会にゆっくり話し合ってもいい。

◎誰が同席するのか？

一般的には、当事者以外の者は席を外すべきだ。効果的な論争の仕方を学びはじめたばかりなら、誰にも――お互いが認めた第三者以外の者には――見られないほうがやりやすいに決まっているし、ときには第三者がどちらかの肩をもったり、当事者が自意識過剰になったりする場合があるからだ。それに激しい言い争いは聞くにたえない。無関係な者にまでもめ事を押しつけることはない。ただ、極端に閉鎖的になって、まるで悪事を働くかのように人目を忍んで行う必要もない。また親の口論をある程度聞かせたほうが、子どもは現実の人間関係をよく理解できるようになる。

◎いつ行うべきか?

お互いが疲労困憊するおそれがない、じゅうぶん時間をかけて議論できる、あとで和解、問題解決、反省などの時間が取れるなどの条件を満たすときがあるか?

◎どこで行うべきか?

ふつうに考えれば、電話、テレビ、ラジオなどがなく、関係のない人間がいないところが望ましい。また、中立性も考慮すべきだ――こっちの土俵で戦うか向こうの土俵で戦うか、あるいはどちらの側でもない場所(またはどちらの側でもある場所)で戦うのか?

こういった問題も重要にはちがいないが、何より大切なのは相手の不意をつかないことだ。双方が事前に同意し、諸々の条件(対立解消法の使用を含む)を取り決めれば、幸先の良いスタートを切れる。

対立をふりかえる

論争が生産的なものでなければ、あるいは時間を取ってその教訓を学ばなければ、前述した「対立のメリット」はあまり得られない。

論争が終わったあとに、できればそのやり方や教訓について相手と意見を交わすのが望ましい。それが無理なら心のなかで自分と対話してもいい。もちろん、両方できれば理想的だ。以下の点を参考にして対立をふりかえってみよう。[注11]

・この論争から何を学んだか?

・お互いに何が「頭にくる」かわかったか? 厳密に言えば、何が争いの「引き金」になったのか?

・私(我々)は一連の対立解消法をうまく活用できたか?

・私はどの程度傷ついたか?

・相手はどの程度傷ついたか?

・どの程度お互いのうっぷんを晴らせたか?

・争点になっている問題やお互いに関する新しい情報がどの程度明らかになったか?

・実際にどちらかが意見を変えたか? だとしたら、お互いの新しい関係を私はどう思っているか?

・お互いの戦い方、戦略、武器などについて何か発見があったか?

・論争の結果、お互いに前より親しくなったか、それとも疎遠になったか?

・次に対立した場合、私はどういう対応をしたいか?

・次に対立した場合、相手にどういう対応を望むか?

対立解消法のさまざまな効果

対立解消法がとりわけ劇的な効果をもたらすのは感情的な側面だ。この方法は当事者の一方に率直な感情表現をうながすが、表現された感情を他方が受け入れると、その感情は消滅しやすい。つまり、この方法を使えば、**高ぶった感情が急速に冷めて前向きの議論ができるようになる**のである。

私の経験では、理解が深まり、変化が生じるという効果もある。どのみち自分がすべての真実を知っているわけではない。ときには相手の話に聞き入るうちに説得力に圧倒され、新しい考えや方法をある程度取り入れることもあるし、公正な論争で痛烈な批判を浴びているうちに、自らの経験のなかに揺るぎないものを発見することもある。ようするに、私は**新たなものの見方を取り入れ**ながら、これまで私の人生や価値観に影響をおよぼしてきたものの見方を強固なものにしているのである。

また、**相手が変わる**可能性もある。カール・ロジャーズが言うように、「もし私が相手の発言に耳を傾け、その本音を理解し、どういう感情を抱いているかを感じ取れれば、私は相手を変えるだけの強い力を発揮していることになる」[注12] それに、自分の主張をうまく表現するほど、相手が変わる可能性は高まる。ただし、あくまでもこの方法の目的は、ストレスのかかる状況でコミュニケーションを改善することにある。相手の信念や行動が大きく変わるような事態はめったにないと理解しておく必要がある。

さらに、**当事者同士が進んで協力し、実質的な問題をうまく解決しようとする**場合もある。本章で学んだ三つのステップからなるプロセスは、そもそも実質的な問題ではなく、感情的な問題に対処するために考案されたものだ。だがいったん気持ちが落ち着けば、実質的な問題はほとんど次章で説明する協調型問題解決法によって解決できる。

価値観の衝突を前向きに処理するときにもこの対立解消法は使える。価値観の問題で対立すれば深刻な事態になりかねず、いくら議論しても完全に意見が一致することはめったにない。この場合は、お互いに理解を深めてある程度歩み寄り、残った問題については「見解の相違として認める」ことでよしとする。価値観がちがう者同士でも、この方法を使えば、面と向かって話し合い、**意見の食い違いを当然のものとして受け入れるようになる**。対立状態が解消されれば、意見の食い違いが多少あったとしても悪くはない。４２２ページのメグとドンの会話はその好例だ。

最後に、**お互いの関係が深まり豊かになる**傾向がある。「意見の食い違い」にどう対処していいかわからなければ、人間関係はそこで頓挫しやすい。それを無視すれば表面的な関係を甘んじて受け入れるしかないし、へたに言い争えば心が痛むばかりか、大々的な対立に発展して必要以上に関係を左右しかねない。対立解消法を使う場合、思いやりをもって本音をぶつけ合うので、お互いの

関係が深まり、徹底的に話し合って意気投合することも少なくないのである。

対立のはてにこうした融和が生まれるのは、隣人、友人、配偶者、親子、仕事仲間などの間ばかりではない。激しく対立する国家、宗教、民族などの間でもその可能性がある。カール・ロジャーズは、北アイルランド紛争の最中に、五人のプロテスタントと四人のカトリック教徒を集めて話し合う場を設けた。参加者のなかには、妹を爆弾で吹き飛ばされた者、弾丸で家を穴だらけにされながらマットレスの陰に身を潜めて難を逃れた者、我が子がイギリス兵にむごい仕打ちを受けたと訴える者などがいた。こういう人々が集まって、熟練したリーダーのもとで一週間話し合ったところ、「何世紀にもおよぶ憎しみが薄れたばかりか、ときには気持ちが大きく変化し」、イデオロギーのちがいを超えて友情を感じるようになったのである。[注13]

ボストン大学のある教授は、「大きく意見が食い違い、激しい敵意を抱いている集団同士でも、人間としてお互いにコミュニケーションをとり、協力して問題を解決することができる」という事実を証明するためにある実験を行った。ボストンのテレビ局と共同で討論番組を作り、黒人と白人のグループを集めて十二時間以上もぶっ続けに議論させたのである。専門のリーダーたちが進行役を務めていたが、はじめの数時間は攻撃と非難の応酬だった。参加者たちが対立解消法の基本的なスキルを使いはじめてから生じた変化を、『ニューズウィーク』誌は次のように伝えている。

一人の黒人の女性教師が、出しぬけに黒人ゆえの苦しみを切々と訴えてから、スタジオの雰囲気ががらりと変わった。黒人側から差別的だと非難されていた（誰よりも辛辣な発言をしていた）ルイーズ・デイ・ヒックス夫人が、「今までちっとも知りませんでした。誰も教えてくれませんでしたから」と同情を示し、それまでの強硬な態度を改めて、人種差別主義者と思われるのがどれほどつらいかを悲しげに打ち明けた。そのあと、別の黒人女性が、「これまであなたみたいな人が一番イヤだったんです。でも、今はじめてあなたも同じ人間だと思いました。またお会いしたいですね、ルイーズ」と大きな声で言った。誰よりもヒックス夫人と激しく言い合っていた黒人の活動家は、「私は今夜つつしんでルイーズ・デイ・ヒックスさんとの婚約を発表したいと思います」と冗談を言ったほどだ。[注14]

対立解消法を上手に使えばたいてい好結果が得られる（劇的な変化が起きる場合も多い）。とはいえ、対立は予測できないだけに、どんな方法でも必ずうまくいくという保証はない。

まとめ

対立が生じたときは、まず感情的な問題を重点的に処理すべきだ。それには次のような一連の対立解消法が有効である。

・敬意をもって相手に接する
・相手が満足するまで話を傾聴し、それを自分の言葉で言い換える
・自分の意見を簡潔に述べる

この方法は一人でもできるが、相手との合意に基づいて行うか、中立的な第三者の立ち会いのもとに行ってもいい。

人と論争するには準備が大事だ。それには双方が同意し諸々の条件を取り決める必要がある。論争が終わったあとに機会を設けて反省と評価を行えば、次回はその教訓を生かしてもっと生産的な議論ができるだろう。

この方法を使えば、感情が発散されて高ぶった気持ちがすぐに冷める、当事者の一方か双方に変化が起きる、価値観の問題について自己主張しながら「お互いの見解の相違を容認する」、感情的な結びつきが強まるなどの効果が期待できる。

理想的な人間関係はたいてい対立と表裏一体の関係にある。

第十四章

協調型問題解決法

問題解決のアプローチには、車で言えばダブルクラッチを踏むような効果がある。いきなり考え方を切り替える必要はなく、いったん「ニュートラル」にして偏見のない目で事実を見直すので、快く他の考え方を考慮できるのである。[注1]

——ウィリアム・レディン（経営コンサルタント）

三種類の対立

対立には基本的に三つの種類がある。

その一つは**「感情的な対立」**だ。人間に意見の食い違いはつきものなので、どんなに重要な関係でも激しい敵対感情が生まれる場合があるが、前章で概説した対立解消法を使えばふつうは解決できる。

二つ目は**「価値観の対立」**だ。これは具体的に目に見えにくいため、「解決策」がほとんどない。ただ、対立解消法を使えば、お互いに理解を深め、立場のちがいをもっと受け入れるようになるし、考え方や行動を変えられるときもある。

三つ目はこの章のテーマでもある**「要求の対立」**だ。価値観の問題を整理し、感情的な対立を解消しても、実質的な問題が解決されずに残っている場合が少なくない。

次の例は最近私が経験した要求の対立だ。

	私の要求		相手の要求
ⓐ	今夜買い物に行く必要があるので車を使いたい	⇕	大事な約束があるので車を使いたい
ⓑ	長距離電話がかかる予定があるので家の電話を「空けて」おきたい	⇕	友人とお互いの問題について電話で話したい
ⓒ	重要書類をタイプで清書してもらいたい	⇕	ベビーシッターが見つからないから子どもの世話をしたい
ⓓ	セミナー会場の構内を掃除したい	⇕	灰が出るから焼却炉を使ってほしくない

こうした問題は全部お互いの要求を満たすようなやり方で解決できた。私が使った協調型問題解決法について検討する前に、よく使われる他の方法をいくつか見てみよう。

よく使われる問題解決法

協力して問題を解決しようとする場合、否定、回避、屈服、支配、妥協などの方法も比較的よく使われる。どれにしても、ときどき適切なやり方で使うなら問題はない。しかし、度重なればいろいろ弊害が出る。

否定

対立を恐れるあまり、対人関係に問題があるということを否定する人もいる。何も手を打たずにその問題を意識から排除し、**自分自身にも相手にも万事順調だと偽る**のである。聖書にあるとおり、老いも若きも「平安がないのに『平安』、『平安』」と言いながら自らを欺いてきたのが人間だ。[注2]**問題の存在をたえず否定していると、必要以上に傷つきやすくなり、心身の健康がむしばまれる**危険性がある。

回避

お互いの要求のちがいに気がつき、全力を尽くしてひたすら対立を回避しようとする人もいる。こういう人は対立が生じれば手を引くか、**何事もなかったかのようにふるまって問題を隠そうとする**ものだ。もめ事だらけの結婚生活を送りながら、うわべをつくろって円満な関係を演じている夫婦も多い。

悪意はなくとも、「早すぎる譲歩」は人間関係を台無しにするおそれがある。それは怒り、心の痛み、お互いの意見の食い違いなどを棚上げにしたまま関係を修復しようとする試みにほかならない。この場合も心の奥底に抑圧された感情が、徐々に高ぶって手に負えない状態になりかねない。

問題を回避し続ければ、自分の思惑とは裏腹に、人間関係がうまくいくどころか大いに貧弱にな

り、**冷え冷えとした疎遠な関係になる**のが落ちだ――こうした関係を私は孤独（isolation アイソレーション）をもじってアイス・レーションと呼んでいる。自ら引き下がるような態度を示せば、常に人生のチャンスを逃すだけでなく、さまざまな弊害を必然的に招くことになる。

屈服

自分の要求と相容れない要求を突きつけられると、**何の抵抗もせずに譲歩**する人が多い。そういう人は**常に不満を抱きながら人生を送ることになる**。いわゆる「自由放任の」子育てをする親は、実は親としての当然の要求をかなえられず、子どもの言いなりになっているケースが少なくない。

他人の言いなりになってばかりいると、その人に対して敵意を感じるようになる。自由放任の育児法の危険性について、「子どもを嫌いになりたいなら、いつも子どもの言いなりになりさえすればいいんです。それほど確かな方法はありません」と警告する心理学者もいる。

以上の三つの方法はいずれも（あるいはどれか組み合わせて）くりかえし使うと、結局服従型の態度を取るようになる。その弊害についてはすでに述べたが、ここでもそれは当てはまる。

支配

これは相手に**自分の解決策を強引に押しつけようとする**方法だ。意思決定で優位に立ち、自分の要求を満たすような案を提示しても、ろくな結果にはならない。思いどおりのやり方である程度の成果を上げたとしても、相手の要求を一顧だにしないか、まともに取り合わないため、対人関係に余計なさしさわりができるからだ。

ご想像のとおり、攻撃型の人はこの方法に頼るきらいがある。だが意外なことに、元来服従型の人でさえ、権力をもつと解決策を押しつける可能性が高い。これは親子関係によく見られる。子どもより知識と経験が豊富なだけに、**親はしばしば自分が正しいと思い込み、子どもと協力して問題を解決するなど思いもおよばない**。たとえば、服従型の傾向が強いある教師が、学生との関係についてこう語ったことがある。「これまでは『私の』解決策を承諾するように求めてきたというのが本当のところです。心から問題を解決したいというより、相手を屈服させたかったのです。自分が攻撃的な人間だとは思いませんが」

権威的な立場にある多くの人々（親、マネジャー、教師など）にコミュニケーション・スキルを教えてきてわかったのは、自己主張型でない人ほど、権力をもつ前は相手に屈服し、権力をもてば相手を支配する傾向が強いということだ。その理由はいろいろ考えられるが、支配と屈服以外の方法を経験した人がめったにいないのも一つの要因だと私は考えている。だからこそ、自分が権威的な立場になると、家庭、学校、職場などで目にした手本どおりにふるまうのである。彼らは「良い」解決策を考案し、それを押しつけることこそ、親や教師やマネジャーとしての本来の務めだと思っているように見える。

この方法に頼りすぎると、弊害がいろいろ出てくる。**解決策を押しつけられた者から恨みを買う**のもその一つだ。支配されたことに対する恨みに加えて、似たような過去の経験に対する釈然としない恨みまで呼び起こされるおそれがある。そうなると、権威的な立場にある人は、自らの行為に対する恨みだけでなく、そうした積年の恨みにも対処せざるをえない。支配が度重なれば大きな弊害をまねき、消極的抵抗、妨害行為、感情的離反、ストライキなど、さまざまな手痛い反撃を受けるはめになる。

解決策が押しつけられても厳格に適用されなければ意味はない。そもそも**意思決定の過程に十分かかわっていない相手が意欲的に取り組むはずはない**のだ。

著名な精神分析学者エーリッヒ・フロムは、人間関係におよぼす権威主義的なアプローチの弊害について次のように述べている。

> 社会や親の権威が子どもの意志、自発性、自立心などを押しつぶそうとするかぎり、子どもは親が代表する権威と本能的に戦うものだ。圧迫から自由になろうとするばかりか、親の言いなりに動くロボットではなく、本来の自分、一人の成熟した人間になる自由を求めて戦うのである。これがうまくいくかどうかはそれぞれの子ども次第だが、完全に成功するケースはめったにない。神経症の根底には、不合理な権威との戦いに破れた子ども時

代の傷跡が必ず見出される。[注3]

メリルパルマー研究所の心理学者クラーク・ムスターカスは、子どもの疎外感について調査した結果、「大声で厳しい注文をつけたり甘い言葉で言いくるめたりする」大人の支配の仕方がその主な原因であることを発見した。「私が衝撃を受けたのは、いけないとわかっていながら、権威主義的な人々が依然として自分の基準や価値観を他人に押しつけていることだ」と彼は言う。[注4]

屈服と支配は〈勝つか負けるか《ウィン・ルーズ》〉式の方法——当事者の一方だけが勝ち、他方が負ける（要求を満たせない）方法——である。否定と回避もまた然り。あとの悪影響を考えれば、この四つは〈どっちも負け《ルーズ・ルーズ》〉と言ったほうが正しいかもしれない。当事者のそれぞれが何かを失ったあげく、関係そのものが悪化するからだ。

妥協

「妥協」という言葉を辞書で引けば、「お互いの譲歩によって得られる同意」と定義されている。つまり、妥協とは当事者双方の要求や懸念を考慮に入れることだ。

要求、欲望、価値観などが対立する世界では、妥協が一定の役割をはたすのは言うまでもない。ただし、妥協を貫くか、よかれと思って妥協した結果、旧約聖書に記されたソロモン王の裁定のように、大いに望ましくない事態になることもある。

紀元前九世紀、イスラエルはソロモンによって統治されていた。当時は個人的なもめ事を裁くのも国王の重大な務めだった。ある日、王の前で二人の女がある子どもの所有権を巡って言い争った。その場面は次のように書かれている。

一人がこう言った。「王様、私はこの女と同じ家に住んでおります。私はこの女のいるところで子を産んだのでございます。その三日後にこの女も子を産みました。(中略)家にいたのは私たちだけでした。(中略)ある晩、この女は自分の赤ん坊を死なせてしまいました。知らずに自分の体の下敷きにしたのです。そこで、私が眠っている真夜中に、私の子を奪って自分のそばに寝かせ、かわりに死んだ子を置いていったのです。私が朝起きて自分の子に乳を飲ませようとしたところ、その子は死んでいるではありませんか。でも朝の光の中でよく見ると、私の産んだ息子ではありませんでした」

もう一人の女は「いいえ、生きているのは私の子どもで、死んだのがあなたの子どもです」と言った。すると、はじめの女は「いいえ、死んだのはあなたの子で、生きているのがわたしの子です」と言い返し、二人は王の前で言い争った。

王はしばらく考えてから、「剣を持って来るように」と言った。そして剣が持って来られると「生きている子を二つに裂き、二人に半分ずつ与えよ」と命じた。

生きている子の母親は、これを聞いてその子を哀れに思い、「王様、お願いですから子どもを生きたままこの女にあげてください。どうか殺さないでください」と泣きながら訴えた。だがもう一人の女は、「いいえ、どちらのものにもできないように、半分ずつ分けてください」と言った。それを聞いて王はこう言った。「子どもを生きたまま、さきの女に与えよ。殺してはならぬ。その女が本当の母親である」[注5]

この場合、一方の女が承諾した妥協案は事実上子どもの死を意味していた。妥協をくりかえせば、いつの間にか死を招くこともありうるのだ。

性格がまったくちがう夫婦がよくいる。そういう夫婦は、意見が衝突するたびに妥協で問題を解決しているかもしれない。たとえば、二十年の間、お互いに本当の気持ちを抑えて適当なところで我慢してきたとする。妥協によって一時的に家庭の平和を維持できても、そこには何の喜びもないし楽しみもない。長年当たり障《さわ》りのない妥協をくりかえしたあげく、法的に離婚するか心が離れるのが落ちだ。

組織や団体でも、妥協しすぎると創造性が失われ、お互いに息苦しい思いをして利益が上がらない。実業界のリーダーであるロバート・タウンゼンドはこう助言する。「一般的に妥協はよくない。妥協は最後の手段にすべきである。二つの担当部署が解決できない問題を持ち込んできた場合、まず両方の言い分に耳を傾け、そのあとでどちらかの案を選ぶことだ。そうすれば、勝ったほうは責任を強く感じて仕事を遂行する。部下に妥協癖をつけてはいけない」[注6]

私は妥協を〈どっちも少し負け《ミニルーズ・ミニルーズ》〉方式と呼んでいる。というのも、妥協では、当事者のそれぞれが要求を一部あきらめて対立を解消するか問題を解決するからである。

協調型問題解決法とは何か

協調型問題解決法とは、**要求が対立したときにお互いが納得できる解決策をいっしょに見つける方法**である。このプロセスでは、問題の再検討、新たな代替案の発見、共通の利害を重視した取り組みなどが求められるものの、一方だけが要求を放棄したり譲歩したりすることがないため、屈服や支配の関係は生じない。いわゆる〈どっちも勝ち《ウィン・ウィン》〉式の方法だ。この方法が使えれば（使える場合が多い）それに越したことはない。

メアリー・パーカー・フォレットは、次のような例を引き合いに出している。ある大学図書館の蒸し暑い部屋で二人の学生が勉強していた。一人は窓を開けたいと思っているが、もう一人は閉めておきたいと思っている。二人は解決策（窓を開けるか閉じるか）よりもお互いが何を求めているかに注目した結果、他の方法――隣の部屋の窓を開けること――を思いついて問題を解決した。それによって新鮮な空気を吸いたい学生も、北風に直接当たりたくない学生も満足できた。[注7]

我々はこれまで数多くの人々（マネジャー、教師、親、医療関係者、セールスパーソン、セラピスト、聖職者など）を訓練してきたが、対人関係の厄介な問題を〈どっちも勝ち《ウィン・ウィン》〉式で実際に解決できることがわかると、ほとんどの人はびっくりする。これまで習慣的に行ってきた〈勝つか負けるか〉《ウィン・ルーズ》や〈どっちも少し負け〉《ミニルーズ・ミニルーズ》などの方法から解放されてとても満足している、と言う人が大勢いるのだ。

もちろん、「現実の世界」で〈どっちも勝ち〉《ウィン・ウィン》方式がうまくいくと思っていない人も多い。私がメアリー・パーカー・フォレットの例をセミナーで話すと、「でも、隣の部屋に窓がないかもしれませんよ」とよく反論される。[注8] だがそういうケースでも、知恵を絞れば別の妙案を思いつかないともかぎらない。私の友人に、同じような状況でお互いに満足できる解決策をいくつか考えついた者がいる。たとえば、席を変える、窓の下半分ではなく上半分を開く、図書館のなかでほかに勉強できる場所を探す等々。私自身、この方法のおかげで、どれほど多くの困難極まりない対立を解決してきたことか。

これでどんな問題でも解決できるというわけではない。別の方法を使ったほうがいい場合もあるだろう。それでも、我々はこれが対人関係の典型的な問題を非常に高い確率で解決できる方法だと確信している。

協調型問題解決法の六つのステップ

アメリカを代表する偉大な哲学者ジョン・デューイは、哲学を「哲学的な問題に対処する道具」

にせず、哲学者が尽力して、一般的な問題に対処する手段にしなければならない、と断言している。[注9] ようするにデューイが強調したかったのは、「万人に受け入れられるような論理の法則」を確立し、ふつうの人が問題を解決してより良い結果を出し、最悪の事態を避けられるようにする、という主張だったのではないか。[注10] デューイの言う「論理の法則」は、個人やビジネスの問題を解決したり、社会的な対立を解消したりするための方法、あるいは科学的な問題などに対処する批判的思考法に相当するものだ。[注11]

協調型問題解決法はまさにデューイのいう「論理の法則」だ。この方法には以下の六つのステップがある。

①解決策ではなく要求という点から問題の本質を明らかにする[注12]
②解決策についてブレインストーミングを行う
③当事者双方の要求をもっとも満足させる案を選ぶ
④誰が、何を、どこで、いつまでに行うかを計画する
⑤計画を実行する
⑥問題解決のプロセスを評価し、後日解決策の効果を検証する

協力して問題を解決するためには、リスニング・スキル、自己主張スキル、対立解消法などのほかに、この協調型問題解決法を理解する（段階を踏んで説明するので楽に理解できる）必要がある。また、この方法を適用する際によくはまる落とし穴を避ける必要もある。では、一つずつくわしく見てみよう。

「協調型問題解決」ステップ1

解決策ではなく要求という点から問題の本質を明らかにする

言うまでもなく、何よりも問題を明確にすることが先決だ。ただ、この浮き沈みの激しい世の中で、時間に追われストレスを感じながら事の本質を見極めるのは精神的に大きな負担になるため、いいかげんにすませる人が多い。そもそも問題の定義がでたらめでは、プロセス全体が台無しになりかねない。問題をはっきり具体的かつ簡潔に述べることが大事である。

〈どっちも勝ち《ウイン・ウイン》〉の結果を得るには、それぞれの「解決策」ではなく、**「何を求めているか」という観点から問題をはっきりさせる**必要がある。[注13] この段階は協調型問題解決法にとって欠かせないので、これが**「何を」**意味し**「なぜ」**重要なのか、また**「どうすれば」**いいのかについてそれぞれ説明したい。

まず、要求という点から問題の本質を明らかにするとは**「何を」**意味するのか？

人はともすればかみ合わない解決策にこだわって問題を考えがちだ。――五人の修道女が共同生活をしていた。彼らは一台の車を共有していたが、全員が地域活動に積極的で夜の集まりにもよく出かけていたので、当然ながら車の奪い合いが起きた。シスター・ヴェロニカが「今晩八時に教育委員会の会議に行くからどうしても車がいるのよ」（会場はその市の東端にある）と主張すると、シスター・キャサリンが「私だって八時に教区の社会貢献事業の作業部会があるから車がないと困る」（会場は市から西に十五、六キロ離れた郊外にある）と言い返す。ご多分に漏れず、この修道女たちも自分勝手な「解決策」にとらわれていた。これでは〈どっちも勝ち《ウィン・ウィン》〉の結果は望むべくもない。

何が必要なのかはっきりわかるように言ってほしいと私が頼むと、二人とも「今晩、車が必要なんです」と言う。これは前の発言の言い換えにすぎない。そこで、提示された解決策ではなく、その背後にある「必要性」を突きとめようと、「何のために車が必要なのですか？」と尋ねてみた。すると、「今夜、教育委員会の会議に出席する必要があるんです」「今夜の作業部会に出るのに足がいるのよ」という答えがそれぞれから返ってきた。

ようするに、どちらも「輸送手段」が「必要」だったのである。だとすれば、共用の車を使うのはたんなる選択肢の一つにすぎない。何を求めているかという点から問題を考えるようになれば、いろいろな解決策が生まれる可能性がある。こうして一年以上も頭を悩ませていた問題を、二人はわずかな時間で解決することができた。その半年後、二人から一通の手紙が届いた。それによると、相変わらずこのやり方が役に立っているばかりか、おかげで教団内の人間関係もよくなったという。

もう一度、図書館の蒸し暑い部屋の例について考えてみよう。窓を開けたいと思った学生も閉めておきたいと思った学生も、おそらくはじめはお互いにその思いにとらわれすぎていたのかもしれない。「なぜ窓を開けたいの？」と聞かれれば、前者は「新鮮な空気を入れたいから」と答え、「何のために窓を閉めておきたいの？」と聞かれれば、後者は「風邪をひきそうだから強い風に当たりたくない」と答えたのではないか。つまり、どちらも何を求めているかを明確に伝えたにちがいない。問題が別の観点から見直されると（何を求めているかに焦点を当てて語られると）、隣の部屋の窓を開けるといった、双方が納得する他の解決策を思いつく可能性がある。**相手が何を求めているかを知るには、そもそもその解決策を提示したかった「理由」を突きとめよう。相手にどういうメリットがあるのかがわかれば、相手の「要求」もわかる。**

それでは次に、**「なぜ」**わざわざ要求という点から対人関係の問題を見直さなければならないのか？　これはすでに触れたように、それぞれの**解決策にとらわれた対応をすれば、必然的に〈勝つか負けるか《ウィン・ルーズ》〉の結果を招く**からである。

ロス・スタグナーは、「対立とは、どちらか一方しか達成できないと思われる目標を、二人以上の人間が達成したいと望んでいる状況だ」と述べている。[注14]「思われる」という言葉がこの文章のキーワードだ。問題に対する見方を最初に〈勝つか負けるか《ウィン・ルーズ》〉から〈どっちも勝ち《ウィン・ウィン》〉に変えられれば、どちらにとっても良い結果になる可能性が高くなる。問題の本質を正しく見抜けなければ、いくら努力しても無駄になるだけだ。

要求という観点から問題を見直すことで、当事者全員が満足できるような新たな解決策が見つかるのである。

では最後に、相手の要求を見直すには**「どうすれば」**いいのだろうか？

利害の対立が一目瞭然のときもある。二人の修道女のケースでは、問題はかなり明確だった。あとは何を求めているかに注目して問題を見直すだけでよかったのだ。

その際、「手段」と「目的」を分けて考えるのも一つのやり方だ。たとえば、シスター・ヴェロニカがその手段（共用の車を使用すること）を選んだ最終的な目的は何か、という具合に。

ある友人の話では、「私は○○（解決策ではなく**目的を明示**する）が必要なんです」という言い方が自己主張《アサーション》では使えるし、リスニングでも「あなたは○○（注意深く話を聴き、相手の解決策ではなく**目的を明示**する）が必要なんですね」という決まり文句が有効だという。

ただ、要求の食い違いはしばしばカムフラージュされる。当事者の一方もしくは双方が、相手の要求に気づかないまま会話をはじめるということもありうる。また自己主張によって自分が求めるものを伝えても、相手の強い要求とぶつかって「にっちもさっちもいかない」状態になるときもある。こんなときは**まず対立解消法を（感情的になっている相手に対して）適用し、それから協調型問題解決法を使う**にかぎる。

話し手の言い分を聴いていると、突然聞き手の要求と相容れないような情報を無意識に漏らすことがある。そういうときは、聞き手は相手の要求を正確にくみとってフィードバックしたうえで、自らの要求をはっきり伝えなければいけない。それで問題の本質が明確になって双方が納得すれば、次のステップに進めばいい。ただ、これは至難の業である——対立によってストレスを感じているときはなおさらだ。

たとえば、ある母親は十七歳の娘の話を聴いていた。ジョーンという名のその娘は、一月に高校を卒業する（他の生徒よりも半年早い）のが待ち遠しいという話をしていた。卒業に必要な単位もすべて取り終わって気分が楽になり、大学に入る前のアルバイトも決まって意気揚々としていた。母親のほうはコミュニケーション・スキルの指導員という仕事柄、娘の高校生活の話や将来の希望を共感しながら聴いていた。

ところが、ジョーンが（ニューヨーク州の実家から）旅行に行くという計画を打ち明けるとそうはいかなくなる。アリゾナまで二人の青年に会いに行き、サンディエゴでもう一人に会うというのだ。母親は自らの価値観と相容れないこの計画を聞いたとたん、共感的に耳を傾けるどころではなくなり、コミュニケーションを阻害するような反応を見せはじめる。

後日、自分の間違いに気づいた母親は再び娘と話し合った。そのときは共感的なリスニングを心がけて自己主張型の態度で自分の気持ちを伝えた結果、お互いに納得できる解決策が見つかった。

我々のセミナーに参加した人たちの話では、相手の強い要求に気づかないため、しばしばこの方法の必要性にも気づかないところが協調型問題解決法の難点だという。必要性に気づいて方法を変えるのは、初心者にはハードルが高いし、時間もかかる。もっとも、練習するにつれてはるかに楽にできるようになるし、時間も多少短縮できる。

この第一ステップだけで、プロセス全体の半分ほどの時間を費やす場合もよくある。私の予想では、問題が極度にかんたんかむずかしいものでなければ、この第一ステップでは五分から二十分ほどかかるが、それだけの時間をかける価値はじゅうぶんある。古いことわざにもあるとおり、「問題がはっきりすれば半分解決したようなものだ」。

「協調型問題解決」ステップ2

解決策についてブレインストーミングを行う

問題の本質が明らかになったら、次は解決策を探る段階に移る。私はここで**「ブレインストーミング」**を使うことにしている。これは詳しい説明やメリットの評価などは抜きにして、アイデアや意見をすばやく考え出し、リストアップする方法だ。この方法を使うと、手に負えないように見える問題でもうまく解決できるケースが多々あった。

ブレインストーミングでは質より量を追求しよう。慣れてくればわかるが、ここで出されたアイデアはあとの段階でほとんど捨てられる。だが心配にはおよばない。ここではあくまでも量を重視する。

以下にブレインストーミングの基本的なガイドラインを紹介する。これに従えば創造的思考力が活発に働いて、短時間のうちに（ふつうは五分もたたずに）さまざまなアイデアが生まれる環境ができるので、さらに大きな成果が期待できる。どれか一つでもなおざりにすると、アイデアの流れが滞り、集団全体の創造力が落ちるおそれがある。それほどこの一連のガイドラインは重要だ。

◎評価しない

評価は創造性を阻害する。評価されると、**とかく人は身構えてアイデアを自分の胸だけにしまいがちになる**。とりあえずこの段階では、「だめだ」「そんなものはうまくいくはずがない」「『バカげた』考えだ」「コストがかかりすぎる」「それはもう試したよ」「とてもいいアイデアだ」といった批評は一時保留し、（ポジティブな評価が必要だと思われる場合でも）「評価してはいけない」というルールを厳守する。

◎具体的な説明を加えず要求もしない

ブレインストーミングの最中に、アイデアについて説明するか説明を求められると、スムーズな創造的思考が阻害され、自由なアイデアが生まれにくい。

◎バカげたアイデアを大事にする

型破りなアイデアはバカげたように思えても、決定的な解決策の糸口を与えてくれる場合がある。聞いた話によると、ある主要空港の管理責任者たちが、滑走路の除雪法についてブレインストーミングを行ったところ、管制塔の上に巨大なカエルを乗せて巨大な舌で雪を掃き出してもらうという案が出た。やがてこのアイデアが形を変えて、最終的な解決策（ジェット気流で除雪する回転式噴射機）が生まれたという。

たまに役立つほかに、バカげたアイデアはしばしば場を和ませ、創造性を高める効果もある。

◎お互いのアイデアを発展させる

ブレインストーミングによって大量に生まれる未完成のアイデアを、組み合わせたりふくらませたりすれば、あつらえむきの解決策が生まれる場合もある。ある若い夫婦は、休暇旅行中にどう雨露をしのぐかについてブレインストーミングを行っていた。夫が「バンを買おう」と言うと、妻はそのアイデアを発展させて、「毎年二週間だけレジャー用の車を借りましょうよ」と提案した。

◎アイデアを全部リストアップする（または相手にリストアップしてもらう）

できれば「提案者」のキーワードを使いながら、確実に「それぞれの」アイデアを記録する。記録係は勝手に編集や検閲をせず、記録に徹する。集団でブレインストーミングを行う際には、専任の記録係が二人以上いるのが望ましい。

◎誰がアイデアを提案したかは問題にしない

教師はよく自分のアイデアと生徒のアイデアを並べてリストアップする。親もまた我が子に対してうっかり同じ過ちを犯すが、ブレインストーミングの目的は、あくまでも当事者双方、あるいは集団全体で最善のアイデアを出すことにある。当事者全員が協力して創造性を発揮できるような環境をつくり、お互いを刺激するようなアイデアを出し合うのだ――つまり、最終的に誰かのアイデアが採用されたとしても、それは実質的には共同作業の結果なのである。アイデアの「提案者」を問題にすれば、この方法はうまくいかない。

努力が実を結ばない原因は、たいてい「硬直したものの見方」にある。ブレインストーミングを常用するようになれば、手強い問題にも意外に多くの「的確な」解決策があるとわかるだろう。

「協調型問題解決」ステップ3

当事者双方の要求をもっとも満足させる案を選ぶ

ブレインストーミングで出てきたアイデアについて詳細な説明が必要なら、この段階でなるべく簡潔に行う。「評価しない」という方針はここでも当てはまる。説明が不要なら選択に移る。

アイデアを評価し、最善の策を選択する際に役に立つガイドラインを以下に紹介する。

①最善と思う案を相手にいくつか選んでもらう

消去法は避ける。候補を一つずつ除外していけば必要以上に時間がかかり、効率が悪いうえに集中力も落ちる。

②自分が最善だと思う案をいくつか発表する

必ず自分の要求を満たすものを選ぶ。

③どの案が一致するかを確かめる

④いっしょに選択肢を絞り込む

最初にお互いの要求がはっきりわかっていれば、同じ選択肢をいくつか選ぶはずである。

必ず相手が満足するような解決策を選ぶようにしたい。両方が合意できる案であればあなたにも都合がいい。それが相手の要求を満たすようなものであれば、相手のモチベーションが一段と高まり、確実にそれを実行するだろう。格言にもあるとおり、「人は他人のためには行動しない」。

協調型問題解決法の意思決定の仕方としては、「コンセンサス（合意）」を求めるのが最適だ。つまり、「当事者全体の意向」を模索し、集団の決定を快く受け入れるのである。レンシス・リッカートとジェーン・リッカートはこう指摘している。

コンセンサスに達する過程では、意見の一致をみるまで自由で率直な意見交換が行われ、一人一人の考えを聞いて理解し、それを努めて真剣に考慮しながら結論を出すように配慮される。この結論は各自の要望をそのまま反映していないとしても、それほど意に反したものではないので、全員の合意が得られる可能性がある。（注）[注15]

（※注：私の経験では、一対一で問題を解決したときは、たいていその結論にお互いが満足しているが、集団の場合には、全員で出した結論が「各自の要望をそのまま反映していない」ときがある。「妥協とどうちがうのか？」という疑問をもつ読者もいるだろう。妥協は「お互いの譲歩」の産物であるのに対し、コンセンサスは「集団の団結」――「総意」――を追求するプロセスだ。ここでくわしく説明する余裕はないが、妥協とコンセンサスの間には微妙でも重要なちがいがある。大きなちがいの一つは感情的な面だ。たいていの場合、人は妥協よりもコンセンサスを好む。人間関係でも、妥協よりコンセンサスを求めたほうが親密な関係を築きやすいというちがいがある）

二人しかいないのに、コンセンサスによって結論を出すと言えば大げさに聞こえるかもしれない。だがその機会が多ければ多いほど、コンセンサスの精神は浸透する。協調型問題解決法では多数決などは行わない。

お互いに納得できるような解決策を選択できたら、その後の成り行きを予測すること。一件落着と思っていると、いきなり予期しない不祥事が起こらないともかぎらない。すべての結果を正確に予測するのは不可能だが、問題をうまく解決したければこの手間を惜しんではいけない。

「協調型問題解決」ステップ4

誰が、何を、どこで、いつまでに行うかを計画する

ときには、全員の多様な要求を満たすような結論に達しても、具体的にどう実行に移すかを考え

もせず、いい気になって前祝いをしている場合がある。しかし、**解決策は実施されなければ意味がない**。当事者は誰が、何を、どこで、いつまでに行うかを決める必要がある。また、どのようにして行うか（活用の仕方）、進み具合を確認するための会議をいつ開くかを具体的に決めるのも効果的だ。

人は物忘れをしやすいし、間違って記憶する人もいる。合意事項をくわしく「書き記しておく」に越したことはない。といっても、覚え書き程度のものでいい。私の知り合いの家族など、書類に日付と署名を記入し、あらゆる取り決めを一つのフォルダーに入れて特別の引き出しにしまっている。そして家族写真を見て懐かしむように、昔みんなで決めた約束事を読んで楽しんでいる。

「協調型問題解決」ステップ5

計画を実行する

さて、いよいよ机上の議論を「実行」に移す番だ。ステップ4までの議論が終われば、段取りに従って当事者は各自割り当てられた役割を遂行する。予定どおりに終わらせて誠意を示すことが肝心だ。一対一の話し合いで満足のいく解決策が得られると、相手は進んで自分の務めをはたす可能性が高い。とはいえ、人間である以上、誠意をもって取り決めた約束を守れないときもある。そのときは自己主張メッセージと〝反映〟型リスニングで対応するのが望ましい。

相手と共同で問題を解決する場合には、ステップ5をとばして直接ステップ6に進む。計画の実行はきわめて重要だが、あくまでも話し合いが先決である。

問題解決のプロセスを評価し、後日解決策の効果を検証する

問題を解決するための話し合いが終わったら、それを評価する時間を少し取りたい。その際、たとえば次のような点をチェックする。

- **一連のプロセスに関する各自の全体的な感想**
- **一番よかったと思う点は何か**
- **一番よくなかったと思う点は何か**
- **私が困ったこと**
- **相手が困ったこと**
- **私が後悔している言動**
- **相手が後悔している言動**
- **それぞれどういう点を改善できるか**

話し合いの最後に、私は必ず解決策の効果を検証するための日取りを決めることにしている。時の試練に（全面的にあるいは一部）耐えられない実行計画もあるからだ。予定どおりに進んでいなければ、修正するか、一から練り直す。うまくいっていれば、厄介な問題を克服したことを祝おうではないか。

協調型問題解決法に込められたメッセージ

コンサルタント仲間のピーター・ローソンは、協調型問題解決法の各ステップにはお互いを肯定するような重要なメッセージが込められており、意識的に、あるいは無意識のうちに伝えられる可能性があると指摘している。長年の間、私は彼の見解を自分なりに補足してきた。次の表は各ステップでどういうメッセージが込められているかをまとめたものである。

ステップ	メッセージ
① 要求という点から問題の本質を明らかにする	お互いを尊重し、それぞれの要求を大事にしよう。我々は絶対に理解し合える。
② 解決策についてブレインストーミングを行う	私はお互いの創造的思考を尊重しているし、協力すればさらに効果的に共通の問題に対処できると信じている。
③ 当事者双方の要求をもっとも満足させる案を選ぶ	私はお互いの要求が満たされることを願っている。また、お互いの独自性を否定する行為を容認するつもりはない。
④ 誰が、何を、どこで、いつまでに行うかを計画する	いっしょに決定を下して計画を練り、お互いの要求を満たすために助け合おう。

⑤ 計画を実行する	お互いに自分の行動を変えて生活を充実させ、関係を改善する力をもっている。お互いに交わした約束は言葉だけでなく行動でもあらわされる。
⑥ 問題解決のプロセスを評価し、後日解決策の効果を検証する	たえず方法の改善に努めたい。お互いの感情について正直に思いやりをもって話し合おう。特定の解決策、手段、プログラムなどにはこだわらず、決めたものが思ったほどよくないとわかれば、良い方向に作り直せる[注16]。

協調型問題解決法の具体例

ソーニャとウッディの騒音問題

ソーニャと夫のウッディは、これまである問題で始終言い争ってきた。交響楽団でバイオリンを弾いているソーニャは、毎日少なくとも一時間は練習しなければならない。ところが、その間ウッディがたびたびボリュームを上げてステレオを鳴らすので、ソーニャは練習に集中できずに頭にきている。協調型問題解決法を学んで対応の仕方がどう変わったかを彼女は次のように話してくれた。

これまでは「そんなとんでもない音を出すのはやめてちょうだい」だの「少しは気をつかってよ」だのと文句ばかり言っていました。

ある日、自己主張メッセージを試してみようと思い立ち、「ねえ、ステレオのボリュームを上げると、練習に集中できないからとても困るのよ」と言ってみました。そのあとで〝反映〟型リスニングをしたところ、夫も悩んでいるとわかりました（他にもいろんな発見がありました）。実は、私が練習している音を聞きたくなくてボリュームを上げてたんです。

私たちはブレインストーミングで解決策をいくつか考えてみました。

たとえば、

- **夫が帰宅しないうちに、学校が終わったら（ソーニャはパブリックスクールの教師をしている）すぐ練習する**
- **自宅の練習室を防音にする**
- **授業の合間に練習する**
- **ステレオ用にヘッドフォンを買う**

などです。

結局、十二のアイデアのうち十一までが何かの理由でだめになり、ヘッドフォンを買いました。これで夫が好きなだけボリュームを上げても、練習に集中できるし、近所迷惑にもならずにすみます。

もちろん、実際には教科書どおりにうまくやれたわけではありません。多少はまずい対応もしたし、〝反映〟型リスニングも中途半端でした。それでも、セミナーで学んだスキルを使っているうちに、だんだん気持ちがわかるようになって、お互いに要求を満足させられるようになってきました。関係が改善されて二人ともとっても満足しています。

学生二人の工具の取り合い（第三者が間に入る場合）

誰かこの方法に通じた者が当事者のまとめ役を務めることもできる。
ある高校教師は、第三者として問題の解決に一役買った経験を次のように述べている。

学生Aと学生Bが廊下で激しく口論していたので、私は間に入り二人を部屋に連れて行きました。しばらく話を聴いているうちに二人は落ち着きました。口論になった経緯はこうです。学期末が近づき、工作課題の提出期限が迫っている。二人とも複雑な作品を作りたかったので、特殊なクランプ（留め金）を使う必要があるが、学校の作業室には一つしかない。それに気づいた二人は先を争って使おうとした。結局、提出作品を完成できないのではないかという不安が、廊下での口論の原因だったのです。

私の提案で協調型問題解決法を試すことになりました。ただ、間近に迫った学期末の前に、それぞれが作品を完成させる必要があるという点が問題でした。

ブレインストーミングで生まれた解決策は次の五つです。

- **学生Aが作品を完成させたあとに、学生Bが作業をはじめる**
- **学生Bが作品を完成させたあとに、学生Aが作業をはじめる**
- **どちらかが、あるいはどちらも別の作品に変える**
- **クランプをもう一つ手に入れる**
- **クランプを共用しながら、計画どおり各自の作品を完成できるような方法を考える**

このうち一つ目と二つ目は、提出期限までの残り時間を考えると無理があるし、三つ目も時間不足で（それにどちらも作品の変更は望まないでしょうから）不可能です。一番いいのは四つ目の選択肢ですが、残念ながら、担当教師の話では、その特殊なクランプは市外の業者に注文しなければならず、届いても期限には間に合わないとのことでした。というわけで、五番目の選択肢を選ぶしかなかったのです。それぞれの工程を分析した結果、学生Aは初期の段階でクランプが必要なのに対し、学生Bは最終段階まで必要ないとわかりました。つまり、お互いが協力し、作業手順を調整すれば、どちらとも期限内に首尾よく作品を仕上げて提出できるというわけです。

二人は具体的な計画を立て、学生Bがクランプを使う必要がないときに、学生Aがクランプを使って作業を行い、それから学生Bに渡すというやり方で、どちらも無事作品を仕上げることができました。数日後、私たちはこれでよかったのかどうかを検証してみました。それぞれが期限内に課題を提出できたばかりか、作品のできが良かったので高い点をもらい、家族にプレゼントすることもできたのです。この結果に二人ともすっかり満足していました。

準備が肝心

協調型問題解決法を用いるにあたっては、それをスムーズに進めるための準備が重要だ。

問題を解決する「前に」、強い感情を処理しておく

問題が起きると感情が高ぶりやすい。一方もしくは双方が強い感情にとらわれていれば、対立解消法を使って感情的ストレスを軽減する。あなただけが感情的になっている場合には、何を置いてもまず「相手に感情をぶつけずに自分の感情を処理する」方法を見つけよう。はじめに感情処理を怠っても、やはりこの方法はうまく使いこなせない。

しかるべき人間だけがかかわるよう配慮する

結果に左右される当事者は言うまでもないが、必要なデータをもっている人も同席したほうがい

い場合もある。

時間と場所を決める

必ず適切な場所を選ぶようにする。私自身はプライバシーを守ってリラックスできるところが好きだ。テレビやラジオを消し、電話もかかってこないように工夫してもいい。私はふつう三十分から四十五分ほどの時間を要求する。それほど時間がかかるケースはめったにないものの、どんな問題も一回の話し合いでけりをつけたいからだ。それに、いつ何時壁にぶつかって、余計な手間がかかるかわかったものではない。十分な時間を確保しておかないと、「もっと時間があるときに話し合いましょう」と問題を先送りにせざるをえなくなる場合もある。こう言うと相手は腹を立てるかもしれないが、都合の悪いときに手強い問題を話し合うよりはましだ。

自己主張メッセージを書き出しておく

そう、文字どおり「書き記す」のだ。自分自身の要求をきちんと整理し、正確かつ客観的に提示することはとても大切だ。自己主張メッセージの作成ならもうお手の物と思っていても、表現を工夫しながら真剣に（そしてふつうは内密に）書き上げたメッセージを用意していれば、さらに大きな成果が期待できる。

この方法の特徴と採用理由を説明する

なぜこの方法を使うかといえば、他の方法では満足のいく話し合いができず、当事者の一方、あるいは双方が怒り、恨み、不満などを感じるため、とうてい好結果は望めないからだ。この方法なら お互いの要求を満たすことができる。

〝反映〟型リスニングによって抵抗を和らげる

この方法について説明すると、強い抵抗にあうおそれがある（事前に説明しなければ、もっと強い抵抗を受けるのがふつうだ）。「ルールを変えて出し抜こうとしているのではないか」「こっちはこの方法にくわしくないから心配だ」「どちらの要求もかなえられると言うがあやしいもんだ」「眉唾物じゃないか」などと相手は思うかもしれない。

相手が抵抗する姿勢を見せれば、その言い分に耳を傾けよう。ここでこらえきれずに相手を説得するようなまねをすれば、かえってコミュニケーションに支障を来し、抵抗が強まるのが落ちだ。だが〝反映〟型リスニングを行えば、相手が自分の意見を主張し、ストレスを発散させ、信頼感を深めて最終的に協力してくれるようになる。これは相手を操るためのテクニックではなく、「ネガティブな」感情を発散させながら誠実に相手の感情を理解しようとする試みである。前に述べたとおり、**自分を理解してくれたと感じれば、人は気分がよくなる**ものだ。共同作業によって共通の目標を達成するつもりなら、それに向けてなるべく前向きに全力を傾注する必要がある。問題解決法の意義を説く前に、必要があれば、〝反映〟型リスニングによって相手の抵抗を和らげるのが準備の最終段階である。

協調型問題解決法がうまくいかない場合

セミナーの参加者からは、この方法は成功率が高いと評価されている。うまくいかないとすれば、

①よくある落とし穴にはまっている
②当事者のどちらかに隠された思惑がある
③くりかえし行う必要がある

のいずれかだ。

協調型問題解決がうまくいかない

①落とし穴にはまっている場合

協調型問題解決法を実践するときに、一般的によくはまる落とし穴がある。それは以下の五つだ。

◎**「感情の処理を怠る」落とし穴**

感情が高ぶっていれば、問題解決のプロセスに入る前に、対立解消法によって気持ちを静める必要がある。しかし我々のセミナーでは、その過程を省略したと言うビジネスマンが大勢いた。その大半の者が、うまく問題を解決できなかったと報告している。ほとんどの場合、うまくいかなかったのは、相手が強い感情にとらわれているにもかかわらず、何も手を打たなかったからだ。このプログラムでよくよく心すべきなのは、「感情の優位性」だ。つまり、**強い感情が支配しているときは、「まずはじめに」(何を置いても)その感情に対処しなければならない**ということである。

◎**「価値観をすり合わせようとする」落とし穴**

ときには明らかな要求がないのに(価値観の問題にすぎないのに)、この方法を試そうとする人もいる。だが**この方法は価値観の対立に適用するためのものではない。**

◎**「ブレスト中に評価や説明をする」落とし穴**

我々のセミナーでは、ブレインストーミングの最中に、評価、説明、論評、例示などを加えなければ気がすまないという人が圧倒的に多い。これではブレインストーミングの効果が損なわれるおそれがある。問題をうまく解決できるかどうかは主にブレインストーミングの成果によって決まるため、こうした落とし穴に注意しなければならない。相手がちがう方向に進みはじめたら、穏やかに、しかし断固たる態度でただちに正しい方向に連れ戻そう。余計な口出しが悪く受け取られれば、それだけでブレインストーミングが台無しになりかねない。

◎「詰めが甘い」落とし穴

協調関係が確立し、お互いに納得できる解決策が見つかると、あとは何もしないというケースがしばしばある。この時点で解決策の詳細な実施計画を作るのは相手を信用していない証拠だ、と感じる人もいるようだ。

なかには短気を起こしてそこでやめる人もいる。それほど多くの時間を費やして他人と協議することに慣れていないため、その先の具体的な計画など考える気になれないのだ。その結果、解決策は実行されず、「あんな方法はまったく効果がない」と文句を言うのである。

◎「解決策の実施を見届けない」落とし穴

合意を得られたとしても、それが実行に移されるとはかぎらない。過密なスケジュール、幾多の優先事項、他の厄介な問題など、実行の妨げとなる要因は山ほどある。相手がきちんと実行しないからといって、必ずしもあなたや合意事項を軽視しているというわけではない。したがって、現実的なチェックポイントを決めて達成度を評価することが肝心だ。

協調型問題解決がうまくいかない

②隠された問題がある場合

この方法があまりうまくいかない場合、明るみに出ていない隠れた問題が、お互いの間に感情的な障壁となって立ちふさがっているときがある。その疑いがあれば、ドア・オープナーとして「どうもお互いにしっくりこないみたいだな。はじめに話しておかなくちゃいけないことが何かほかにあるんじゃないか?」と言ってみるのも悪くない。相手は「いや、べつに問題はないよ」と言うかもしれないが、そのうち何が問題なのかを徐々に打ち明けるものだ。

協調型問題解決がうまくいかない

③くり返し行う必要がある場合

一連のプロセスのどこかに手抜かりがあったために、コンセンサスが得られないというケースもある。その問題はふつうステップ3（解決策を選ぶ段階）で明らかになる。ステップ1からもう一度やってみると、お互いにメリットのある解決策が得られる場合が多い。

協調型問題解決法の応用

互いの目標を設定する場合

目標を設定する際にも、協調型問題解決法は効果的だ。例を挙げてみよう。レッドは妻のアイリーンの分と合わせて毎年千ドル預金しようと考えた。ただ、収入がかぎられていたため、仕事を辞めて大学院にもどるというアイリーンの目標と相容れないように思われた。以前なら、当然その問題をめぐって口論が起きていただろう。最終的にはレッドが勝ってアイリーンがむくれていたところだ。それが長年の間に築かれたパターンだったからだ。だが今回は、協調型問題解決法を手順どおり行った結果、アイリーンの在学中は預金せず、再就職後の六年間に毎年千七百ドルずつ貯めることで意見がまとまった。二人ともそれぞれの要求がかなって満足だった。

誰かの問題解決を「援助」する場合

相手が何かを強く求めているときは、リスニング・スキルを使うに越したことはない。ただ、〝反映〟型リスニングで本当の問題を聞き出しても、相手に問題解決や意思決定のスキルがなければ、そこで手詰まりになるときもある。相手の話にじゅうぶん耳を傾けて、本質的な問題が理解できたと思えば、本章で学んだ方法を相手に説明し、自分で試してみるように勧めたほうがいいだろう。

相手がその提案を受け入れたら、一連のプロセスを一つずつこなすのを手助けするのがあなたの役目だ。共同で問題解決に当たるケースとはちがうため、ステップ1では相手の求めるものだけを明らかにする。ステップ2では、余計な口出しをせずにブレインストーミングを続けさせる（ときにはステップ3で解決策を少し――多すぎてはいけない――提示してやったほうがいい場合もある）。最終的な決定はあくまでも相手に任せる。残りのステップについても同様だ。

こうすれば相手は自分の問題を解決できるし、将来の問題に対処するための問題解決法を身につけることができる。

まとめ

協調型問題解決法のかわりに、否定、回避、屈服、支配、妥協などの方法がよく使われるが、どれも始終使えば弊害が出る。

それにひきかえ、協調型問題解決法は常に好結果をもたらす。この方法には以下の六つのステップがある。

①解決策ではなく要求という点から問題の本質を明らかにする
②解決策についてブレインストーミングを行う
③当事者双方の要求をもっとも満足させる案を選ぶ
④誰が、何を、どこで、いつまでに行うかを計画する
⑤計画を実行する
⑥問題解決のプロセスを評価し、後日解決策の効果を検証する

一つ目のステップに入る前の「準備段階」が肝心だ。一連のプロセスがうまくいかなければ、よくある落とし穴にはまっていないかどうか再点検する。あるいは隠された意図を探すか、もう一度やってみること。

この方法は家庭、職場、学校などで幅広く応用できる。目標設定を行うとき、あるいはマンツーマンでリスニングを行うときの補助手段としても使える。

これはきわめて重要なスキルだ。ジョージ・プリンスが言うように、「創造的な問題解決能力を使えなければ、自分の生活の質を自分で落とすことになる」[注17]。

第十五章

効果的なコミュニケーションに不可欠な三つの性質

どんな宝よりも己の精神を守れ。それこそ命の源なのだから[注1]。

——作者不詳

スキルを超えた〝大切なもの〟

行動科学の専門家によれば、コミュニケーションの改善をうながす重要な性質が三つあるという。それは、「誠実さ」、「無私の愛」、そして「共感」だ。

誠実さとは、自分の感情、要求、考えなどを包み隠さず正直に表現することを意味する。本当の自己が「お忍びで旅行する」のを断固として許さない心構えと言ってもいい。

無私の愛とは、余計な干渉をしないで相手をありのままに受け入れ、尊重し、支えることを意味する。

共感とは、心から相手の言動を受け入れ、相手の観点から理解する能力を指す。

一九五〇年代後半、心理学者のカール・ロジャーズは、この三つの性質が建設的なコミュニケーションには不可欠であるという仮説を発表した。[注2] それ以来、百を越える調査研究によって、ロジャーズの説は裏づけられている。

こういう姿勢を示すセラピストほどクライアントと建設的な関係を構築できる。また、こういう教師に教わる学生ほど成績が良くなるし、こういう学生とルームメイトになった学生ほど平均点が高い、というデータもある。医師や看護師が通常の医学的な処置に加えてこうした性質を表に出せば、患者の回復が早まることもある。経営者なら従業員の反抗心を抑えてモチベーションを高められるし、セールスマンなら顧客満足度が上がり売上高が跳ね上がる。結婚生活は充実し、親子関係は建設的になる。

コミュニケーションが円滑にいくかどうかは、特殊な手段やテクニックだけでなく、基本的な姿勢にも左右される。コミュニケーションのテクニックは、人間にとって不可欠な性質を表現する場合にかぎって役に立つにすぎない。コミュニケーション・スキルをマスターしても、誠実さ、無私の愛、共感などに欠けていれば、その専門知識が無駄になるばかりか、かえって仇になる。確かにスキルは大事だが、それだけでは満足のいく人間関係を築けない。

誠実さ

誠実さとは、うわべを取りつくろわず、ありのままの自分を表現することだ。**誠実な人は自分が抱いた感情をしかるべきときに表現できる。**自然に自分らしいふるまいができるため、相手はありのままに受け入れる。つまり、「裏表がない」。

一方、自分の本当の考え、感情、価値観、動機などを隠すのは誠実とは言えない。他人の目から本心を隠して自分を守ろうとすれば、残念ながら自己認識が阻害される。すぐに自分のもっとも誠実で自然な部分が心の奥底にしまい込まれて、本人さえ認識できなくなる。誠実さは大事な人間関係には不可欠である。誠意がなければ、いかなる人とも真剣につき合えない。あなたとつき合うためには、私は恐れずに自分らしくふるまうしかない。

ナサニエル・ホーソンの短編小説に、他人の前で本当の自分を出そうとしない男の話がある。そばにいた人間が部屋から出て行くたびに、その男の姿は煙のように消えてしまう。他人の期待に添うような人間になろうとするあまり、自分のアイデンティティをすっかり失い、「観衆」がいなくなると跡形もなく消えるのだ。

完全に本心をあらわす人間などいるはずがない。誰しもどこかうわべを取りつくろっている——少なくとも一時的には。ちなみに、「パーソナリティ（personality 個性、人格）」という言葉の語源は、ラテン語の「ペルソナ（persona 仮面）」だ。誠実な人は、それを承知のうえで、責任をもって正直に自分を表現しようと努めるのである。
誠実さには**自己認識、自己受容、自己表現**という三つの要素がある。

「誠実さ」三つの要素

①自己認識

十九世紀の著名な政治漫画家トマス・ナストが、かつて友人たちとあるパーティに参加したときのことだ。出席者全員の風刺漫画を描いてほしいと頼まれたナストは、器用に鉛筆を走らせてすばやく描き上げた。スケッチが招待客に回覧されたとき、誰もが他人の顔は見分けられたのに、自分の顔がわかった者はほとんどいなかったという。

フロイトなどの研究でもわかるように、己を知るのはかんたんではない。だが、明らかにその能力を高めることはできるし、これまで数多くの方法が考案されている。[注3] もっとも、本を読んだり、ワークショップに参加したり、東洋的な修行法を取り入れたりする必要はない。**誰もがすでに自分をよく理解しているから**である。

一般に、人は内なる自己のメッセージに耳を塞ぐか、無視する傾向がある。たとえば、孤独を感じるとテレビを見て気を紛らそうとする。あるいは、自分を取るに足りない存在と感じ、「仕事の鬼」となってこの不快な認識を意識から締め出そうとする人もいるだろう。ソクラテスは「汝自身を知れ」と言ったが、その言葉に従うかんたんな方法が一つある。それは、**おぼろげでも本来の自己と認識したものを絶対に無視しない**ことだ。

「誠実さ」三つの要素

②自己受容

人が内なる自己の声を無視するのは、そもそも自分の感情や考えをすべて受け入れられるわけではないからだ。怒りや性的な衝動と妄想を恥じる人も少なくない。正常な反応であるにもかかわらず、こういう側面を「悪い」あるいは「罪深い」と考えるようにある程度仕向けられてきた人も大勢いる。他人の見せかけの姿に気圧されて、自分を受け入れられなくなるときもある。

さまざまな経験を通じて、次第に自分を受け入れられるようになる場合もある。たとえば、有能なリーダーがいるエンカウンター・グループ、洞察力に富み、誠実で思いやりのあるセラピストによる心理療法、自分を受け入れてくれる人との友情、改宗などだ。

コミュニケーション・スキルのトレーニングによって自己受容が深まるケースもしばしばある。我々のワークショップでも、「自分の感情を何でも受け入れられるようになって、前より自分が好きになったのが一番良かった」と話す参加者が多い。一般的に、**優れたコミュニケーション能力は自己評価を高める効果がある**ようだ。

「誠実さ」三つの要素

③自己表現

適切に自己を表現できる人は、自分の心の底にある考えや感情に気づいてそれを受け入れ、しかるべきときに責任をもって表現する。どれほど不安な状況でも、そのときの気持ちを悪びれずに率直にさらけ出せる。

デヴィッド・ダンカムによれば、誠実な人の率直な姿勢は生活のあらゆる面におよんでいるという。[注4] 絶望、不安、困惑なども隠そうとせず、自他の期待を裏切っても過ちを認めることができる。また、喜びをさりげなくあらわし、自分の成功についてこだわりなく語ることもできる。怒りを感じているときは、なるべく不満を解消し、誤解を解いて関係を改善できるような形で表現し、愛情も責任をもって素直に表現する。誰にも矛盾する感情はあるが、誠実な人は、友情、結婚、仕事などに満足しても不満を覚えても率直にそれを表現できる。悲しみも喜びもともに素直にあらわせるのだ。

ここまで私は「しかるべき」「できる」などと条件をつけるような言い方をしてきたが、それにはわけがある。誠実だからといって、胸の内を誰彼に対しても見境もなく洗いざらい明かすとはかぎらないからだ。かといって、相手をごまかすわけでもない。ただ誠実な人は、体裁を取りつくろって誤解を招くようなまねはしないだけだ。

誠実さは単独では成立しない。**愛と理解がなければ誠実な心は育たない**。こうした性質があるからこそ、真のコミュニケーションが殺伐としたものにならずにすばらしいものになるのである。誠実な心が育まれる様子は、『ビロードうさぎ』という童話にとても楽しく描かれている。

> ある日、うさぎは馬にききました。「ほんとうのものって、どんなもの？　からだのなかにブンブンいうものがはいっていて、外にネジがついてるってこと？」

「ほんとうのものというのは、からだがどんなふうにできているか、ということではないんだよ」と、馬はいいました。（中略）「もし、そのおもちゃをもっている子どもが、なtogether ながいあいだ、そのおもちゃを、ただのあそび相手でなくて、とてもながいあいだ、しんからかわいがっていたとする。すると、そのおもちゃは、ほんとうのものになるのだ。きゅうにはならない。だんだんになるんだ。とてもながい時間がかかるんだ。（中略）

たいていの場合、おもちゃがほんとうのものになるころには、そのおもちゃは、それまで、あんまりかわいがられたので、からだの毛はぬけおち、目はとれ、からだのふしぶしはゆるんでしまったりして、とてもみっともなくなっているんだ。でも、そんなこと、すこしも気にすることではないんだよ。なぜかといえば、いったん、ほんとうのものになってしまえば、もう、みっともないなどということは、どうでもよくなるのだ。そういうことがわからないものたちには、みっともなく見えてもね」（いしいももこ訳[注5]）

無私の愛

有意義なコミュニケーションを助長する二つ目の重要な性質は、無私の愛である。「無私の愛」と私が呼んでいるものは、これまでいろいろな言葉――「敬意」「受容」「好意的な関心」など――で表現されてきたが、その意味を余すところなく伝える言葉は見当たらない。手垢がつきすぎて現代では無意味に近いものになっているとしても、「愛」という言葉にはほかの言葉にはない魅力的なニュアンス、個人的、歴史的な含みがある。

カール・ロジャーズはこの愛の一般的な特徴について、「ごくふつうのロマンチックで独占的な愛ではなく、神学の『アガペー』に等しいと解釈すれば、ありのままの人間に対する愛とでも言うべきもの」[注6]と述べている。もう一人の著名な心理療法家カール・メニンガーは「忍耐、公正、一貫性、合理性、思いやり、ようするに、相手に対する本当の愛」だと指摘している。[注7]

古代ギリシャでは、愛を「フィリア」「エロス」「アガペー」という三種類に区別して考えていた。「フィリア」は友情を意味する。これは聖書のダビデとヨナタンの愛であり、テニソンの『イン・メモリアム』で称賛された人間関係である。一般的に、かつてはフィリアがもっとも幸せで人間らしい愛だと考えられていた。[注8]

「エロス」とは情の深い愛であり、性の本能も含むが、たんなる性愛を超えたはるかに包括的な愛を意味する。たとえば、ロミオとジュリエットの愛、あるいは『ウェストサイド物語』（現代版ロミオとジュリエット）のトニーとマリアの愛がそれだ。
「アガペー」とは他人の幸せを願う愛である。ウォルド・ビーチとリチャード・ニーバーが指摘するように、この愛は「好きという感情でも、お互いに愛を求め合うロマンチックな情愛でも、知的な姿勢でもなく、隣人のために尽くしたいという自我の意志」である。[注9]
こうした要素が一つ以上あれば、人間関係はきわめて実りの多いものになる。女に対する男の愛が「エロス」から始まったとしても、「フィリア」によって豊かになり、「アガペー」が加わればさらに深みを増して安定したものになるのである。本書の献辞は、私と妻とのこのような関係について触れたものだ。

「無私の愛」の〝あり方〟

愛すること、好きになること

「愛さなければいけないとわかっていても、好きでもない人間をどうやって愛するのか？」これは誰もが必ずといっていいほど直面する根本的な問題の一つである。クラスの学生を平等に愛するのが教師の建前であっても、嫌いな学生がいるのは当たり前だ。経営者と従業員、あるいは親と子の関係にしてもまた然り。子どもの成長段階によってどうしても好きになれないときすらある。**往々にして、人は本来愛さなければいけない相手を好きになれない**。これは理論的な面でも実践的な面でも、効果的な対人コミュニケーションにとっては大問題だ。

この問題の理論的な面にもっとも真剣に取り組んできたのは、ユダヤ教とキリスト教の神学者だ。

どちらの倫理観も隣人愛を標榜し、その実現のむずかしさを痛感してきただけに、厳しい態度で臨んだのである。この問題に関する彼らの見識は、宗教的信念がどうあれ（あるいは無宗教であれ）、誰もが直面する対人関係の問題と関連性がある。

神学者の大半は、神が命じる愛（義務的な愛）にはほとんど感情的な意味はないと考えている。ミラー・バローズは、求められているのは「感情ではなく心構えだ。**隣人を愛するとは、隣人に愛情を抱くのではなく、隣人の幸せを希求することだ**」と断言している。[注10] ユダヤ人の哲学者であり神学者でもあるマルティン・ブーバーはこう表現している。「人間関係の本質は感情や気持ちではない。（中略）愛には感情がつきものだが、感情が愛をつくるわけではない。（中略）それゆえ、愛とはすばらしい感情を享受することではなく、『なんじ』に対する『われ』の責任である」[注11]

ポール・ラムゼイは*Basic Christian Ethics*（キリスト教の基本倫理）のなかで、このような愛の特徴を誰よりもうまく説明している。ラムゼイは「他者に対する『意志的な愛』」を自らの幸福を追求する人間の性向と比較してこう述べている。

あなたは一体どれほど自分自身を愛しているだろうか？　この質問に答えれば、隣人愛の重要性がわかるだろう。自分のために自分自身を愛するのは当然だ。自己嫌悪に陥ったときでさえ、人は自分の幸せを願う。自分をどう思っていようが、基本的には関係がない。何か失敗をしても、あなたはすぐに生きる意欲を取り戻し、また幸せになる機会をつかも

うとするはずだ。（中略）

アガペーとはこのような自己に対する愛を反転させたものを指す。したがって、感情、好み、気質といったものとは無関係であり、他人の性質がどういうものであろうと一切関係がない。（中略）

愛は沸き上がる感情ではなく、誰のために行動するかという意志の方向によって決まる。聖書が説いているのは、自分自身の幸福とまったく同じように隣人の幸福を追求することなのである。注12

したがって、意志的な愛を人を好きになることと混同してはいけない。誰に会っても「好き」になれると思うのは間違いだ。愛情を育むことはできるが、蛇口をひねって止めたり出したりするようなわけにはいかない。幸いにも、私にはどんな人間でも好きになるべきだという信念はない。私には嫌いな人間がいる。どうやら相性が悪いらしく、そのふるまいがかんに障《さわ》る。気にくわない人間を無理に好きになるいわれはないが、意志を働かせれば、邪険な態度を示さずに親切にふるまえるし、できるだけのことをしてやりたいという気持ちにもなれる。愛をこのように定義すれば、私は自分の嫌いな人間さえ愛することができるのである。

嫌われている人間ほど、愛を必要としている場合がよくある。何をやってもだめだと思うような時期は誰にでもあるが、そんなときこそ愛が必要なのだ。ロレイン・ハンズベリーの『レーズン・イン・ザ・サン』という戯曲はそこをうまく描いている。ウォルターという放蕩息子のせいで、家族は思いがけず貧乏暮らしを強いられる。妹は一家のプライドを踏みにじったウォルターに激しく怒り、すっかり愛想を尽かして軽蔑の念しか感じていない。母親も傷ついて失望しているものの、愛想が尽きても愛は消えないと思っている。この家族の危機に、彼女はアガペーの本質をこう言い聞かせる。

何があってもどこか愛してやれるところが残っているもんだよ。それがわからないなら、何にもわかっちゃいないね。今日あの子のために泣いてあげたかい？　あの子のせいで自分たちが落ちぶれたからじゃない。つらい思いをしてきたあの子の気持ちを考えてあげたかということさ。ねえ、人を一番愛してやらなきゃいけないときはいつだと思う？　いいことをしてくれてみんな良い気分になってるときかい？　だとすれば何にもわかっちゃいない。そんなときじゃないよ。世間の荒波にもまれて、すっかり落ち込んで自信を失ってるときさ。人を判断しようと思うなら、正しい判断をしなくちゃいけない。いいかい、きちんと判断するんだ。どれほど苦労してきたか必ず考えてやらなくちゃいけないよ。[注13]

幸いにも、愛することと好きになることが矛盾しない場合も多い。だが、好きになれない相手でも愛することはできる——意志を働かせてその人間の幸せを祈ることはできる。誠実な対応を大事にするなら、うわべを取りつくろうようなまねはしないにかぎる。そんなことをしても誰の利益にもならない。人間である以上、どうしても愛せない苦手なタイプもいるだろう。そんなとき、私はたいてい愛せるようになるまで、その人を避けるようにしている。

「無私の愛」の〝あり方〟

相手を受け入れる

「受容」とは、他人に対する「中立」的な姿勢と考えればわかりやすい。人が相手を受け入れているときは、相手の考え、感情、行動などを値踏みするような様子はまず見られない。相手が泣こうが笑おうが腹を立てようが（また気にくわない行動をしようが）、おかまいなしに受け入れる。ふるまいやものの見方が自分の価値観と一致しない、あるいは衝突する場合があっても、中立的な態度を示すことができるのである。

誰もが受容を必要としている。欠点のない完ぺきな人間など一人もいない。責任をじゅうぶん果たせないときもあるし、自分や他人を傷つけるようなまねをするときもある。意見が食い違うか自分の調子が良くないときに相手が受け入れてくれると、「こんな欠点だらけの偏屈者でも、ありのままに愛してくれる人がいる」と実感しやすい。自分を受け入れてもらえれば建設的な自己愛が育まれ、持てる力を最大限に発揮しようと努力するようになる。

心を開いて相手を受け入れようとするときは、以下の事実を頭に入れておけば役に立つ。

◎完全に他人を受容できる人間はいない

人間には限界がある。人間である以上、ある程度他人を受け入れられないのは仕方がない。

◎受容度は人によって異なる

幼児体験や遺伝など、さまざまな要素が受容度に影響する。

◎受容度は時と場合によって異なる

トマス・ゴードンによれば、自己、相手、環境などの変化に応じて受容度は変動する、という。[注14]機嫌が悪い、疲れている、気が張っている、あわただしいといった場合よりも、自分がゆったりとくつろぎ、満ち足りた気分でいるときのほうが他人を受け入れやすい。人間関係に一貫性を求めるのは無理がある。むしろ自分の感情と折り合いながら、自分が置かれた状況に対して適切に反応するように心がけたほうが現実的だ。

◎ひいきするのは無理はない

子ども、友人、学生などに対して平等に愛を表現しようとすると、結局一番気に入らない者に合わせるはめになる。あるいは、本心を隠して一番気に入らない者にわざとやさしく親切な態度を見せる（それによってさらに距離が広がる）。

◎誰でも受容能力を高めることができる

本書で取り上げたスキルのなかには、受容能力を高めるのに役立つものもある。ただ、完全に他人を受容できるようにはなれないし、家庭環境などによって、能力に個人差があるという点は肝に銘じておく必要がある。

◎見せかけの受容は害になる

相手のふるまいを受け入れるふりをしながら、「いい親」「いい教師」「いい人」をただの役割として演じている人もいる。そういう人は見かけとは裏腹に、内心では相手を受け入れたいとは思っていない。「怒ってはいない」、「お互いの関係に満足している」などと口で言っても、ボディー・ランゲージに本音があらわれる。言葉でごまかせないほど、目つきや声の調子ではっきりそれとわかるのである。結局化けの皮がはがれるなら、はじめから正直に受け入れられないと認めたほうがいい。それでゴタゴタが起きても、また和解して、最終的に有意義な関係が築かれないともかぎらない。

◎受容は承認の同意語ではない

相手の感情を受け入れても行動は承認できない、つまり、受容しながら対立するというケースもありうる。

「無私の愛」の〝あり方〟

相手を尊重する

本当の愛はブーバーが「他者の基本的な他者性」と呼ぶものを尊重する。つまり、プライバシーを尊重し、自主的な決定を支持し、大きな潜在能力を引き出し、畏敬の念をもち続けるのである。

◎プライバシーを侵害しない

本当の愛があれば、他人の心の聖域に土足で踏み込んだりするようなまねはしない。親はとかく子どもの生活を詮索する誘惑にかられやすい。何でも話してくれた幼いころが忘れられないからだ。だが、子どもはやがて自分だけの領域を築きたいという心理的要求を抱き、当然親や他人に隠し事をするようになる。子どもが心を閉ざすようになると、たいてい親はいら立ち、子どもを質問攻めにする。なかには、探偵のように身を隠してこっそり子どもの行動を監視する者もいる。

こうした傾向は親子関係にかぎらず、夫婦の間にもあるし、教師と生徒、経営者と従業員、上司と部下、カウンセラーとクライアントなどの関係でもよく見られる。

人が個性を伸ばせるかどうかは、プライバシーをどれだけ守れるかにかかっている。スイスの心理療法家ポール・トゥルニエの『秘密』というすばらしい著書に、次のような一節がある。

> 秘密をもち、どうすれば秘密を保持できるかを知り、自らの意志でそれを打ち明けることが、人格形成の第一歩になる。（中略）

それが誰であろうと、たとえ自分の子どもであろうと、秘密を尊重すればその人間の人格を尊重することになるし、プライバシーを侵害して秘密をあばけば、人格を踏みにじることになる。(中略)

何の制約もなく好きなことを発言し、秘密にしておくことができると感じたときに、誰でも一人の人間として尊重されていると感じるのである。[注15]

本当の愛は他人の聖域を侵すことはない。

◎自主的な決定を支持する

本当の愛は、独占、支配、価値観の押しつけなどとは程遠い。それどころか、相手が「自由に自分らしくふるまう」ことを許し、奨励する。カール・ロジャーズが心理療法家に投げかけた次のような問題は、我々自身の問題でもある。

我々は相手の能力や物事を自主的に決める権利を尊重しているだろうか? そもそも我々が生き方を指導してやるのが一番いいと思い込んでいるのではないか? 相手をどの程度支配する必要があるのか、あるいは支配したいと思っているのか? 相手に自主的に価値観を選択させたいという気持ちがあるだろうか? 自分がかわりに価値観、基準、目標などを決めてやったほうが相手が満足する、と思い込んで(ふつうは口には出さない

が）接しているのではないか？[注16]

◎大きな潜在能力を引き出す

本当の愛は相手の依存心を弱める。セラピスト、教師、親、経営者などによくある過ち、つまり相手の強み、潜在能力、自尊心などを損なうような対応を慎重に避けることは、薬物依存症患者への効果的な接し方でもある。デヴィッド・ダイチは初期の治療共同体デイトップ・プログラム（薬物依存を集団で治療する試み）の考え方についてこう説明している。

人間の尊厳を尊重するような接し方をします。つまり、まるであなたが傷つきやすいか、精神的な障害があるか、とんでもない人間であるかのような対応をするのではなく、自らの願望を実現する能力をもった人間とみなし、前向きに努力するように求めるのです。[注17]

相手が困っているときにそばにいてやるのが本当の愛だ。もっとも、相手が自分で行うべきことを肩代わりしてはいけない。真の愛は、へたに手を貸して相手の力をかえって弱めるような援助行動とは相容れないものである。

◎畏敬の念をもち続ける（一定の距離を保つ）

一般に、人は愛を親密さと考える傾向がある――親密さも愛の重要な側面にはちがいない。しかし、距離もまた必要だ。リチャード・ニーバーは次のように述べている。

愛とは畏敬の念だ。近しい関係になってもそれなりの距離を保ち、相手を吸収することも相手に吸収されることも望まない。相手の個性を楽しみ、そのままでいてほしいと願うので、自分の鋳型にはめて思いどおりにするつもりもないし、出世の道具にしようとも思わない。相手を知りたいと思うのは、好奇心を満たすためでも権力を得るためでもなく、それが喜びであり驚きであるからだ。このような愛には必ず「おそれ敬う」気持ちが含まれている。それは恐怖というよりむしろ愛する者の個性に対する深い尊敬の念であり、ありのままの人格に手を加えたくないという真剣な思いである。[注18]

「無私の愛」の〝あり方〟

「意志的な愛」が好意を生む

人から受け入れられ敬意をもって扱われるとしても、少しも好かれていないという場合もある。受容や敬意に親愛の情が伴うとはかぎらない。それでも「なんとかやっていく」ことはできるだろうが、人間関係を豊かなものにするには、そのほかに温かいポジティブな人とのふれあいが必要である。私が人との関係で切に望むのは、私の独自性に目を向けて評価してもらいたいということだ。温かい心の交流は好意的な評価から――そして何より愛情から――生まれるからである。

お互いにほとんど好意をもっていないときでも、意志の力によって相手を受け入れ、敬意を払うことができる。そうなると、相手はもっとありのままの姿を見せるので、本当の人柄がわかってきて好意が生まれやすい。つまり、往々にして意志的な愛が好意を生むのである。

とはいえ、好きな人（そして、あるいは夫婦や親子など、身近にいる人）ほどそのまま受け入れず、敬意を払わない、というのも人間関係の皮肉な側面だ。我々は、ともすれば誰よりも好きな人に自分の価値観を押しつけたり批判的なことを言ったりしがちだ。親密な人間関係には温かい好意だけでなく、しっかりした意志的な愛が必要である。

共感

人と人とのコミュニケーションを豊かにする三つ目の主要な性質は共感だ。いくつか具体例を挙げてみよう。

二百年前、ジョン・ウルマンはボルティモアからフィラデルフィアまで裸足で歩いた。長い道のりを裸足で歩かされた黒人奴隷の苦しみを身をもって体験したかったからだ。彼は奴隷の立場に身を置くことで、奴隷制度がどういうものかを深く理解し、奴隷に共感したのである。

クリーブランドのある製鉄会社に務めていた重役は、職を辞し、別の都市で日雇い労働者になった。「変人」扱いされながら、他の労働者と肩を並べて働き、極力彼らと同じ生活を体験するうちに、彼は労働者の問題をまったくちがう視点から考えるようになった。彼が後に労使関係の仕事に就き、その分野の第一人者になったのは、労働者の窮状を理解し、共感できたからでもある。

ニューヨーク市の共同住宅を管轄する委員会で働いていたリチャード・ワトソン・ギルダーは、火事で住居を失った家族の苦境とアパート火災の原因を知るために、自宅の寝室に消防署のベルを設置した。それによってロワー・イーストサイド（ニューヨーク市マンハッタン島南端の東半分）でアパート火災が発生するたびに、自ら現場に出向いて被災者に会い、原因を調査できるようにした。

南北戦争の終了時、北部は南部に対して激しい憎しみを抱き、懲罰的な措置を望む声が大勢を占めていたが、リンカーンは「誰も恨まず博愛の精神で」国全体に奉仕しようと努めた。どうして彼は北部にあれほど広がっていた報復的な気分に左右されなかったのか？　ある友人に語った次のような言葉の中に一つのヒントがある。「私は南部のせいで苦しんだのではない。南部とともに苦しんだのだ。彼らの痛みは私の痛みであったし、彼らの敗北は私の敗北でもあったのだ」リンカーンにも共感する力があったのである。「共感 empathy」という言葉は、ドイツの心理学者によって使われた、文字どおり「感情移入」を意味する「einfühlung」という言葉の訳語であり、相手の気持ちをほとんどそのまま理解する力を指す。共感できる人は「相手の心に潜り込んで」、相手の視点から世界を見ることができる。相手の好きなように話をさせて、偏見のない客観的な姿勢で耳を傾けながらその勘所をおさえるのである。

無関心ー共感ー同情

共感という概念は、無関心や同情と比較してみると理解しやすい（次の例をご覧いただきたい）。

◎無関心

「ぼくには関係ない」「それは君の問題だ」

◎共感

「今日は元気がないようだね」「とても傷ついたように聞こえるね」

◎**同情**
「かわいそうに」「まったくひどい目にあったもんだね」

無関心（apathy）は辞書では「感情の欠如、もしくは興味や関心がないこと」と定義されている。私が無関心になっているときは、人とかかわりをもたず、ボディー・ランゲージで次のようなメッセージを送るのが常である。

「どうぞ勝手にやってください、こっちも好きなようにやりますから。私はあなたに害を与えたいとは思いませんが、手助けもしません。あなたの悩みや喜びを分かち合うのはごめんこうむります。お願いですから私をほっといてください」

現代の都会では、知り合いの誰とでも本気でかかわるというわけにはいかない。精神衛生上、人を選んでつき合うのはやむをえない。さもないと、対人関係の回路に負荷がかかりすぎて「ヒューズ」が飛び、人とのかかわりをしばらく絶つはめになるか、エネルギーを使い果たして人間関係がことごとく活気のないものになりかねない。

ほどほどが重要だといっても、そうはうまくいかないのが実情だ。引きこもってほとんど人と接触しない人がいるかと思えば、仕事上のつき合いしかしないとビジネスライクに割り切る人もいる。また、人づきあいがいいのに感情的なふれあいを避ける人もいる。こうした傾向が極端になれば、結局のところ生き方が偏狭で窮屈になる。

同情（sympathy）は無関心とは反対に、相手の感情にかかわりすぎることだ。同情によって「援助者」の力と客観的な立場が弱まり、いざというときに相手を助けられない可能性もある。現に、葬儀場で遺族の悲しみに同情するあまり、遺族から逆に慰めてもらわなければならないような人を私は見たことがある。

「共感」が相手と「ともに感じること」であるのに対し、「同情」は相手の「ために感じること」と定義されている。同情は強い立場から生まれるものではないが、人を見下すようなものになりやすい。「かわいそうに」と言わんばかりの態度を見せれば、踏ん張りどころで相手の気力が萎えるというものだ。

同情はともすればセンチメンタルなものになりがちだ。センチメンタルな反応は人の感情を適切に受け止めていない証拠である。この点に関してはトルストイもこう書いている。ロシアの裕福な女性たちは、舞台で演じられる悲劇に涙を流すくせに、凍てつく戸外で待たせている御者の苦々しい思いには気づかない、と。

無関心がまん延すると、有意義な人間関係が崩壊するおそれがある。だが、無節操に同情を垂れ流すほうがもっと害がある、と私は考えている。人を憐れんで見下すような姿勢やセンチメンタルな反応は、どちらの側にもためにならない。ただ、同情にはある程度の共感が含まれているのがふつうであり、そのぶん建設的なものになる可能性がある。

共感（empathy）とは、一定の距離を保ちながら、内面の奥深いところまで相手につき添っていくことだ。自分のアイデンティティを失わずに相手の感情を経験すること、あるいは相手の影響を受けずに要求に対して的確な反応を示すことと言ってもいい。共感できる人は、相手の痛みを感じるものの、それに打ちのめされはしない。また、相手の当惑、怒り、恐れ、愛などを自分のことのように感じても、自分を見失ったりはしない。自分の感情を相手の感情から切り離す力を失えば、共感する力も失われる。

共感を説明するのがむずかしいのは、一見正反対で矛盾していると思われる複数の要素が含まれているからだ。共感は相手との一体感に近いものだが、度を越えると共感とは呼べなくなる。言ってみれば、共感とは相手の感情世界との距離を置いた関係である。

共感の三つの要素

最近では共感には三つの構成要素があるとされている。

一つは、一定の距離を保ちながら、相手の感情を注意深く正確に理解すること。二つ目は、その感情を「引き起こした」状況を理解すること。ミルトン・メイヤロフは、この二つの要素を次のように詩的な表現で説明している。

> 相手に対して思いやりをもって接するには、相手とその世界を、自分があたかもその世

界にいるかのように理解できなければならない。相手の世界がどういうものか、相手が自分自身をどう見ているかを、いわば相手の目で見ることができなければならない。標本でも見るようにただ外から客観的に見るのではなく、相手に寄り添ってその世界に『入り込み』、人生観、目標、要求や願望などを『内側』から感じとることができなければならない。[注19]

三つ目は、自分は受け入れられ理解されていると相手がわかるようなやり方で接すること。**共感的理解を示すことはきわめて重要だ。**ウィリアム・ルイスとウェイン・ウィゲルはこう述べている。

> 人の気持ちを理解できると思われている人もそうでない人も、知的理解という点に関しては大差がないとわかっている。（中略）
> 相手を理解していると伝えるためには、相手に関する情報を集めるよりも、自分も**同じものの見方をしているという事実をわかってもらう**ほうが大切だ。[注20]

相手に対する共感的理解を具体的にどう助長し、どう伝えるかという点については、本書の第二部「傾聴《リスニング》スキル」（第三〜七章）を参照していただきたい。

調査データによれば、共感には強い効力があり、共感能力が高い教師に教わる学生ほど成績がのびやすいという。カール・ロジャーズは「個人的成長をうながし、『対人関係やコミュニケーショ

ンを改善する』のにこれほど効果を発揮するものはない」と述べている。[注21]

共感する力があれば、他人を良い方向に変えられるばかりか、**自分自身の人間的成長にも良い影響をおよぼす**。共感をもって他人とかかわることで視野が広がり、一段と思いやりが深まるからだ。共感を心の成熟度を測るうってつけの指標の一つと考える心理学者もいる。

三つの姿勢を行動で示す

誠実さ、**無私の愛**、**共感**という三つの姿勢は人間関係の改善を助長する。人間関係が発展するか損なわれるかは、こうした姿勢の有無によって決まるため、**私はこの三つを円滑なコミュニケーションの「必要条件」と考えている**。

ただ、こうした姿勢も相手に伝わらなければあまり意味がない。そのためにはインパクトの強い習得可能なスキルを用いて行動で示す必要があるが、基本的なスキルはだいたい本書で習得できる。

コミュニケーション・スキルを「小手先のテクニック」と見下し、スキルの習得を軽んじる人もいる。「スキルの訓練をすれば人間関係が機械的なものになる、物を扱うならともかく、対人関係にテクニックはそぐわない」と考えているのだ。ところが、**私はそのスキルを知らなかったばかりに、人間関係にしばしば支障を来し**、ときには関係が絶たれるという苦い経験を味わった。スキルを知らなかったころは、気持ちとは裏腹に人間関係はほとんどうまくいかなかったのである。

こうした重要な姿勢を上手に表現できる人、あるいはその方法を教わった人が少ないのも、我々の文化の欠点ではないかと私には思われる。しかし個人的な要求を満足させ、仕事の効率を上げるには、この種のスキルは不可欠だ。


コミュニケーション・スキルの有用性を軽んじる人がいる一方で、教条主義的になる人もいる。リスニングはこの方式、自己主張はあの方式というふうに、一定の方式に寸分違わず従うしかないと思い込むのだ。一定の指針を示してくれるガイドラインは、確かに初心者にとっては役に立つ。だが方法はほかにもあるし、**コミュニケーション能力が高まるにつれて建設的な選択肢が増えてくる、**ということも覚えておいたほうがいい。何はともあれ、より創造的で責任を伴う自由な人間関係を構築するのが目標なのだから。

「この種の姿勢に欠けていればどうなるのか？　人との関係が味気ないものになるならまだしも、壊れてしまうのではないか？」と心配する人がいる。忘れないでほしいのは、誰の心にもある程度こうした資質があるということだ。精神科医の先駆者アルフレート・アドラーによれば、人間は誰しも「先天的な」社会的感情、共感「せざるをえない特質」をもっているという。使わずに衰えたものや処世上の必要から抑圧されているものがあるとしても、こうした性質をもたない人間など一人もいない、と。

それに効果的なコミュニケーション・スキルを使って表現すると、こういう姿勢が強化され助長される。自分自身の経験とセミナーの参加者たちの観察から、**本書で取り上げたスキルを適用すれば、誠実さ、無私の愛、共感などの「姿勢」が必ず強化される**と私は確信している。

T・S・エリオットは、善良さを必要としない完全な社会を夢想する人々を描いたが、もちろん、そんなことは現実にはありえない。どれほど神経の行き届いたものであっても、コミュニケーション・スキルは、誠実さや思いやりのかわりにはならない。しかし、スキルを使ったほうが、この種の善良な性質をいっそう効果的に表現できるし、表現すればするほど性質が強化され、ますます人間的な成長が期待できるのである。

［あとがき］

本を読んでコミュニケーション・スキルの知識を得ることと、日常生活でそれを効果的に適用することはまったく別物だ。長年指導に携わってきた経験から、実際にスキルが使われるかどうかは、五つの条件――使う回数を決める、適切な状況で適用する、多少の失敗にくじけない、あらかじめ相手に事情を知らせておく、訓練をする――に左右されるということがわかった。

スキルを使った回数を記録しよう

他の問題と同様、対人コミュニケーションの分野でも気持ちが先走り行動が伴わない傾向がある。たとえば、本書を読み終わって、「ここにあるスキルを全部ものにして大事な人との関係を改善しよう」と意気込む読者も多いはずだ。ところが、実際には少し試しただけで、効果の薄い昔なじみのやり方に逆戻りするケースがよくある。それはなにも、努力をやめようと決めたからではない。それどころか、ちょくちょくスキルを使ってみよう、と「決心」したつもりだったのかもしれない。「決心」という言葉は、ずさんな使い方をされて本来の意味が薄れている。私はコミュニケーション・スキルを人に（本書の読者に）教える場合、スキルを適用すると決心した「具体的な回数」と実際に適用した「具体的な回数」を三カ月にわたって毎週記録するように「約束」してもらうこと

［コミュニケーション・スキルの適用記録］

期間：十月十六日〜一月十六日

記録者：ハリー・オグデン　　※月の下の数字は金曜日の日付。

スキル	スキルを使うと決めた回数	一週間ごとの実際の適用回数												
		10月		11月				12月					1月	
		20	27	3	10	17	24	1	8	15	22	29	5	12
〝向き合い〟	週5回	6	4	5	0	3	12	8	3	4	6	14	6	4
〝反映〟型リスニング	週2回	3	2	1	0	4	6	3	3	1	2	0	4	3
必然的な結果	月2回	1	0	1	0	1	1	0	1	1	0	1	0	0
自己主張メッセージ	週1回	3	2	3	1	2	1	1	1	0	1	0	2	1
具体的な事実に基づく評価	週4回	4	3	0	0	0	14	5	6	4	7	18	8	9
対立解消法	月2回	0	1	1	0	1	0	0	1	2	0	1	0	0
協調型問題解決法	月2回	1	0	2	0	0	1	2	0	1	1	0	1	1

にしている。

具体的な回数が重要なのは、**数字をはっきり書き記しておかなければ実際以上に活用していると勘違いしやすい**からだ。たとえば、上の表を見ていただきたい。これは我々のワークショップの参加者が作成したものだ。

毎週金曜の午後になると、ハリーは約束どおり一週間をふりかえり、それぞれのスキルの適用回数をこの表に記録した。「この表のおかげで続けられたなんて本当にびっくりしています。十一月十日の週みたいに、ほとんど怠けて、スキルを使っていないと気づいてもいない時期もありました。一覧表を作るように言われてなければ、きっと使わなくなってたと思います。これまでは何を学んでもだいたいそうなってましたから」と彼は言う。

どうして忘れなかったのかと私が尋ねると、彼はこう答えた。「それはかんたんでした。約束した日に手帳にメモしたんですよ。まとめて三カ月分、金曜日の午後の欄に『スキル表』と書いておいたんです。それに、オフィスの目立つところにテープで表を貼りつけて、たまにチェックするようにしました。おまけに、この表のおかげで、季節を意識するようになったんです。感謝祭やクリスマスの週には、〝向き合い〟や具体的事実に基づく評価などのスキルをなるべく多めに使うようにしました。誕生日や特別な行事がある日もそうです。物を贈るだけでなく、自分の気持ちをもっと伝えるようにしたんです」

無理は禁物

ワークショップでスキルを学ぶと、とりわけむずかしい問題で試してみたくなるものだ。つい批判やアドバイスをしたくなるような状況で〝反映〟型リスニングをする、あるいは、自己主張メッセージに反応するとはとても思えない人に自己主張を行う、といったケースが実際にあるのだ。ジョギングをはじめた翌日にマラソンをするのは無謀だが、肩慣らしもせず、いきなり困難な状況でスキルを試すのもやはり賢明とは言えない。

多少の失敗にくじけないこと

こうしたコミュニケーション・スキルは万能薬ではない。上手に使えば効果を発揮し、人間関係が豊かになる可能性が高い。だが、手慣れた人が正しい使い方をしても、失敗するときがある。だとすれば、初心者のあなたが失敗するのは目に見えている。うまくいかなければ、あきらめるか、その原因を突きとめて改善するしかないが、どんなスキルにせよ、いったん身につけようと決めたら、多少つまずいても根気強く努力を続けることだ。

あらかじめ相手に事情を知らせておこう

コミュニケーション・スキルを学んでも、他人に絶対話そうとしない人もいれば、大事な人には「これからコミュニケーションのやり方をちょっと変えてみるつもりだ」と一言伝えておきたいと思う人もいる。我々が調査したかぎりでは、**あらかじめ相手に事情を知らせておいたほうが効果がある。**ワークショップに参加したあと、ハリー・オグデンは妻に次のような手紙を書いた。

愛するミッジへ

きみに手紙を書くのは久しぶりだから、きっと何事かと思っているだろう。知ってのとおり、ぼくはワークショップで管理職のためのコミュニケーション・スキルを学んできた。これはぼくにとって大きな意味がある。さて、参加者のなかには、大事な相手とこの経験を共有できないのが残念だ、感情やスキルを他人に伝えるのはむずかしい、とこぼす者が大勢いた。ぼくも同じ気持ちだったので、この経験がどれほど重要な意味をもつか、また何をそこで学んだかを少しきみにも知ってもらおうと思ったのだ。

このワークショップについてきみは何か漠然とした印象をもっているかもしれない（良いイメージをもっているか、不安や恐れを感じているかもしれない）。そこで、それがぼくにどういう影響をもたらす可能性があるかを話したい。

我々が学んだスキルのなかで特に重要なのは、話の聞き方だ。基本的に、聞き手は話し手に対して真剣に向き合い、事実や感情をくみとってそれをフィードバックしなければならない（くわしいことはあとで直接説明する）。何より大切なのは、評価やアドバイスをせずに聴くということだ。ぼくはこのリスニング法を本気で身につけたい。それによってお互いがもっと「自分らしく」なれると思っている。

このリスニング法のいいところは、信頼関係を築くことができるという点だ。信頼関係ができれば、自分を守ろうと身構える必要がないから、自分らしくふるまうのがもっと楽になる。

というわけで、ぼくはこの〝反映〟型リスニングをしっかり自分のものにしたいと思っている。かんたんにできるはずはないし、ちょっと不自然な印象を受けるかもしれない。でもきっとコミュニケーションの悪い癖を直して、新しいスキルを身につけるから、長い目で見てほしい。

すでにきみと話し合ったものも一部あるが、ワークショップではほかにもいろいろなスキルを学んだ。それについては、いずれまたくわしく説明したいと思う。
最後に一言。コミュニケーションと自己発見の重要な手段を教えてくれたという点で、このワークショップはぼくにとって得がたい経験だった。この手紙で、きみにも少しその重要性がわかってもらえたのではないかと思う。お互いに相手の話に耳を傾け、自分らしくふるまえるようになれれば幸いだ。

ハリーより

追伸
水曜の夜は、自己主張メッセージについて話し合えて楽しかったな。
これから汚れ物はきちんと洗濯かごに入れると約束するよ。

ハリーは妻に手紙を書いただけでなく、子どもたちにも事情を説明している。職場でも、部下を全員集めて講座の内容を説明し、仕事をしながら実践したいと伝えた。「まだあまりスキルに慣れていないので、肝心なときに忘れるかもしれない」、「風変わりだと思うならまだしも、役に立たないと思うときがあるかもしれない」と正直に打ち明けて、三カ月は大目に見てほしいと頼んだ。すると、部下たちは「これ以上悪くなることはないでしょう」などと冗談を言いながら、全員同意したという。

ハリーは私にこう言った。「試用期間を決めてよかったと思いますよ。『今私に例の方法を試しているんですね』と部下に指摘されたことが何度かありました。そういうときは、相手の不安な気持ちをくみとって、『うん、今のところあまりうまくいっているとは言えない。でもまだ三カ月あるからな。さて、きみの話の要点を理解できたかどうか確かめてみよう』と言ったあと、話をもどしたものです」

「三カ月の試用期間が終わるころには、誰もが実験がうまくいったと認めてくれました。とまどう者もいたことは確かです。でも、コミュニケーションを妨げるフィードバックよりは〝反映〟型リスニングをしたほうがいいし、小言を言ったり攻撃的にふるまったりするよりは自己主張を行ったほうがいい、とみんな思っていました。今では価値観の問題についても意見の食い違いをすぐに認めるし、現実の問題も〈どっちも勝ち《ウィン・ウィン》〉方式で解決できます」

訓練をするにあたって

コミュニケーション能力を高めるには、ワークショップでスキルを身につけるのが近道だ。本書ではそのコンセプトについて説明し、コミュニケーションの主要な方法を紹介したが、本を読むだけでは限界がある。ワークショップに参加すれば、指導員の手本やビデオなどを参考にできるし、参加者同士でフィードバックしながら練習できる。ほとんどの人が、スキルの訓練ができるワークショップはきわめて効果的だと感じている。

ただ、調査によれば、対人コミュニケーションの訓練には「当たりはずれ」があるので、注意が必要だ。[注1] 的はずれの訓練にはたいてい二つの問題がある。一つは指導方針に問題がある場合。もう一つは指導員がスキルをうまく使えないか、コミュニケーションに不可欠な性質（第十五章参照）を表現できないという問題だ。このような問題がなければ、参加者は驚くほど短期間のうちにスキルを習得し、コミュニケーション能力をのばせる。[注2]

よく練り上げられた集中的なトレーニング・プログラムがなければ、高度なコミュニケーション能力を身につけるのはむずかしい、と私は強く確信している。したがって、ワークショップを選ぶ際には、批判的な目で慎重に判断することをお勧めする。

［訳者あとがき］

価値観が多様化している現代社会では、洋の東西を問わず、対人関係に悩む人がますます増えているようだ。親と子、上司と部下、夫と妻、それに同僚や友人同士の間でコミュニケーションが円滑にいかず、健全な人間関係が築きにくい時代になっているのはまちがいない。まかり間違えば、誰もがトラブルに巻き込まれて、毎日のように報道される事件の加害者や被害者になってもおかしくはない。そんな時代だからこそ、コミュニケーション能力を養い、対人能力（ピープル・スキル）を高める必要がある。

そうは言っても、我が身をふりかえれば、とても偉そうなことを言えた義理ではない。内向的な性格で人とのつき合いが億劫なばっかりに、いわば「引きこもり」を正当化できる翻訳者になったようなものだからだ。訳者のように人間関係を避けていてはまともな世渡りはできない。それがいやなら何か手を打たなければならない。そこで役に立つのがこの本だ。

本書の著者ロバート・ボルトンは、かつてコンサルティング会社を設立し、主に職場のコミュニケーションと対人関係の改善のためのセミナーを主催していた。前書きでも触れているように、対人関係にたいへん苦労した経験をもつ著者は、心理学、精神医学、行動科学、哲学などの文献を渉猟して効果的なコミュニケーション法を研究し、セミナーでの成果をもとに本書を書き上げたという。それだけに、ここで紹介しているさまざまなスキルの有効性はすでに実証済みと言ってもいいだろう。

人間関係やコミュニケーション・スキルに関する本はこれまでにも数多く出版されているが、本書のように「傾聴（リスニング・スキル）、自己主張（アサーション・スキル）、対立解消（コンフリクト・マネジメント・スキル）」という必要不可欠な三つのピープル・スキルを総合的に取り上げ、その実践法を具体的に教えてくれる一般書は少ない。またカール・ロジャーズをはじめ、さまざまな専門家の知見をかみくだいてわかりやすく紹介している点も、アメリカでロングセラーになっている理由だと思われる。

各スキルの詳細については本文をお読みいただきたいが、著者がとりわけ重視しているのは傾聴法（リスニング・スキル）だ。批判や助言を差しはさまずに話に耳を傾け、話し手をありのままに受け入れる傾聴法は、もともとカウンセリング技術から生まれたスキルである。言い換えや要約を行う、あるいは話し手の感情や真意をくみとってフィードバックに反映させる反映型リスニング（リフレクティブ・リスニング）は、傾聴法の中心スキルであるばかりか、アサーションにもコンフリクト・マネジメントにも欠かせないと著者は言う。聞き手が鏡のように相手の心を映し出してやれば、相手は客観的に自己を認識し、自分で問題を解決できるようになる、というのだ。こうした共感的な傾聴法の魔法のような効力については訳者自身も実感している。実際、話を聴いてくれるだけで気が楽になる、と言われたことが何度かある。ただし、常にうまくいくとはかぎらない。著者の言うとおり、本を読んで頭で納得しただけでは不十分であり、訓練が必要なのだ。リスニングだけでなくどのスキルにおいても、お互いの高ぶった感情をいかに鎮めるか、つまり感情のコントロールがポイントになるが、これも素人には少々ハードルが高い。また、どちらかというと服従的にふるまう傾向が強い日本人の国民性を考えれば、アサーション・スキルの習得に苦労しないともかぎらない。

しかし、何はともあれ、本書のガイドラインに従って実地に訓練を重ねていけば、成功率は確実に上がるはずだ。少なくとも道を誤って深刻な事態に陥る心配はなくなるだろう。この本が日本でも長く読み継がれ、少しでも読者の対人関係の改善に役立てばと願ってやまない。

なお、ボルトンの他の著書には、ドロシー夫人との共著『対人能力を伸ばせ（Social Style/Management Style）』（上野一郎監訳　宮城まり子訳　産業能率大学出版部）、『People Style at Work and Beyond：Making Bad Relationships Good and Good Relationships Better』（Amacom Books）などがある。

最後に、カメの歩みのごとき翻訳作業を気長に見守っていただいた宝島社の向笠公威さんにお礼を申し上げる。

２０１０年４月　米谷敬一

9. Waldo Beach and Richard H. Niebuhr (eds.), *Christian Ethics: Sources of the Living Tradition* (New York: Ronald Press, 1955).
10. Millar Burrows, *Outline of Biblical Theology* (Philadelphia: Westminster Press, 1946), p. 163.
11. マルティン・ブーバー『我と汝・対話』(植田重雄訳　岩波文庫 1979)
12. Paul Ramsey, *Basic Christian Ethics* (New York: Charles Scribner's Sons, 1950), pp. 99-100.
13. Lorraine Hansberry, *A Raisin in the Sun* (New York: Signet Books, 1959), p. 121.
14. トマス・ゴードン『親業：子どもの考える力をのばす親子関係のつくり方』
15. ポール・トゥルニエ『秘密』(野辺地正之訳　ヨルダン社 1971)
16. カール・ロジャーズ『クライアント中心療法』
17. David Deitch, "The Role of the Ex-addict in Treatment of Addiction," *Federal Probation*, December 1967.
18. H. Richard Niebuhr, *The Purpose of the Church and Its Ministry: Reflections on the Aims of Theological Education* (New York: Harper & Brothers, 1956), p. 35.
19. ミルトン・メイヤロフ『ケアの本質：生きることの意味』(田村真, 向野宣之訳　ゆみる出版 1987)
20. William Lewis and Wayne Wigel, "Interpersonal Understanding and Assumed Similarity," *Personnel and Guidance Journal* 43, no. 2 (1964)：155-58.
21. カール・ロジャーズ『クライアント中心療法』

あとがき

1. Robert Carkhuff, Helping & Human Relations: *A Primer for Lay and Professional Helpers* Volume Ⅱ, Practice and Research (New York: Holt, Rinehart & Winston, Inc., 1969), p. 6.
2. Allen Ivey, *Microcounseling: Innovations in Interviewing Training* (Springfield, Ill.: Charles C. Thomas, Publishers, 1971), p. 117.

※原注は横組のため巻末側から始まります。

13. カール・ロジャーズ『人間の潜在力：個人尊重のアプローチ』 このグループの話し合いを記録したものは、『鋼鉄のシャッター：北アイルランド紛争とエンカウンター・グループ』(P.ライス著・畠瀬稔＋東口千津子訳 コスモス・ライブラリー 2003) としてまとめられ、ビデオも入手できる。
14.『ニューズウィーク』誌 (1969年1月13日)

第十四章

1. William Reddin, *Managerial Effectiveness* (New York: McGraw-Hill, 1970), p. 170.
2. エレミア書 第6章14節、第8章11節
3. エーリッヒ・フロム『人間における自由』(谷口隆之助, 早坂泰次郎訳 東京創元社 1955)
4. クラーク・ムスターカス『愛と孤独』(片岡康, 東山紘久訳 創元社 1984)
5. 列王紀上 第3章16-27節
6. ロバート・タウンゼンド『組織に活を入れろ』(高橋豊訳 ダイヤモンド社 1970)
7. M・P・フォレット『経営管理の基礎：自由と調整』(斎藤守生訳 ダイヤモンド社 1963)
8. S・バーバ『小集団と政治行動：リーダーシップの研究』(青井和夫訳編 誠信書房 1963) の中にも、ほぼ同じ言葉で同じ懸念を表明した箇所がある。
9. John Dewey, *Creative Intelligence: Essays in the Pragmatic Attitude* (New York: Henry Holt, 1917), p. 65.
10. Lewis Hahn, in *Guide to the Works of John Dewey,* edited by Jo Ann Boydston (Carbondale: Southern Illinois University Press, 1970), p. 31.
11. デューイは数多くの著作の中でこのガイドラインを説明しているが、比較的わかりやすいのは『思考の方法：いかに我々は思考するか』(植田清次訳 春秋社 1950)、本格的なものとしては、*Essays in Experimental Logic* (Chicago: University of Chicago Press, 1916) などがある。また『民主主義と教育』(金丸弘幸訳 玉川大学出版部 1984) をはじめ、多くの著作にこの方法の応用例が見られる。
12. トマス・ゴードン『教師学：効果的な教師＝生徒関係の確立』 観点を変えて問題を見るときにこの本は参考になる。
13. トマス・ゴードン『リーダー訓練法：リーダーシップづくり』(近藤隆雄訳 サイマル出版会 1985) 対立する要求という点から問題を明らかにする段階が、協調型問題解決法が成功するかどうかの決め手の一つになるが、私はこれをゴードン博士と彼の同僚ラルフ・ジョーンズから学んだ。
14. Ross Stagner (ed.), *The Dimensions of Human Conflict* (Detroit: Wayne State University Press, 1967), p. 136.
15. R・リッカート、J・G・リッカート『コンフリクトの行動科学：対立管理の新しいアプローチ』
16. これはピーター・ローソンの未発表のアイデアを私なりにまとめたものだ。
17. George Prince, *The Practice of Creativity: A Manual for Dynamic Group Problem Solving* (New York: Harper & Row, 1970), p. 171.

第十五章

1. 箴言 第4章23節
2. Carl Rogers, "The Necessary and Sufficient Conditions of Personality Change," *Journal of Consulting Psychology* 22 (1957); 95-110.
3. John O. Stevens, *Awareness: Exploring, Experimenting, Experiencing* (New York: Bantam Books, 1973).
4. David Duncombe, *The Shape of the Christian Life* (New York: Abingdon Press, 1969).
5. マージェリィ・ウィリアムズ『ビロードうさぎ』(いしいももこ訳 童話館出版 2002)
6. カール・ロジャーズ『ロジャーズが語る自己実現の道』
7. カール・メニンジャー『精神分析技法論』(小此木啓吾, 岩崎徹也訳 岩崎書店 1965)
8.「フィリア」に関する興味深い議論は、C・S・ルイス『四つの愛』(蛭沼寿雄訳 新教出版社 1961) にも見られる。

Craigville Papers, edited by Roger Fisher (New York: Basic Books, 1964), pp. 91-110.

18. Eugene Litwak, "Models of Bureaucracy Which Permit Conflict" *American Journal of Sociology* 67 (1961); 177-184.

19. R・リッカート、J・G・リッカート『コンフリクトの行動科学：対立管理の新しいアプローチ』(三隅二不二監訳 ダイヤモンド社 1988)

20. Robert Nye, *Conflict among Humans* (New York: Springer, 1973), p. 93.

21. R・ブレーク、H・シェパード、J・ムートン『葛藤の行動科学：行動科学による企業内紛争の解決』(土屋晃朔訳 産業能率短期大学出版部 1967)

22. Robert Blood, "Resolving Family Conflicts," in *Conflict Resolution Through Communication*, edited by Fred Jandt (New York: Harper & Row, 1973), p. 230.

23. Daniel Katz, "Current and Needed Psychological Research in International Relations," in *Conflict Resolution: Contributions of the Behavioral Sciences*, edited by Clagett Smith (Notre Dame, Inc.: University of Notre Dame Press, 1971), p. 86.

24. オーソン・ビーン『オルゴン療法がわたしを変えた：自己実現と性的充足の心理学 ライヒの性格チェンジアップ法』(片桐ユズルほか訳 アニマ2001 1993) この本はウィリアム・ライヒの考え方をビーンが自身の日常生活に組み込む試みを記録したものである。

第十三章

1. John Powell, *The Secret of Staying in Love* (Niles, Ill.: Argus Communications, 1974), p. 74. Reprinted from *The Secret of Staying in Love* by John Powell © 1974 Argus Communications. Used with permission from Argus Communications, Niles, Illinois.

2. George Odiorne, *Objectives——focused Management* (New York: Amacom, 1974), p. 35.

3. Clark Moustakas, *Who Will Listen? Children and Parents in Therapy* (New York: Ballantine Books, 1975), pp. 12-13

4. Martin Buber, *The Knowledge of Man*, edited by Maurice Friendman (New York: Harper & Row, 1967), p. 69.

5. カール・ロジャーズ『ロジャーズが語る自己実現の道』この問題に関するロジャーズの考え方は、1951年にノースウェスタン大学の百周年記念講演がもとになっている。それより四半世紀前に、エリオット・ダンロップ・スミスは *Psychology for Executives* (New York: Harper, 1928) の中で、企業の経営幹部に係争中の問題を相手の視点から見直すように提唱している。彼はこれを「相互チェック」と呼んだ。

6. カール・ロジャーズ『人間の潜在力：個人尊重のアプローチ』(畠瀬稔, 畠瀬直子訳　創元社 1980) 中の引用。

7. ジョージ・ピーボディの文章中に引用されたリチャード・カボット博士の言葉。

8. フィリップ・ロス『ポートノイの不満』(宮本陽吉訳　集英社 1978)

9. ウィリアム・シェークスピア『ジュリアス・シーザー』(安西徹雄訳　光文社 2007) こうしたコミュニケーション・スキルは悪用されかねないと批判する人がいるが、他人を操るために使われる場合があるのは事実だ。マーク・アントニーの演説はその好例である。戯曲全体から見ると、アントニーが群衆を操る無節操な人間として描かれているのは明らかだ。知性、カリスマ性、富、情熱など、どんな良いものでも必ず悪用されるように、このスキルも本来の目的とはちがって、人を思いどおりにするために使われる場合もある。だが、あくまでも本書の目的は人と人との真のコミュニケーションを助長することにある。

10. ジョージ・バック、ハーブ・ゴールドバーグ『抑圧との闘い：現代を生きぬく積極人間』(巻正平訳　佑学社 1975)

11. George Bach and Peter Wyden, *The Intimate Enemy: How to Fight Fair in Love and Marriage* (New York: William Morrow, 1964), p. 94 を一部参考にした。

12. カール・ロジャーズ『ロジャーズが語る自己実現の道』

15. エーリッヒ・フロム『破壊：人間性の解剖』(作田啓一, 佐野哲郎訳　紀伊國屋書店 2001)
16. ルドルフ・ドライカース、パール・キャッセル『やる気を引き出す教師の技量：管理・強制教師から民主的グループ・リーダーへ』(松田荘吉訳　一光社 1991) 中の引用。
17. ルドルフ・ドライカース、ビッキ・ソルツ『勇気づけて躾ける——子どもを自立させる子育ての原理と方法』(早川麻百合訳　一光社 1993) 対照的な立場の著作としては、B・F・スキナー『行動工学とはなにか：スキナー心理学入門』(犬田充訳　佑学社 1975) を参照されたい。
18. ハイム・G・ギノット前掲書
19. マルコによる福音書 第3章5節、マタイによる福音書第23章1-36節、ホセア書　第11章9節
20. マニュエル・スミス『「うまくいく人」の頭のいい話し方：自分も相手も幸せにする！』、ハーバート・フェンスターヘイン、ジーン・ベア『イヤなら態度で示そうよ』
21. Weiss and Weiss, *Right and Wrong,* p. 79.
22. アルベエル・カミユは『反抗的人間』で、否定的な言葉ばかりに注意を向けるのは危険であり、「ノー」の背後にある肯定の意志に気づくことが重要だと強調している。
23. マタイによる福音書　第5章37節　二番目の文は「これ以外のものはすべて邪悪である」と訳される場合もある。
24. この方法についての詳細は、トマス・ゴードン『教師学：効果的な教師＝生徒関係の確立』を参照されたい。

第四部

1. Harvey Seifert and Howard Clinebell, Jr., *Personal Growth and Social Change: A Guide for Ministers and Laymen as Change Agents* (Philadelphia: Westminster Press, 1969), p. 174.

第十二章

1. リチャード・ウォルトン『対人関係の改善：対決と第三者のコンサルタント』
2. A・ハミルトン, J・ジェイ, J・マディソン『ザ・フェデラリスト』(斎藤眞, 中野勝郎編訳　岩波書店 1999)
3. Florence Allshorn, *The Notebooks of Florence Allshorn* (London: SCM Press, 1957), p. 66.
4. J. H. Oldham, *Florence Allshorn and the Story of St. Julian's* (London: SCM Press, 1951), p. 88.
5. Gibson Winter, *Love and Conflict: New Patterns in Family Life* (Garden City, N.Y.: Doubleday, 1958), pp. 102-4.
6. Harry Harlow,"Affectional Responses in Infant Monkeys," *Science* 130 (1959).
7. コンラート・ローレンツ『攻撃：悪の自然誌』
8. Stanley Coopersmith, *The Antecedents of Self-Esteem* (San Francisco: W. H. Freeman, 1967).
9. ジョン・デュウィー『人間性と行為：社会心理学入門』(東宮隆訳 春秋社 1960)
10. ルイス・コーザー『社会闘争の機能』(新睦人訳　新曜社 1978)
11. McAlister Coleman, *Men and Coal* (New York: Farrar and Rinehart, 1943).
12. リチャード・ウォルトン前掲書
13. Muzafer Sherif, O. Harvey, B. White, W. Hood, and Carolyn Sherif, *Intergroup Conflict and Cooperation: The Robber's Cave Experiment* (Norman, Okla.: University Book Exchange, 1961).
14. Robert Blake and Jane Mouton, *Group Dynamics: Key to Decision Making* (Houston: Gulf, 1961).
15. 心理学者のアブラハム・マズローは、この問題に関するルース・ベネディクトの考え方を受け継ぎ発展させた。アブラハム・マズロー『自己実現の経営：経営の心理的側面』(原年広訳　産業能率短期大学出版部 1967) および "Synergy in the Society and in the Individual," *Journal of Individual Psychology,* 20 (1964)を参照。
16. アルバート・エリス、R・A・ハーパー『論理療法：自己説得のサイコセラピイ』(国分康孝, 伊藤順康訳　川島書店 1981)
17. Roger Fisher, "Fractionating Conflict," in *International Conflict and Behavioral Sciences: The*

第十章

1. R・L・ハウ『対話の奇跡』（松本昌子訳　ヨルダン社 1970）

2. アブラハム・マズロー『完全なる人間：魂のめざすもの』（上田吉一訳　誠信書房 1998）

3. Gregory Baum, *Man Becoming: God in Secular Experience* (New York: Herder and Herder, 1971), pp. 49, 54.

4. Jack Gibb, "Defense Level and Influence Potential in Small Groups," in *Leadership and Interpersonal Behavior,* edited by Luigi Petrullo and Bernard M. Bass (New York: Holt, Rinehart and Winston, 1961), pp. 66-81.

5. カール・ロジャーズ『エンカウンター・グループ：人間信頼の原点を求めて』（畠瀬稔，畠瀬直子訳　創元社 2007）

6. Robert Alberti and Michael Emmons, *Stand Up, Speak-Out, Talk Back: The Key to Self-Assertive Behavior* (New York: Pocket Books, 1975), p. 90.

7. Frederick Stoller, "A Stage for Trust," in *Encounter: The Theory and Practice of Encounter Groups*, edited by Arthur Burton (San Francisco: Jossey-Bass, 1970), p. 90.

8. リチャード・ウォルトン『対人関係の改善：対決と第三者のコンサルタント』（高橋達男訳　産業能率短期大学出版部 1972）

9. 防衛反応に関しては、Sharon and Gordon Bower, *Asserting Yourself: A Practical Guide for Positive Change* (Reading, Mass.: Addison-Wesley, 1976) を参照されたい。この本ではアサーションを「はぐらかす」多種多様の方法が分析されている。防衛反応に対処する彼らのアプローチは本章で提唱されたものとはかなりちがう。

10. Allen Frank, "Conflict in the Classroom," in Fred Jandt, *Conflict Resolution through Communication (New York: Harper & Row, 1973)*, p. 249.

第十一章

1. ハーバート・フェンスターヘイン、ジーン・ベア『イヤなら態度で示そうよ』

2. シドニー・ジュラード『透明なる自己』（岡堂哲雄訳　誠信書房 1974）

3. T・S・エリオット『エリオット全集2　老政治家』（松原正訳　中央公論社 1971）

4. ロロ・メイ『わが内なる暴力：ロロ・メイ著作集3』（小野泰博訳　誠信書房 1980）

5. Basil of Caesarea, *Longer Rule.*　J・T・マクニール『キリスト教牧会の歴史』（吉田信夫訳　日本基督教団出版局 1987）中の引用。現代でも似たような主張をする心理学者がいる。

6. John Powell, *The Secret of Staying in Love* (Niles, Ill.: Argus Communications, 1974), p. 68. Reprinted from *The Secret of Staying in Love* by John Powell © 1974 Argus Communications, Used with permission from Argus Communications, Niles, Illinois.

7. 詩篇　第12章2節

8. ハイム・G・ギノット『親と子の心理学：躾を考えなおす12章』

9. グレゴール・ピアティゴルスキー『チェロとわたし』（村上紀子訳　白水社 2009）

10. Franklin Ernst, Jr., *Who's Listening? A Handbook of the Transactional Analysis of the Listening Function* (Vallejo, Calif.: Addresso 'set, 1973), p. 113.

11. Paul Weiss and Jonathan Weiss, *Right and Wrong: A Philosophical Dialogue between Father and Son* (New York: Basic Books, 1967) は、これとは別の見方を提示している。

12. George Prince, *The Practice of Creativity: A Manual for Dynamic Group Problem Solving* (New York: Harper & Row, 1970), p. 39.

13. 同上書 p. 40

14 .同上書 p. 39

Journal of the National Cancer Institute, 22, no. 1 (1959).
20. ジョージ・バック、ハーブ・ゴールドバーグ前掲書。
21. Thomas Huxley, *The Struggle for Existence: A Programme* (London, 1888). 多くの科学者は、ハクスリーが破壊と競争を重要視したことはダーウィンの説を著しく歪め、自然界の事実とも矛盾する、と考えていた。たとえば、Peter Kropotkin, *Mutual Aid: A Factor of Evolution* (London, Heinemann, 1902) を参照されたい。
22. エステル記　第7章10節
23. フランシス・ベーコン『ベーコン随想集』(渡辺義雄訳　岩波書店 1983)
24. アルベエル・カミユ『反抗的人間』(佐藤朔, 白井浩司訳　新潮社 1956) より引用。
25. アルベルト・シュペーア『第三帝国の神殿にて：ナチス軍需相の証言』(品田豊治訳　中央公論新社 2001)
26. ハーバート・フェンスターヘイン、ジーン・ベア『イヤなら態度で示そうよ』(宮田貴子訳　翔泳社 2002)
27. Howard Clinebell, Jr. and Charlotte Clinebell, *The Intimate Marriage* (New York: Harper & Row, 1943), p. 179.
28. H・E・フォスデイック『人間完成の道』(林香、武井素男訳　日本基督教団出版部 1956)

第九章

1. デヴィッド・シーベリー『もっと「強気」で生きたほうがうまくいく』(加藤諦三訳　三笠書房 2007)
2. マニュエル・J・スミス『「うまくいく人」の頭のいい話し方：自分も相手も幸せにする！』(あさりみちこ訳　徳間書店 2005)
3. アサーション・トレーニングの専門家はあまりこういう見方をしない。たとえば、Robert Alberti and Michael Emmons, *Stand Up, Speak Out, Talk Back* (New York: Pocket Books, 1975), p. 85 には「何を言うかはほとんど問題ではない」と述べられている。二人は初期の先駆的な著作でも、「話の内容が大事なのは確かだが、一般に考えられているほどではない」と書いている。ロバート・アルベルティ、マイケル・エモンズ『自己主張トレーニング：人に操られず人を操らず』(菅沼憲治, ミラー・ハーシャル訳　東京図書 1994) 参照。我々はそれとは反対に、アサーションでは一般に考えられているよりも話の内容や正確さが重要だと確信している。
4. トマス・ゴードン『親業：子どもの考える力をのばす親子関係のつくり方』
5. Hazen Werner, "In Marriage—Tremendous Trifles Count," *Together*, February 1962, pp. 19-21.
6. トマス・ゴードン『教師学：効果的な教師＝生徒関係の確立』(奥沢良雄ほか訳　小学館 1985)。私の知るかぎりでは、三つの構成要素をもつアサーション・メッセージは、NTL (National Training Laboratory) によって作られた二つの構成要素をもつフィードバック・メッセージに端を発している。このフィードバック・メッセージは、行動に関する断定的判断を避けた表現、およびその行動についての感情開示からなる。ゴードン博士たちのグループはその方法に「具体的あるいは目に見える影響」を加えたが、これは多くの状況に対応するためには非常に意味があった。博士はこうした三つの要素からなるメッセージを「私メッセージ」と呼んでいる。
7. アサーション・スキルを教えてきてわかったのは、明らかな影響をもたらす問題にアサーティブな対応をする人ほど、他人の価値観をコントロールしたいという欲求が弱いように思われるということだ。
8. Andrew Salter, *Conditioned Reflex Therapy: The Direct Approach to the Reconstruction of Personality* (New York: Capricorn Books, 1949).
9. John Powell, *The Secret of Staying in Love* (Niles, Ohio: Argus Communications 1974), p. 108. Reprinted from *The Secret of Staying in Love* by John Powell © 1974 Argus Communications. Used with permission from Argus Communications, Niles, Illinois.
10. Salter, *Conditioned Reflex Therapy*, p. 47.

第三部

1. *Pirke Avot* ("Ethics of the Fathers"), Talmud.

第八章

1. Sherwin Cotler and Julio Guerra, *Assertion Training: A Humanistic-Behavioral Guide to Self-Dignity* (Champaign, Ill.: Research Press, 1976), p. 201. Used with permission.

2. Virginia Satir, *Peoplemaking* (Palo Alto, Calif.: Science and Behavior Books, 1972), pp. 78-79. これは大ざっぱな推定値である。サティアは「asserting」ではなく「leveling」という言葉を使っている。

3. L. Z. Bloom, Karen Coburn, and Joan Pearlman, The New Assertive Woman (New York: Dell Books, 1975), p. 219. 自己評価という手続き上の限界はあるものの、これは特筆すべき数字である。

4. Georg Simmel, "Secrecy and Group Communication," in Talcott Parsons etal., *Theories of Society* (New York: Free Press, 1961), p. 320.

5. シオダー・H・ホワイト『大統領への道』(渡邉恒雄, 小野瀬嘉慈訳　弘文堂 1965)

6. Ashley Montague, *The Nature of Human Aggression* (New York: Oxford University Press, 1976), p. 249.

7. アルバート・E・シェフレン『ヒューマン・テリトリー：インテリアーエクステリアー都市の人間心理』(桃木暁子ほか訳　産業図書 1989)

8. Eliot Howard, *Territory in Bird Life* (London: William Collins, 1920). コンラート・ローレンツ『攻撃：悪の自然誌』(日高敏隆, 久保和彦訳　みすず書房 1985)、Robert Ardrey, *The Territorial Imperative: A Personal Inquiry into Animal Origins of Property and Nations* (New York: Atheneum, 1968) なども参照されたい。科学者ではないが、ロバート・アードレイはこの本を書いて、数多くの学者の研究成果を世間に知らしめる重要な役割をはたした。

9. Lois Timmins, *Understanding through Communication* (Springfield, Ill.: Charles C. Thomas, 1972), pp. 116-117.

10. Quoted in Gerald Kennedy, *Fresh Every Morning* (New York: Harper & Row, 1966), p. 75.

11. Abraham Maslow, in *Challenge of Humanistic Psychology*, edited by James Bugental (New York: McGraw-Hill, 1967), pp. 280-81.

12. カロリーナ・マリーア・デ・ジェズース『カロリーナの日記』(浜口乃二雄訳 河出書房新社 1962)

13. かつてマーティン・セルドマン博士は私にアサーション・トレーニングを紹介してくれた。本書の第三部（アサーション・スキル）は、博士の教えに負うところが多い。この問題については、以下の著作を参照されたい。Martin Seldman, Ph.D., David Hermes, *Personal Growth Thru Groups: A Collection of Methods* (San Diego, Calif.: The We Care Foundation, Inc., 1975).

14. F・S・パールズ『ゲシュタルト療法バーベイティム』(倉戸ヨシヤ監訳　ナカニシヤ出版 2009)

15. ジョージ・バック、ハーブ・ゴールドバーグ『抑圧との闘い：現代を生きぬく積極人間』(巻正平訳　佑学社 1975)

16. すでに指摘したように、往々にして服従型の人間は攻撃型な人間をコントロールするが、これは一種のルーズ-ルーズの方法であり、どちらにとっても望ましい結果にはならない。服従型な人間は思いどおりに行動できず、攻撃型な人間の行動も挫折する。

17. Michiael Emmons and Robert Alberti, *Stand Up, Speak Out, Talk Back* (New York: Pocket Books, 1975), p. 39. 以下の著作も参照されたい。Arthur Lange and Patricia Jakubowski, *Responsible Assertive Behavior*, p. 53.

18. Quoted in Marshall Rosenberg, A Manual for Responsible Thinking and Communicating (Saint Louis: Community Psychological Consultants, 1972), p. v.

19. Byron Butler, quoted in Lawrence LeShan, "Psychological States as Factors in the Development of Malignant Disease: A Critical Review,"

8. Anti-Defamation League of B'nai B'rith, *Rumor Clinic.*
9. J・クリシュナムーティ『自我の終焉――絶対自由への道』(根木宏, 山口圭三郎訳　篠崎書林 1980)
10. トマス・カーライル『衣服哲学』(石田憲次訳　岩波書店 1946)

第六章

1. ジュリアス・ファスト『ボディー・ランゲージ』(石川弘義訳　読売新聞社 1971)
2. Randall Harrison, "Nonverbal Communication: Exploration into Time, Space, Action, and Object," in *Dimensions in Communication: Readings* edited by James Campbell and Hall Hepner (Belmont, Calif.: Wadsworth, 1970), p. 258.
3. Albert Mehrabian, "Communication Without Words," *Psychology Today,* September 1968, p. 53.
4. Quoted in Gerald Nierenberg and Henry Calero, *How to Read a Person Like a Book* (New York: Pocket Books, 1973), p. 23.
5. イザヤ書 第3章9節
6. P・エクマン, W・V・フリーセン『表情分析入門：表情に隠された意味をさぐる』
7. ジェラード・イーガン『熟練カウンセラーをめざすカウンセリング・テキスト』
8. D. Huenegardt and S. Finando, "Micromomentary Facial Expressions as Perceivable Signs of Deception," paper presented to Speech Association of America, New York, Quoted in C. David Mortensen, *Communication: The Study of Human Interaction* (New York: McGraw-Hill, 1972), pp. 222-24.
9. Ralph Nichols and Leonard Stevens, *Are You Listening?* (New York: McGraw-Hill, 1957), p. 59.
10. B. G. Rosenberg and J. Langer "A Study of Postural-Gestural Communication," *Journal of Personality and Social Psychology* 2: 593-97.
11. ジョン・ウルマン『ウルマンの日記』(沢田敬也訳　聖文舎 1977) 中の引用。
12. ロロ・メイ『愛と意志』(小野泰博訳　誠信書房 1972)
13. Erle Stanley Gardner, "How to Know You're Transparent When You'd Like to Be Opaque," *Vogue*, July 1956, pp. 45-47.
14. Abne Eisenberg and Ralph Smith, Jr., *Nonverbal Communication* (Indianapolis: Bobbs-Merrill, 1971), pp. 34-35.
15. Quoted in Nierenberg and Calero, *How to Read a Person Like a Book*, p. 18.
16. エドワード・サピア『言語・文化・パーソナリティ：サピア言語文化論集』(平林幹郎訳　北星堂書店 1983)

第七章

1. デビッド・アウグスバーガー『親身に聞く』(棚瀬多喜雄訳　すぐ書房 1997)
2. *McCall's*, September 1968.
3. ヨハネの第1の手紙　第3章18節
4. ジェラード・イーガン『熟練カウンセラーをめざすカウンセリング・テキスト』
5. カール・ロジャーズ『ロジャーズが語る自己実現の道』
6. Clark Moustakas, *Creativity and Conformity* (Princeton, N.J.: D. Van Nostrand, 1967), p. 23.
7. Quoted in Douglas Steere, *On Beginning from Within/On Listening to Another* (New York: Harper & Row, 1943), p. 197.
8. George Gazda et al., *Human Relations Development: A Manual for Educators* (Boston: Allyn & Bacon, 1973), pp. 81-82.

11. C. L. Lassen, "Effect of Proximity on Anxiety and Communication in the Initial Psychiatric Interview," *Journal of Abnormal Psychology* 81 (1973) : pp. 220-232.
12. Ernst, *Who's Listening?* p. 113.
13. Charles B. Truax and Robert Carkhuff, *Toward Effective Counseling and Psychotherapy: Training and Practice* (New York: Aldine/Atherton, 1967), pp. 361-62.
14. Quoted in Gerald Nierenberg and Henry Calero, *How to Read a Person Like a Book* (New York: Pocket Books, 1975), p. 28.
15. P・エクマン, W・V・フリーセン『表情分析入門：表情に隠された意味をさぐる』(工藤力訳編　誠信書房 1987)
16. Silvan Tomkins, in *Challenges of Humanistic Psychology*, edited by James Bugental (New York: McGraw-Hill, 1967), p. 57.
17. Anthony G. White, *Reforming Metropolitan Governments: A Bibliography* (New York: Garland, 1975).
18. Allen Ivey, *Microcounseling: Innovations in Interviewing Training* (Springfield, Ill.: Thomas, 1975).
19. John Moreland, Jeanne Phillips, and Jeff Lockhart, "Open Invitation to Talk," manuscript, University of Massachusetts, 1969, p. 1.
20. Halford Luccock, *Halford Luccock Treasury* edited by Robert Luccock, Jr. (New York: Abingdon, 1976), p. 242.
21. Quoted in Nathan Scott, *Man in the Modern Theater,* (Richmond, Va.:John Knox, 1965), p. 86.
22. 旧約聖書「伝道の書」 第3章7節

第四章

1. John Powell, *The Secret of Staying in Love*(Niles, Ill.: Argus, 1974), p.140. Re-printed from *The Secret of Staying in Love* by John Powell© 1974 Argus Communications. Used with permission from Argus Communications, Niles, Illinois.
2. ハイム・G・ギノット『児童集団心理療法：その理論と実践』(中村悦子訳　新書館 1965) 中の引用。
3. Steven Danish and Allen Hauer, *Helping Skills: A Basic Training Program* (New York: Behavioral Publications, 1973), p. 27.
4. ウィリアム・ジェイムズ『宗教的経験の諸相』(桝田啓三郎訳　岩波書店 1969)
5. Norman Kagan, *Interpersonal Process Recall: A Method of Influencing Human Interaction* (Ann Arbor: Michigan State University Press, 1975), pp. 60-62. さらにケイガンは、人は感情を読み取る能力をある程度もっているので、その方法を教わる必要はない、とも述べている。私は教育によってこの能力を高めることができると考えている（実はケイガンのプログラムのねらいもそこにある)。
6. アーネスト・ジョーンズ『フロイトの生涯』(竹友安彦, 藤井治彦共訳　紀伊國屋書店 1964)
7. ジェラード・イーガン『熟練カウンセラーをめざすカウンセリング・テキスト』中の引用。
8. 同上書

第五章

1. J. M. Shlien.　出典不明。
2. リチャード・バンドラー、ジョン・グリンダー『魔術の構造』(トマス・コンドン監訳　尾川丈一, 高橋慶治, 石川正樹訳　亀田ブックサービス 2000)
3. ホワイトヘッド『ホワイトヘッド著作集〈第12巻〉観念の冒険』(山本誠作, 菱木政晴訳　松籟社 1982)
4. T・S・エリオット『エリオット全集 1、四つの四重奏』(二宮尊道訳　中央公論社 1960)
5. ハイム・G・ギノット『親と子の心理学：躾を考えなおす12章』
6. John Drakeford, *The Awesome Power of the Listening Ear* (Waco, Tex.: Word 1967), pp. 19-20.
7. Perry London, *Behavior Control* (New York: Harper & Row, 1969), p. 88.

参考になるのは、トマス・ゴードン博士の『親業：子どもの考える力をのばす親子関係のつくり方』(近藤千恵訳　大和書房 1998) だ。基本的な考え方のちがいはあるが、本書は博士の著作に多くを負っている。

第二章

1. R・L・ハウ『対話の奇跡』(松本昌子訳　ヨルダン社 1970)

2. トマス・ゴードン『親業：子どもの考える力をのばす親子関係のつくり方』

3. カール・ロジャーズ『クライアント中心療法』(保坂亨、諸富祥彦, 末武康弘訳　岩崎学術出版社 2005)、このほかに『ロジャーズが語る自己実現の道』、R・L・ハウの前掲書、ハイム・G・ギノット『親と子の心理学：躾を考えなおす12章』(森一祐訳　小学館 1973) なども参照されたい。

4. トマス・ゴードン前掲書

5. カール・ロジャーズ『ロジャーズが語る自己実現の道』。

6. 同上書

7. Quoted in Robert Sherwood, *Roosevelt and Hopkins* (New York: Harper, 1948), p. 282.

8. クラーク・ムスターカス『個性と出会い：孤独感と感受性の探究』(嶋田啓一郎, 嶋田津矢子訳　ミネルヴァ書房 1970)

9. ハイム・G・ギノット前掲書

10. デビッド・アウグスバーガー『親身にぶつかる』(平野ふみ子, 平野英里訳　すぐ書房1997)

11. Jacques Lalanne, "Attack by Question," *Psychology Today*, November 1975), p. 134.

12. Norman Kagan, *Interpersonal Process Recall: A Method of Influencing Human Interaction* (Ann Arbor: Michigan State University Press, 1975), p. 29.

13. ダグ・ハマーショルド『道しるべ』(鵜飼信成訳　みすず書房 1999)

14. ハイム・G・ギノット前掲書

15. ルカによる福音書　第11章24〜26節

第二部　傾聴《リスニング》スキル

1. Quoted in Ralph G. Nichols and Leonard A. Stevens, *Are You Listening?* (New York: McGraw-Hill, 1957), p. 49.

第三章

1. A letter from a patient quoted in Paul Tournier, *The Meaning of Persons* (New York: Harper & Row, 1957), p. 165.

2. Ralph G. Nichols and Leonard A. Stevens, *Are You Listening?* (New York: McGraw-Hill, 1957), pp. 6-7.

3. Ibid., pp. 6-10.

4. Quoted in B. Harvie Branscomb, *The Teachings of Jesus: A Texbook for College and Individual Use* (New York: Abingdon, 1931), p. 23. この言葉は「新約外典」に由来する。

5. Ralph G. Nichols and Leonard A. Stevens, "Listening to People," *Harvard Business Review*, September-October 1957.

6. Franklin Ernst, Jr., *Who's Listening? A Handbook of the Transactional Analysis of the Listening Function* (Vallejo, Calif.: Addresso 'set, 1973).

7. John Drakeford, *The Awesome Power of the Listening Ear* (Waco, Tex.: Word, 1967), p. 17.

8. Allen Ivey and John Hinkle, "The Transactional Classroom," unpublished manuscript, University of Massachusetts, 1970.

9. Norman Rockwell, "My Adventures as an Illustrator," edited by T. Rockwell, *Saturday Evening Post*, April 2 1960, p. 67. ケネディ大統領にもこの能力があった。Drakeford, *The Awesome Power of the Listening Ear*, p. 65 も参照されたい。

10. アルバート・E・シェフレン『ヒューマン・テリトリー――インテリア・エクステリア・都市の人間心理』(桃木暁子ほか訳　産業図書 1989)

原注

前書き

1. William Turner, *A New Herball Wherein Are Contayned the Names of Herbes* (London, 1511).

第一部　序論

1. George M. Gazda, *Human Relations Development: A Manual for Educators* (Boston: Allyn & Bacon, 1973), p. 34

第一章

1. リチャード・ライト『アウトサイダー』(橋本福夫訳　新潮社 1972)
2. Karl Jaspers, *The Way to Wisdom*: An Introduction to Philosophy (New Haven: Yale University Press, 1951), p. 147.
3. ハリー・スタック・サリヴァン『精神医学は対人関係論である』(中井久夫ほか訳　みすず書房 1990)
4. デイヴィッド・リースマン『孤独な群衆』(加藤秀俊訳　みすず書房 1964)
5. T・S・エリオット『カクテル・パーティー』(福田恆存訳　創元社 1952)
6. Virginia Satir, *Peoplemaking* (Palo Alto, Calif.: Science and Behavior Books, 1972), p. 197.
7. Quoted in Ann Landers, "Survey Results Shock Reader," *Syracuse Herald Journal*, 29 March 1976.
8. ガブリエル・マルセル『マルセル著作集. 5　存在の神秘』(松浪信三郎, 掛下栄一郎訳　春秋社 1977)
9. カール・ロジャーズ『ロジャーズが語る自己実現の道』(諸富祥彦, 末武康弘, 保坂亨訳　岩崎学術出版社 2005)
10. *Second Chance* (motion picture) (Nutley, N.J.: Hoffman-LaRoche Laboratory).
11. ジェラード・イーガン『熟練カウンセラーをめざすカウンセリング・テキスト』(鳴澤實, 飯田栄訳　創元社 1998)
12. Charles B. Truax and Robert Carkhuff, *Toward Effective Counseling and Psychotherapy*: Training and Practice (New York: Aldine/Atherton, 1967), p. 108.
13. R・J・ハヴィガースト『ハヴィガーストの発達課題と教育：生涯発達と人間形成』(児玉憲典, 飯塚裕子訳　川島書店 1997)、E・H・エリクソン『幼児期と社会』(仁科弥生訳　みすず書房 1980)
14. アルビン・トフラー『未来の衝撃』(徳山二郎訳　中央公論社 1982)、トフラーによれば、我々が未来に生き残るために必要な「サバイバルキット」の一つは、人とのかかわり方を学ぶ能力だという。
15. H. Richard Niebuhr, *The Purpose of the Church and Its Ministry* (New York: Harper and Brothers, 1956), p. viii.
16. コミュニケーション・スキルのトレーニングで特に重要な問題は習得すべきスキルの選択である。その点で大いに

ピープル・スキル

人と“うまくやる”3つの技術

2010年5月6日　第1刷発行

著者_ロバート・ボルトン
訳者_米谷敬一

発行人_蓮見清一
発行所_株式会社宝島社
〒102-8388　東京都千代田区一番町25番地
営業_03-3234-4621
編集_03-3239-3193
http://tkj.jp

郵便振替　00170-1-170829　㈱宝島社
印刷製本_図書印刷株式会社

本書の無断転載を禁じます。
乱丁、落丁本はお取り替えいたします。
©TAKARAJIMASHA 2010
Printed in Japan
ISBN 978-4-7966-6953-5